行政事业单位审计数据分析——SQL 为主 +Python 可视化

康 道 朱 秦 古双军 编著

中国农业大学出版社
·北京·

内 容 简 介

本书在介绍 SQL 基本操作和 Python Plotly Express 可视化的基础上，通过案例演示审计数据分析，读者可快速掌握审计中常用的数据分析技巧。全书分为序言篇、基础篇、实战篇和提升篇，内容循序渐进，由浅入深，从理论到实践，手把手教会审计人员使用 SQL 进行审计数据分析。

本书既可作为审计人员的学习用书，也可供从事财经工作的人员参考。

图书在版编目(CIP)数据

行政事业单位审计数据分析：SQL 为主＋Python 可视化 / 康道，朱秦，古双军编著 . -- 北京：中国农业大学出版社，2024. 8. -- ISBN 978-7-5655-3293-1

Ⅰ. F812. 2-39

中国国家版本馆 CIP 数据核字第 2024AC4045 号

书　　名　行政事业单位审计数据分析——SQL 为主＋ Python 可视化
　　　　　Xingzheng Shiye Danwei Shenji Shuju Fenxi——SQL Weizhu + Python Keshihua

作　　者　康　道　朱　秦　古双军　编著

策划编辑　魏　巍　　**责任编辑**　魏　巍　刘雨泽

封面设计　中通世奥图文设计

出版发行　中国农业大学出版社

社　　址　北京市海淀区圆明园西路 2 号　　**邮政编码**　100193

电　　话　发行部 010-62733489，1190　　读者服务部 010-62732336

　　　　　编辑部 010-62732617，2618　　出 版 部 010-62733440

网　　址　http://www.caupress.cn　　**E-mail** cbsszs@cau.edu.cn

经　　销　新华书店

印　　刷　北京溢漾印刷有限公司

版　　次　2024 年 10 月第 1 版　2024 年 10 月第 1 次印刷

规　　格　185 mm×260 mm　16 开本　15.5 印张　381 千字

定　　价　49.00 元

编著者名单

康　道
北京立瑞会计师事务所(普通合伙)

朱　秦
北京立瑞会计师事务所(普通合伙)

古双军
北京立瑞会计师事务所(普通合伙)

前 言

许多审计人员做审计工作多年都不知道SQL的存在,也没有使用过这个工具,基本上都是使用Excel。SQL是审计工作中经常用到的工具,为了让更多的审计人员了解该工具并运用到审计业务当中,提高审计工作质量和效率,编著者在所就职的北京立瑞会计师事务所(普通合伙)的组织下,站在审计一线人员的角度编写了这本书。

本书在介绍SQL基本操作和Python Plotly Express可视化的基础上,通过案例演示审计数据分析,使读者能快速掌握审计中常用的数据分析技巧。本书中的每个案例均有详细的步骤,可以手把手教会审计人员使用SQL进行审计数据分析。

本书中的案例均来自实际的审计项目,易于理解,能拓宽审计数据分析思路,有助于掌握SQL审计数据分析方法。读者通过学习本书,掌握使用SQL进行审计数据分析的知识和技巧,能够直接运用到审计工作中,可以做到"即学即用"。

全书分为序言篇、基础篇、实战篇和提升篇,内容循序渐进,由浅入深,既有理论,又有实践。其中,实战篇包括行政事业单位审计中经常用到的人员补贴专项资金审计、银行存款、"三公"经费等方面的数据分析;提升篇主要介绍运用SQL提高工作效率的办法,内容包括合并序时账、辅助核算分列显示、身份证号提取性别年龄信息、本福特分析、固定资产折旧测算等,通过引用函数,避免重复劳动,提高工作效率。

本书所提供的实例仅为读者提供一种思路,参考代码也可能并非最佳方式,限于编著者的水平,本书难免存在疏漏之处。编著者和北京立瑞会计师事务所(普通合伙)的同事们诚愿与广大读者一起真诚交流,共同提高。如果您在阅读中遇到问题,可反馈至邮箱455525475@qq.com。本书操作所用的有关数据,读者可扫描下列二维码或登录网址(https://xy.caupress.cn/course/3099)查看下载。

著者

2024年4月

目录

第一章　序言篇

本章内容导读图

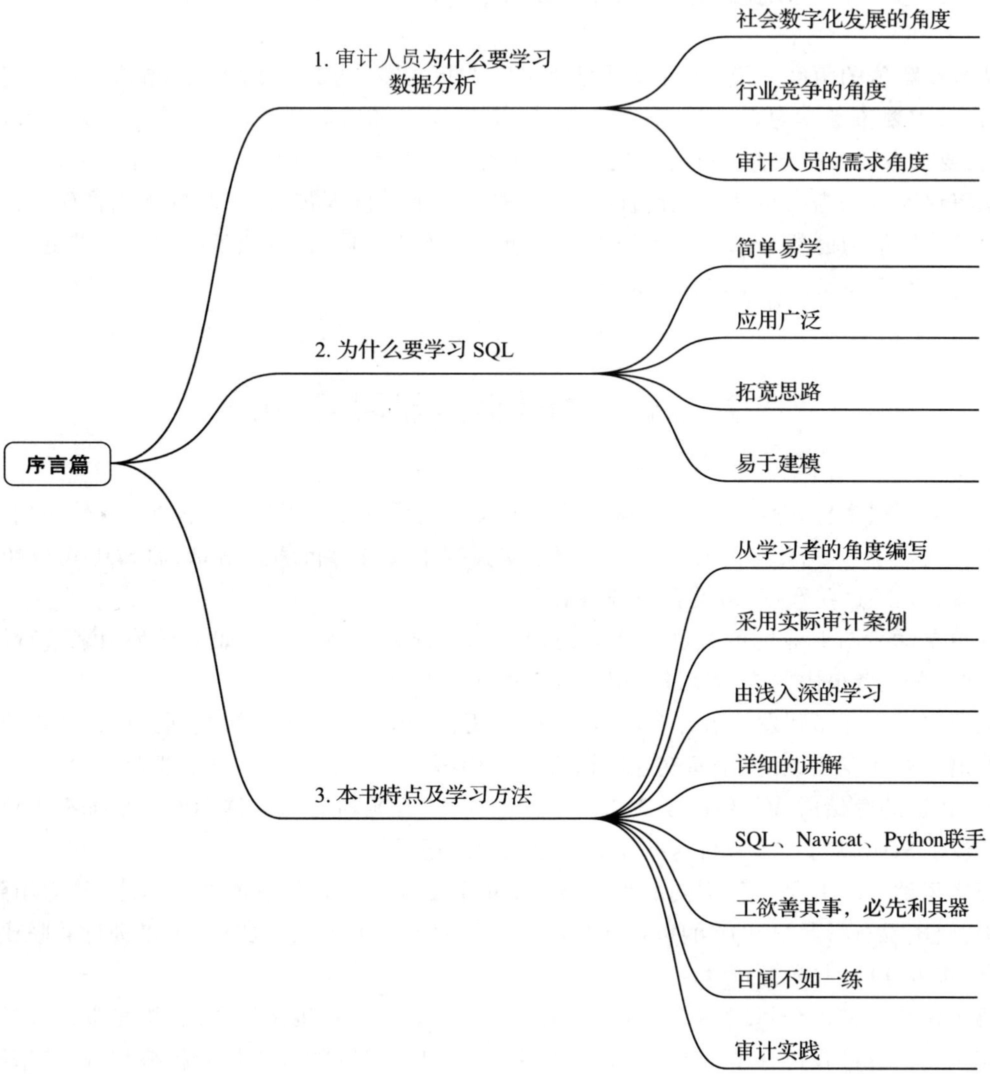

第一节　审计人员为什么要学习数据分析

2021 年 6 月，中央审计委员会办公室、中华人民共和国审计署印发的《“十四五”国家审计工作发展规划》强调，坚持科技强审，加强审计技术方法创新，充分运用现代信息技术开展审计，提高审计质量和效率。因此，审计人员适应时代要求，掌握数据分析技术，提升自身的竞争力是当务之急。

从社会数字化发展的角度来说，以往审计获取的电子化数据往往停留在财务部门提供的序时账等账务资料，数据非常有限。随着各个领域、各个企业、各个部门数字化水平不断提升，审计人员面对的数据更加广泛，面临着要对这些数据进行分析利用的问题。审计对象的信息化，要求审计人员必须有信息化审计的手段，否则审计人员将面临“进不了门、看不了账”的尴尬局面。

从行业竞争的角度来说，随着审计行业规模不断发展，越来越多的人从事这个行业，竞争也越显激烈，需要不断学习新的技术、新的模式，以提高服务质量和效率，保持竞争力。行业竞争的加剧，要求审计人员掌握数据分析技术，进行数字化转型。

从审计人员的需求角度来说，目前熟悉一般财务审计的人员较多，掌握现代管理知识、具有一定数据分析能力的复合型人才比较少。审计对象的信息化、行业竞争等因素要求更多的既能从事现场审计工作又可从事非现场审计工作的复合型人才。

第二节　为什么要学习 SQL

很多人无法掌握 SQL 的原因是从一开始就没明白为什么要学习它，学会了有什么用。数据分析为什么要学习 SQL 呢？因为数据分析是从数据中发现有价值的信息，而 SQL 可以快速、有效地获取和处理这些数据，帮助我们进行数据分析。

简单易学　与专业的编程语言不同，SQL 语法简单，容易掌握。如果只是用来进行简单的数据查询，学习者很快就能学会最常用的查询语句。

应用广泛　程序开发的语言有很多，比如 C 语言、Python、Java 等，更新速度也非常快，无论前端的语言如何变化，和数据库交互的语言中应用最广的只有 SQL。很多职业都少不了与数据打交道，数据的存储形式仍以电子表格或数据库为主，几乎所有的数据库管理系统都支持 SQL，所以学会了 SQL 就打开了分析这些业务数据系统的通道。

拓宽思路　SQL 是一种不同的思考方式，审计人员若掌握其数据分析思路，并运用到审计工作中，会比没有学习过 SQL 的审计人员多一些解决问题的方法。比如，可以进行关联比对、分组聚合、查重分析、断号分析等。

易于建模　审计分析建模是为了实现审计目标，运用计算机审计方法，构建审计分析模型。SQL 应用的广泛性及可移植性，使其易于构建审计分析模型，如本福特分析模型、政府采购抽凭模型等。这些审计模型在以后的工作中可重复使用，提高工作效率。

总之，审计人员通过学习 SQL，掌握数据分析技术，可以提高非现场审计能力，使审计结果更加可靠。例如，在部门预算执行情况审计中，结合传统审计方法和 SQL 大数据审计方法，可以使审计覆盖面变广，避免出现“只见树木不见森林”的现象，让审计结果更加可靠。

第三节　本书特点及学习方法

考虑到当前大多数 SQL 方面的书籍，要么是介绍性的，要么是基础性的，或者是仅针对数据库开发人员的，对于专注于审计工作的 SQL 用户来说，可参考的资料很少。本书的目标就是让零基础审计人员快速掌握 SQL 在审计中的应用方法，助力提升审计质量与效率，从而推动审计事业的发展。

一、本书的特点

从学习者的角度编写　考虑到很多审计人员没有接触过 SQL，所以本书避开很多理论性的讲解，总结会计师事务所审计人员真实的学习经验，从这个角度出发，让审计人员快速掌握 SQL 数据分析技能。

采用实际审计案例　本书介绍的审计案例均来自会计师事务所近几年行政事业单位审计项目，考虑到如果有源数据，大家通过练习会更好地掌握和消化，所以对真实的审计数据进行简化及脱敏处理后，提供给大家。本书目的在于培养审计人员数据分析思维、掌握方法，所以精选了适合掌握 SQL 数据分析技术的一些案例。

由浅入深的学习　本书先介绍基础性操作，从基础性操作到审计案例实战，最后到审计效率提升。如果认真学习，能实现“零基础—基本应用—高级应用”的步步高式提升。

详细的讲解　本书的 SQL 语句，分步编写，尽量避免复杂的、高难度的语句，给出分析用的详细代码和运行结果。同时也随书提供了编写的源代码。

SQL、Navicat、Python 联合　本书数据分析使用的是基于 SQL Server 的 SQL 语句，代码的编写是在数据库管理软件 Navicat 中进行的。可视化部分使用了 Python，这也是审计实务中采取的一种组合方式。考虑到本书重点讲解 SQL，可视化部分仅给出了代码及执行结果，通过可视化的介绍，植入可视化思维，什么场景下使用什么样的方法进行可视化，关键是思维，本书的目的就是培养该思维。

二、本书的学习方法

工欲善其事，必先利其器。在学习之前首先要安装 SQL Server、Navicat、Python 等软件，安装途径有很多，可购买正版软件，也可使用软件试用版等。

百闻不如一练。快速掌握的技巧就是实际练习。下载本书相关的源数据及代码，按书里的顺序一步一步去做。本书不详尽的地方也可以搜索网络，SQL 基础资料有很多。

审计实践，学以致用。学习的目的就是应用实践，在审计工作中运用 SQL 技术方法，至少要做到能像 Excel 那样对序时账进行筛选查询。学习完本书的案例后，读者应做到举一反三，建立自己的审计模型，在实践中得到提升。

第二章　基础篇

本章内容导图

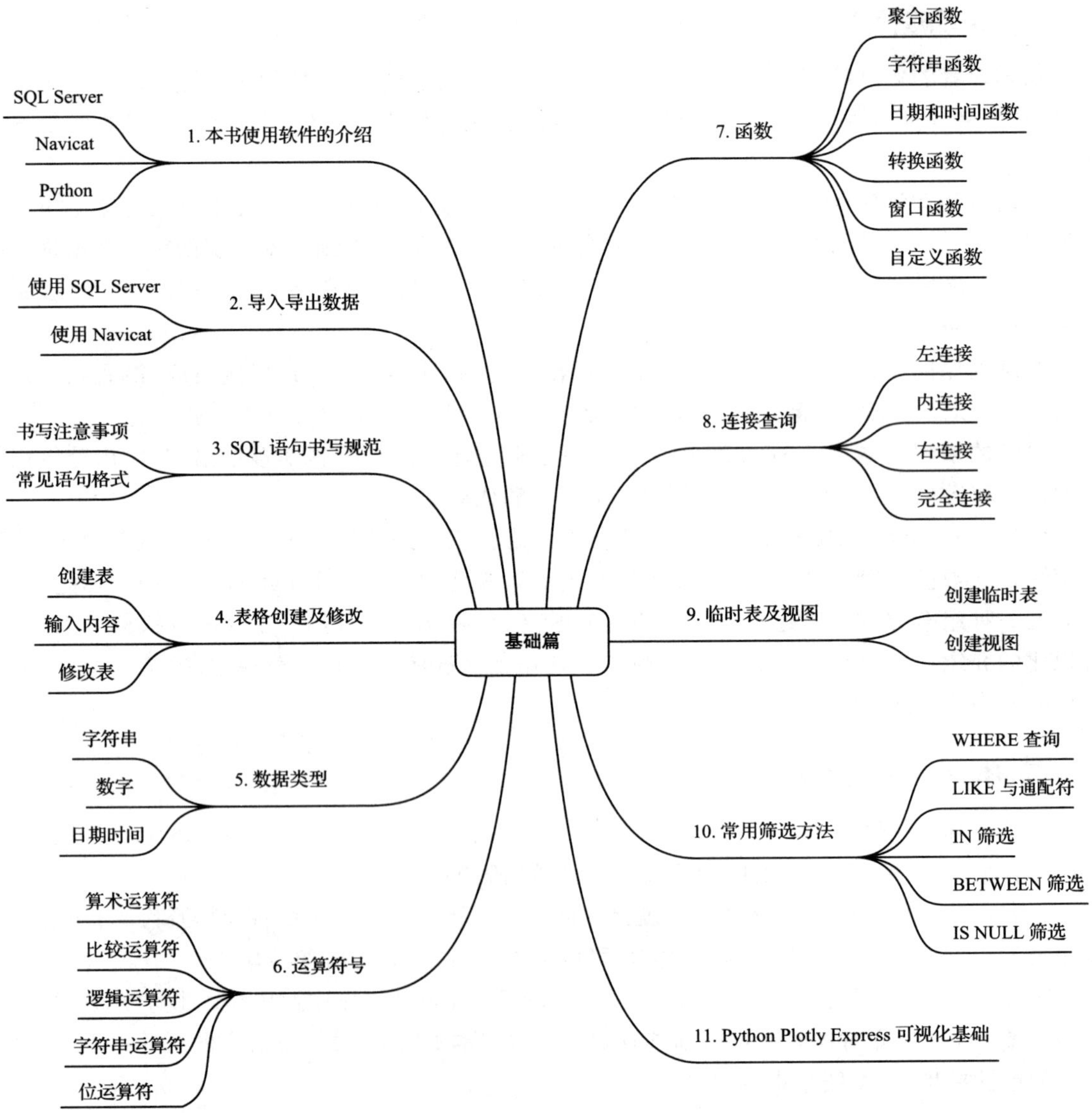

第一节 本书使用软件的介绍

审计业务涉及的大部分数据为各类账表和业务数据表。对这些数据进行操作及分析需要借助方便的工具。本书介绍基于 SQL Server、Navicat、Python 来完成这些数据操作的方法和思路，帮助审计人员提高审计技能。下面简单介绍 SQL Server 数据库、可视化数据库管理软件 Navicat、编程语言 Python。

一、SQL Server 数据库

SQL Server 是一种关系型数据库管理系统，提供了一种较完整的数据管理和分析解决方案。它的主要功能包括：

(1) 数据管理　使用 Transact-SQL(T-SQL)进行数据库管理操作。

(2) 数据分析　使用 SQL 语句对数据进行查询、分析；使用 SQL Server Analysis Service (SSAS)进行数据挖掘分析。

(3) 数据报表　使用 SQL Server Reporting Service(SSRS) 或 SQL Server Analysis Service (SSAS)生成报告统计图表。

二、可视化数据库管理软件 Navicat

Navicat 是一款备受推崇的数据库管理工具，为用户提供了丰富的功能和便捷的操作界面。Navicat 是一套可创建多个连接的数据库管理工具，用以方便管理 MySQL、Oracle、PostgreSQL、SQLite、SQL Server、MariaDB、MongoDB 等不同类型的数据库，并支持管理某些云数据库。Navicat 的产品针对的数据库有很多种，这里使用的是 Navicat Premium。Navicat 具有代码提示功能，可以轻松编写 SQL 代码，不用担心写错英语单词。同时，Navicat 提供了图表功能，对数据分析结果可以进行可视化处理。使用 Navicat 编写 SQL 代码界面如下：

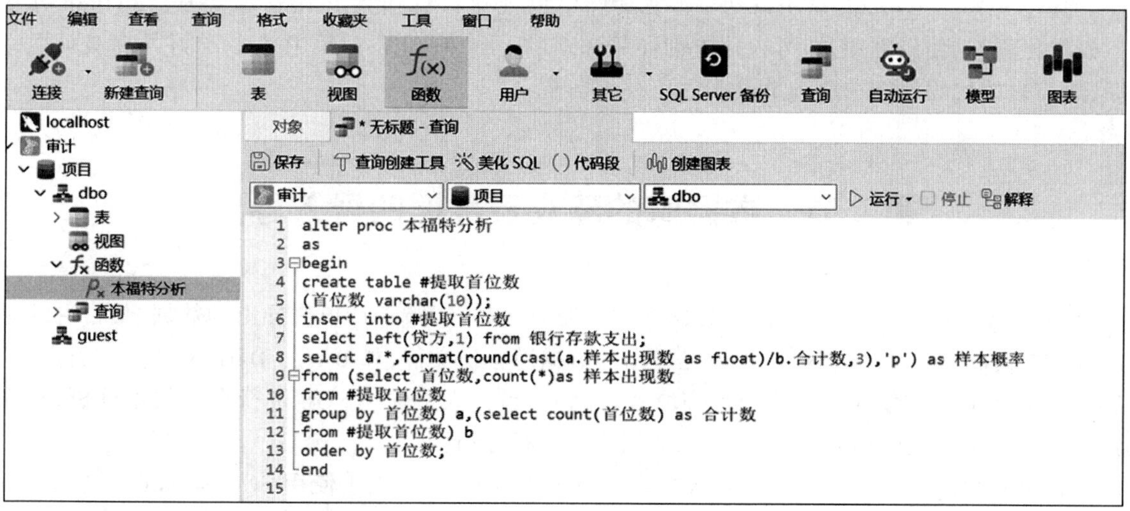

Navicat 图表功能界面如下：

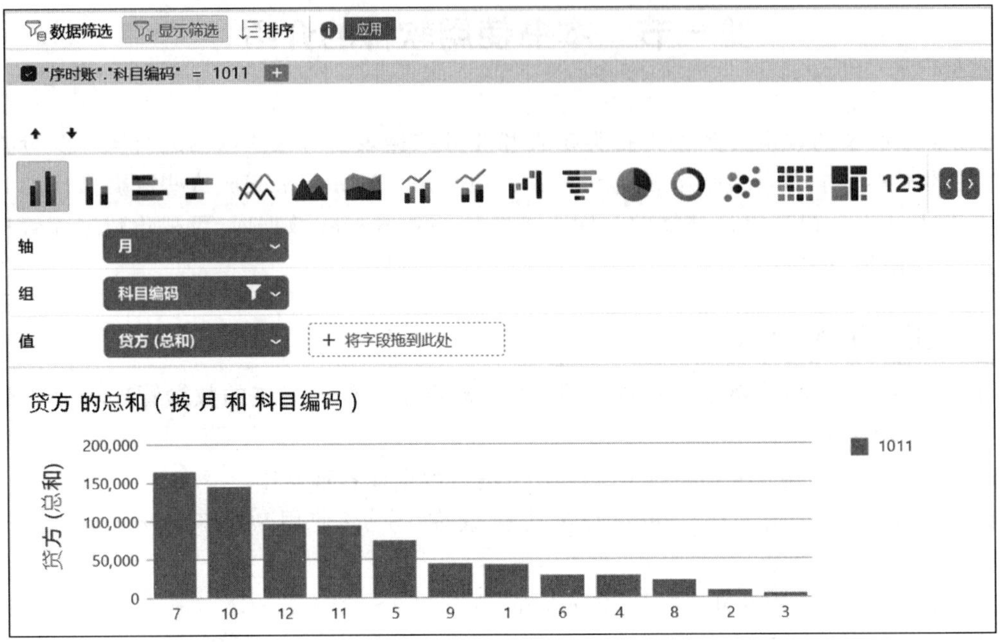

温馨提示

Navicat 是连接数据库并编写 SQL 代码的管理工具，在导入导出、字段设置、代码提示、美化语句等方面具有其独特的作用。单独使用 SQL Server 的管理工具也能完成导入导出、代码编写等。Navicat 并非是必选项，但有了 Navicat 后工作学习会更方便。

三、编程语言 Python

除了 SQL Server 和 Navicat 外，本书案例中可视化审计使用 Python 来完成。Python 有众多模块化的库，使用方便，在可视化方面使用较多的是 Plotly Express，作为封装好的高级可视化库，用简短的代码就能快速满足大多数可视化需求。

第二节　数据库的建立及数据的导入导出

使用 SQL 做审计数据分析时，数据来源主要有 3 种：①被审计单位导出的数据，最常见的是 Excel 文件及 CSV 文件；②被审计单位导出的数据库备份文件，如 BAK、DMP 文件；③获得授权后在被审计单位的数据库系统中查询取数。因此，审计人员使用 SQL 进行审计数据分析，首先要建立数据库，将取得的数据资料导入数据库中进行分析。

这里介绍两种建立数据库及导入导出 Excel 数据表的方法：①使用 SQL Server 自带的管理工具建立数据库，导入导出数据；②使用 Navicat 建立数据库，导入导出数据。

一、使用 SQL Server 自带管理工具导入导出数据

打开 SQL Server 自带的管理工具“SQL Server Management Studio 19”，出现登录界面。选择建立数据库时的登录方式进行连接，可以选择【Windows 身份验证】，比较方便，点击【连接】。

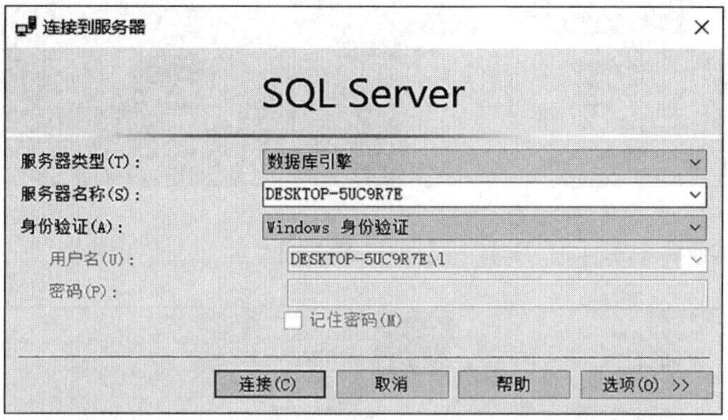

在窗口左边，找到“数据库”，右键点击【数据库】，选择【新建数据库】。输入数据库名称，其他均为默认选项。

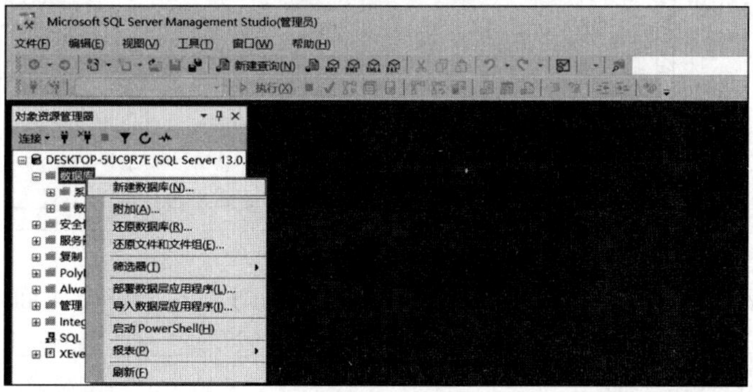

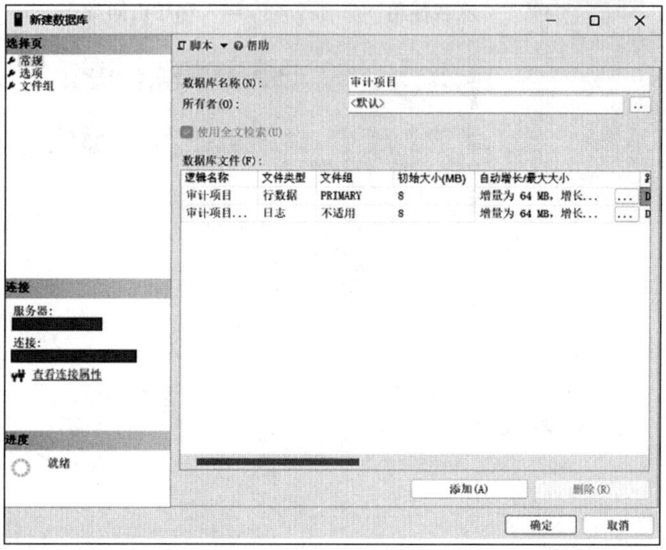

点击【确定】建立“审计项目”数据库。

右键点击【审计项目】—【任务】—【导入数据】。

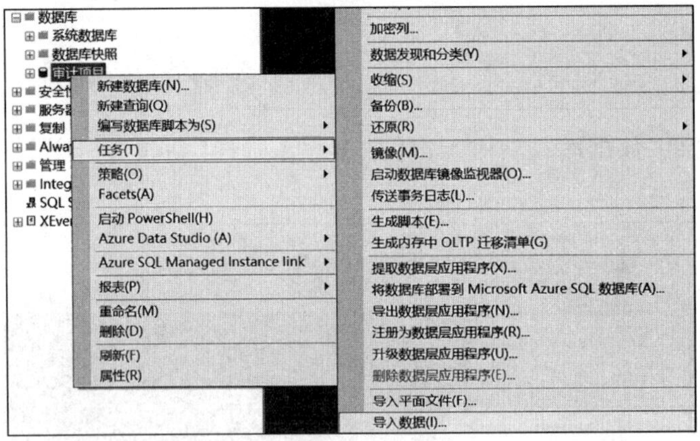

出现“SQL Server 导入和导出向导”界面，点击【Next】进入下一个界面。

这里选择要导入的文件类型、文件存放的路径。如果列名在第一行，就勾选“首行包含列名称”。

点击【Next】，在出现的窗口中目标选择“SQL Server　Native Client 11.0”，“数据库”选择“审计项目”，点击【Next】。

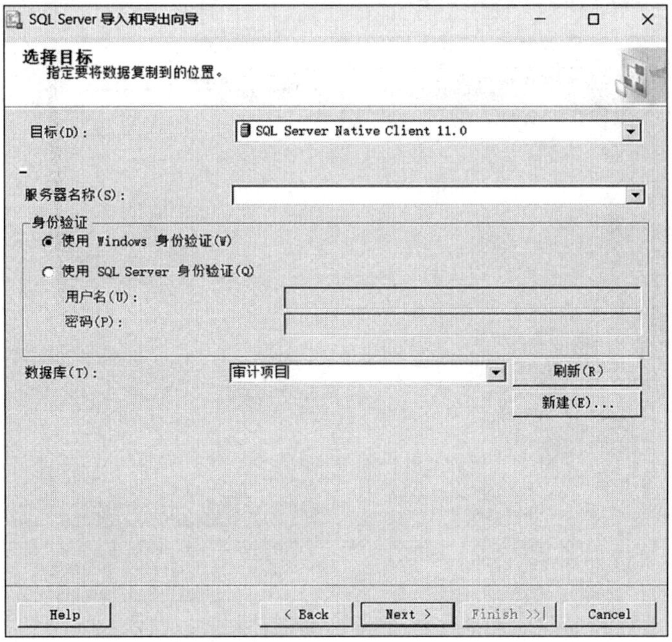

点击【Next】，进入下一个窗口。

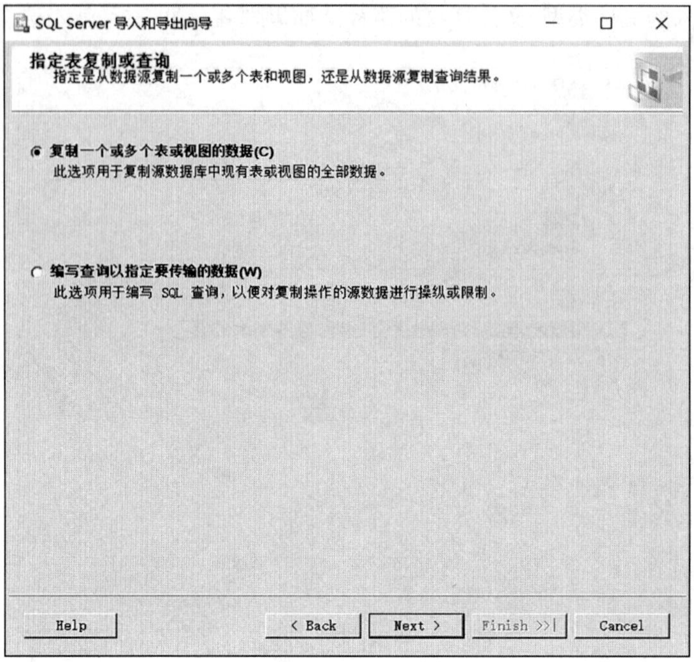

点击【Next】,在出现的窗口中勾选要导入的表,点击【Next】。

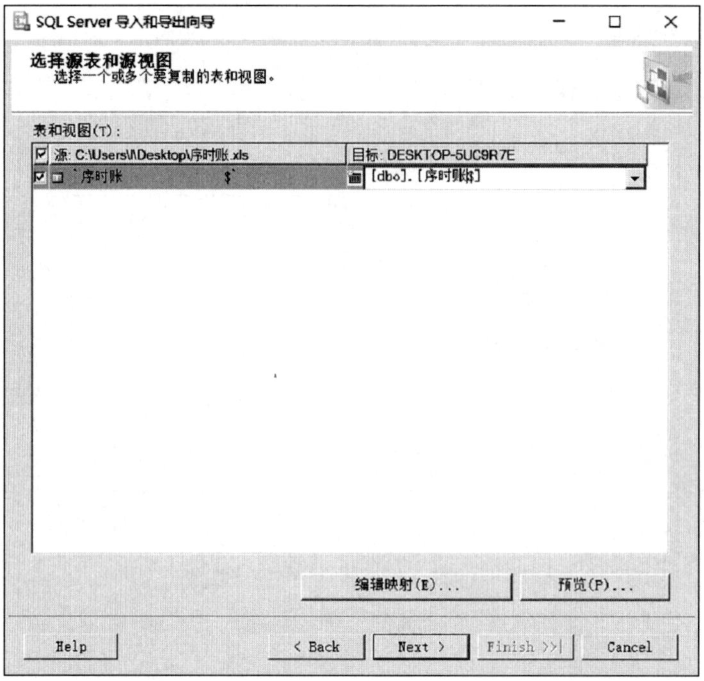

再次点击【Next】。

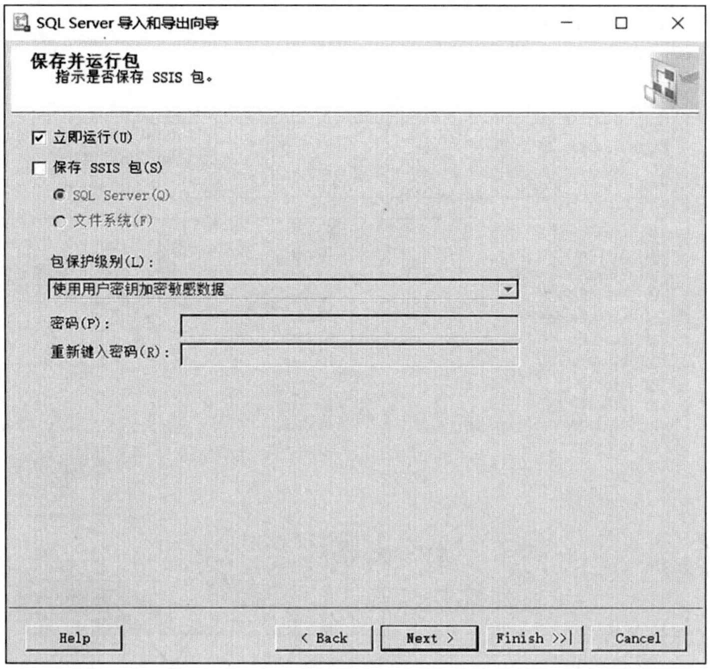

点击【 Finish 】。

执行成功后点击【 Close 】。

导出数据表与导入数据表的方法相同,此处不再赘述。

二、使用 Navicat 导入、导出数据

打开 Navicat 软件,本书使用的版本为 Navicat Premium 16。

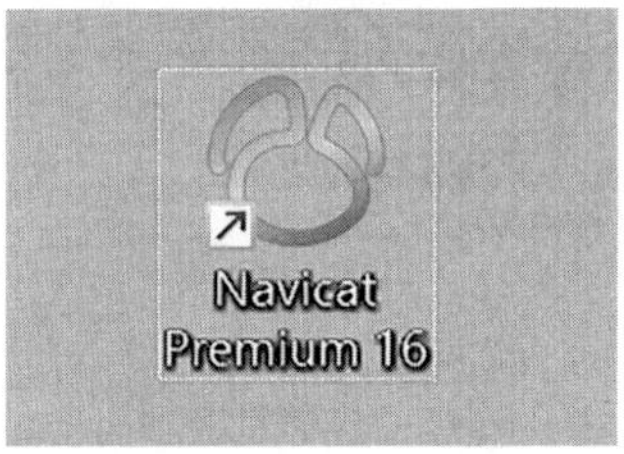

在出现的窗口中点击【连接】—【SQL Server ...】。

在出现的窗口中输入连接名、主机、验证等信息。点击【测试连接】,如果连接成功就点击【确定】。

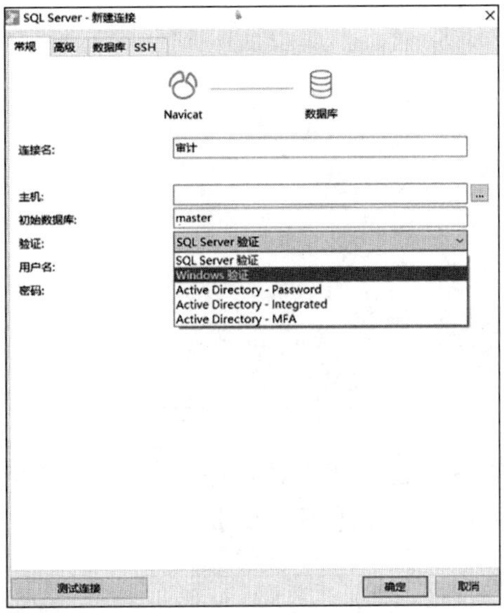

点击【确定】后建立与数据库的连接。

双击【审计】,进行与数据库的连接。连接后右键点击【审计】—【新建数据库…】。

在“数据库名”栏输入“项目”,然后点击【确定】。

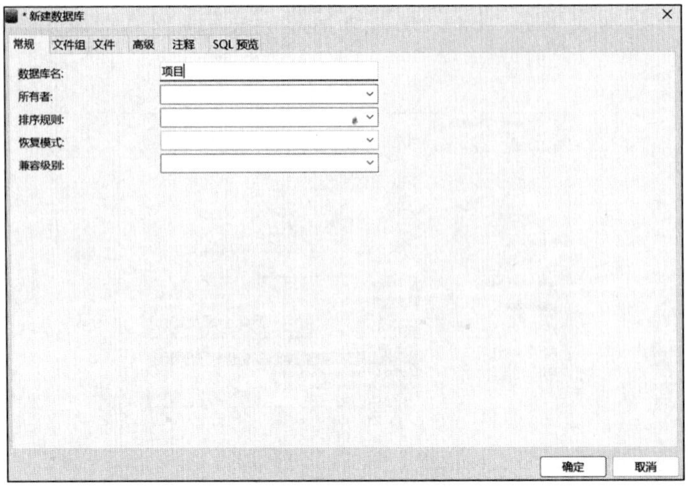

这样就建好了数据库。在左边窗口双击数据库名称【项目】,名称变亮。双击【dbo】后点击【导入向导】。选择导入 Excel 文件,点击【下一步】。

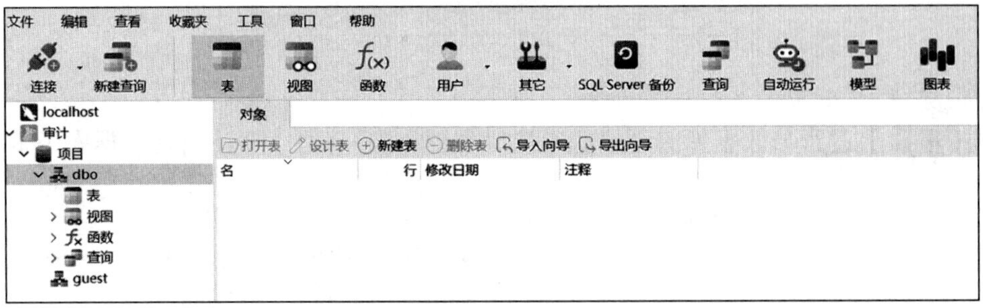

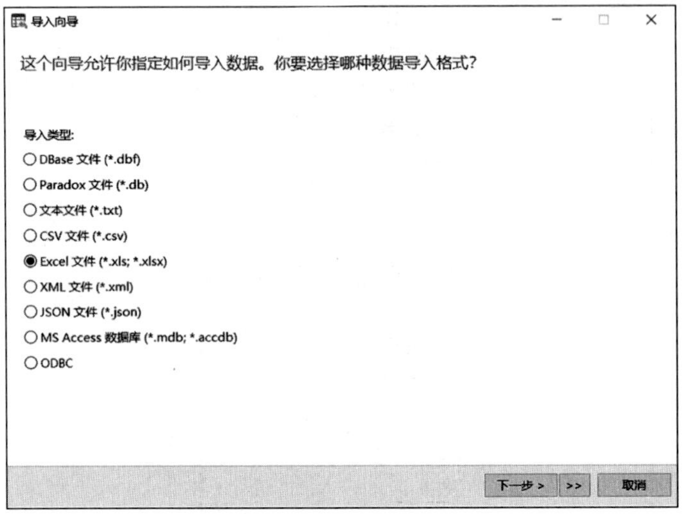

浏览要导入的表格,勾选复选框后点击【下一步】。

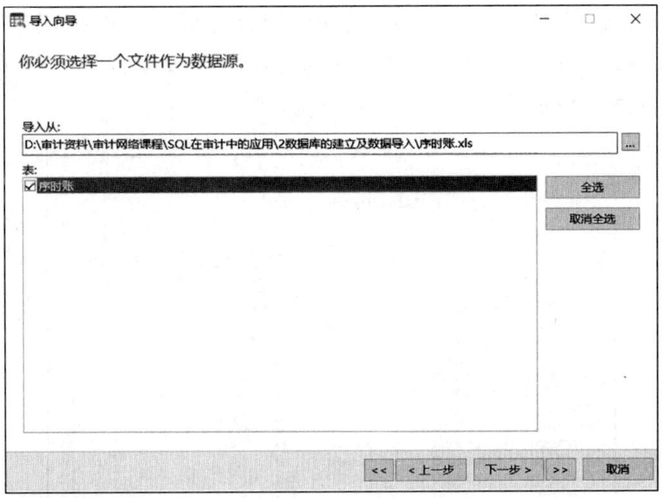

选择列名所在的行后点击【下一步】。

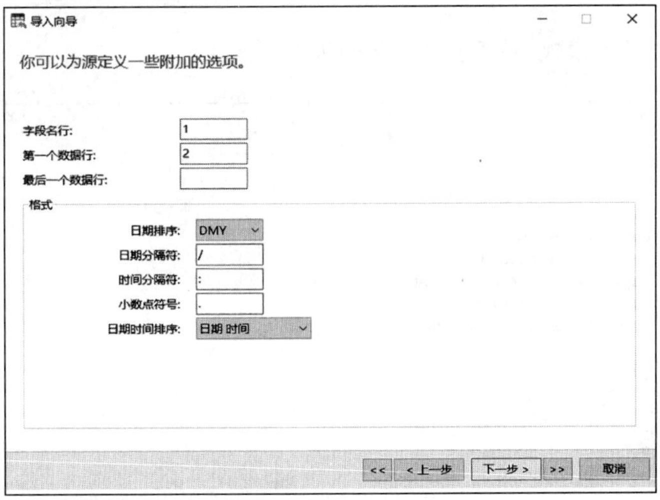

勾选“新建表”后点击【下一步】。

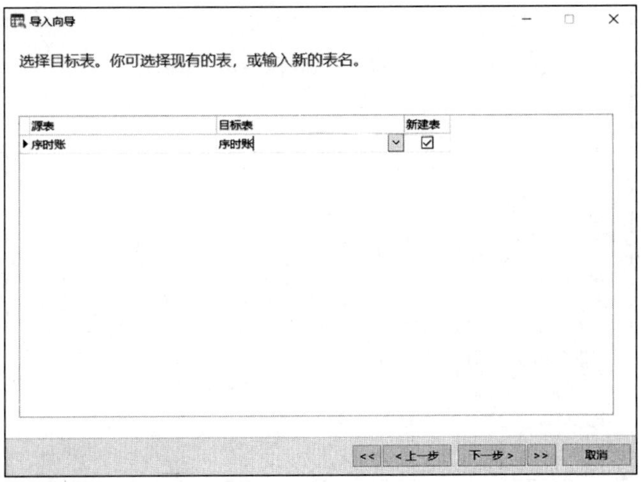

在这一步可以指定数据类型，其中，借方金额、贷方金额等可以指定数字类型，如 numeric、image 等，这里指定为 numeric 数据类型（20 位数字，其中小数位后 2 位）。在这一步按默认类型导入也可以，导入后再进行数据类型转换，然后点击【 下一步 】。

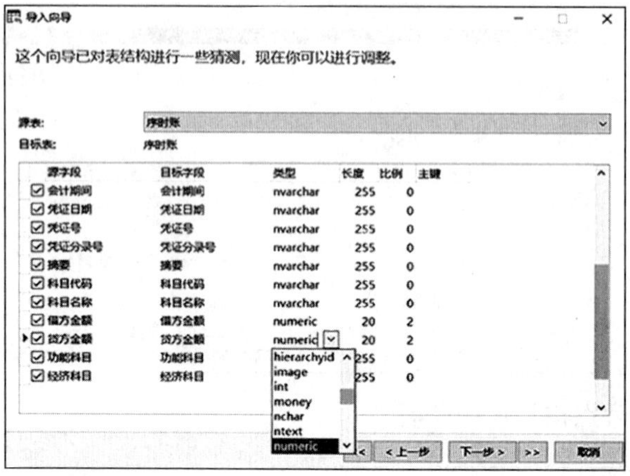

选择一个所需的导入模式，然后点击【 下一步 】。

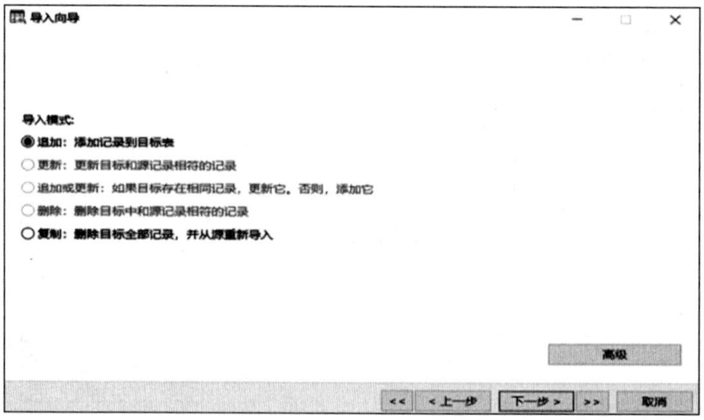

点击【 开始 】，进行导入。

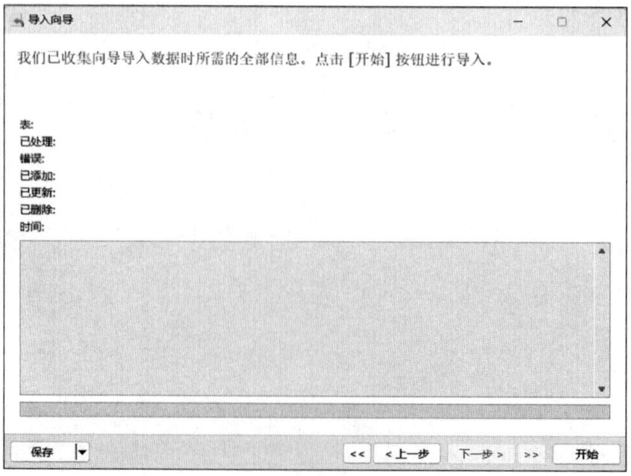

导入完成后点击【关闭】。

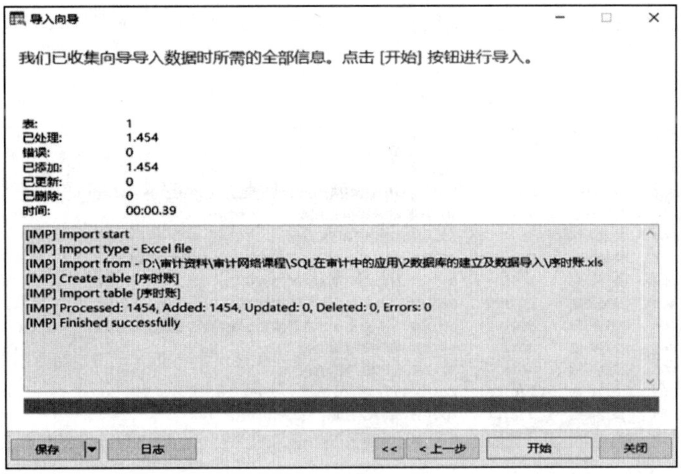

点击【新建查询】,查询所导入的序时账。

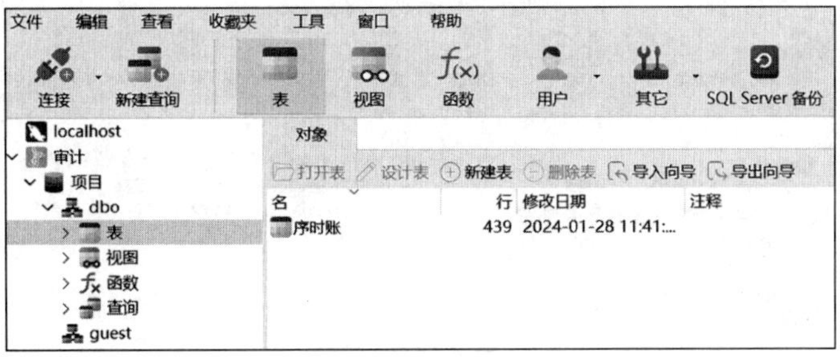

在英文状态下输入语句"SELECT * FROM 序时账",点击【运行】。

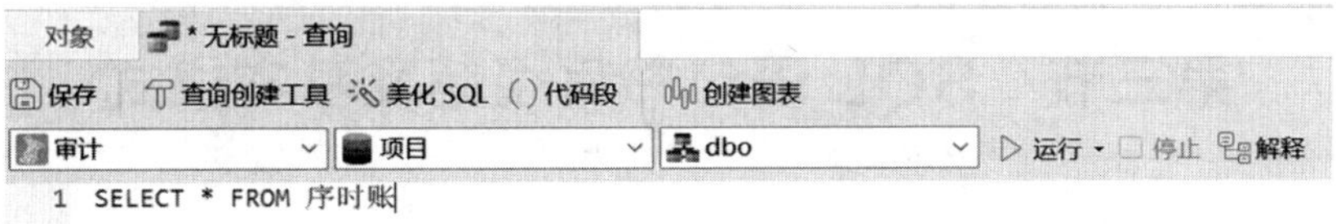

运行结果:

年	月	凭证号	摘要	科目编码	科目名称	借方	贷方
2020	1	记-0004	交通补贴	5001021101	5001021101\业务活动费用\商品和服务费用\差旅费\差旅费	160.00	
2020	1	记-0004	交通补贴	1011	1011\零余额账户用款额度		80.00
2020	1	记-0004	交通补贴	1011	1011\零余额账户用款额度		80.00
⋮	⋮	……	……	……	……	……	……

如果要导出查询结果,在下面的窗口中点击【导出结果】。

年	月	凭证号	摘要	科目编码	科目名称	借方	贷方
2020	1	记-0004	交通补贴	50010211	5001021101\业务活动费用\商品和服务费用\差旅费\差旅费	160.00	(Null)
2020	1	记-0004	交通补贴	1011	1011\零余额账户用款额度	(Null)	80.00
2020	1	记-0004	交通补贴	1011	1011\零余额账户用款额度	(Null)	80.00
2020	1	记-0004	交通补贴	72010211	7201021101\事业支出\商品和服务支出\差旅费\差旅费	160.00	(Null)
2020	1	记-0004	交通补贴	800101	800101\资金结存\零余额账户用款额度	(Null)	80.00
2020	1	记-0004	交通补贴	800101	800101\资金结存\零余额账户用款额度	(Null)	80.00
2020	1	记-0005	交通补贴	50010211	5001021101\业务活动费用\商品和服务费用\差旅费\差旅费	160.00	(Null)
2020	1	记-0005	交通补贴	1011	1011\零余额账户用款额度	(Null)	80.00
2020	1	记-0005	交通补贴	1011	1011\零余额账户用款额度	(Null)	80.00
2020	1	记-0005	交通补贴	72010211	7201021101\事业支出\商品和服务支出\差旅费\差旅费	160.00	(Null)
2020	1	记-0005	交通补贴	800101	800101\资金结存\零余额账户用款额度	(Null)	80.00
2020	1	记-0005	交通补贴	800101	800101\资金结存\零余额账户用款额度	(Null)	80.00

如果要导出表，则在下面的窗口中点击【导出向导】。

第三节　SQL 语句书写规范及基本格式

为保证 SQL 语句的可读性，书写时应注意以下几点。

(1) 分行　为了提高可读性，各子句分行写。

(2) 缩进　必要时使用缩进。

(3) 空格　在运算符周围添加空格，使代码清晰。

(4) 大小写　关键字通常使用大写，表名和字段名使用小写。

(5) 结尾　命令结尾使用符号“;”。

(6) 别名　使用别名“AS”，提高查询结果的可读性。

(7) 注释　单行注释使用“--”，多行注释使用“/**/”。

书写样例如下。

```
-- 筛选金额大于1万元的会议费支出
SELECT
    col1 AS 会议费,
    col2 AS 支出金额
FROM
    tablename
WHERE
    col1 LIKE '%会议费%'
    AND col2 > 10000
```

为了快速掌握SQL语句结构，需要先熟悉SQL语句基本格式，然后再掌握基本格式加上排序语句，加上分组语句后的格式。

（一）基本格式

```
-- 如果Navicat中打开了数据库就不用输入use行
USE 数据库名
SELECT 列名1，列名2，列名3，……
FROM 表名
WHERE 筛选的条件
```

打开Navicat，导入序时账。导入时将涉及金额的列设置为“numeric(18,2)”数字类型，月份设置为“int”类型，新建查询，“*”代表所有符合条件的。

```
SELECT
    *
FROM
    序时账
WHERE
    科目编码 = '1011'
```

运行结果：

年	月	凭证号	摘要	科目编码	科目名称	借方	贷方
2020	1	记-0004	交通补贴	1011	1011\零余额账户用款额度		80.00
2020	1	记-0004	交通补贴	1011	1011\零余额账户用款额度		80.00
2020	1	记-0005	交通补贴	1011	1011\零余额账户用款额度		80.00
⋮	⋮	……	……	……	……	……	……

如果查询里只想显示月、凭证号、科目名称和贷方列，则语句为：

```
SELECT
    月 , 凭证号 , 科目名称 , 贷方
FROM
    序时账
WHERE
    科目编码 = '1011'
```

运行结果：

月	凭证号	科目名称	贷方
1	记-0004	1011\零余额账户用款额度	80.00
1	记-0004	1011\零余额账户用款额度	80.00
1	记-0005	1011\零余额账户用款额度	80.00
⋮	……	……	……

（二）加排序语句后的样式

```
SELECT
    列名 1, 列名 2, 列名 3,……
FROM
    表名
WHERE
    筛选的条件
ORDER BY
    列名 排序方式(ASC / DESC)
```

注：ASC 是升序排序，DESC 是降序排序。

例句：

```
SELECT
    *
FROM
    序时账
WHERE
    科目编码 = '1011'
ORDER BY
    贷方 DESC
```

运行结果：

年	月	凭证号	摘要	科目编码	科目名称	借方	贷方
2020	7	记-0007	培训费	1011	1011\零余额账户用款额度		58695.00
2020	11	记-0018	保洁服务费	1011	5001020901\业务活动费用\商品和服务费用\物业管理费\办公用房物业管理费		56000.00
2020	5	记-0017	物业费	1011	1011\零余额账户用款额度		46571.43
⋮	⋮	……	……	……	……	……	……

（三）加分组语句后的格式

```
SELECT
    列名，聚合函数
FROM
    表名
GROUP BY
    列名
HAVING
    条件
ORDER BY
    列名
```

例句：

```
SELECT
    月，科目编码，科目名称，SUM（ 借方 ） AS 借方
FROM
    序时账
WHERE
    科目编码 = '7201021101'
GROUP BY
    月，科目编码，科目名称
HAVING
    SUM（ 借方 ）>1000
ORDER BY
    月
```

运行结果：

月	科目编码	科目名称	借方
10	7201021101	7201021101\事业支出\商品和服务支出\差旅费\差旅费	8257.00
9	7201021101	7201021101\事业支出\商品和服务支出\差旅费\差旅费	5748.50

温馨提示

输入 SQL 代码时除了输入中文外，其他均在英文状态下输入；语句的关键词后留空格。这两点需要注意。

第四节　表格的创建及修改

表格的创建、修改、删除是常见的操作。常用的语句有 CREATE TABLE、INSERT INTO、ALTER TABLE、UPDATE、DROP TABLE 等。

一、创建表格

格式为：CREATE TABLE 表名（列 1 名 数据类型，列 2 名 数据类型，列 3 名 数据类型……）

```
CREATE TABLE 新增资产
(
序号 INT,
凭证号 VARCHAR ( 30 ),
摘要 VARCHAR ( 100 ),
金额 DECIMAL ( 18, 2 )
)
```

运行结果：

序号	凭证号	摘要	金额

二、输入表格内容

格式为：INSERT INTO 表名 VALUES（列 1 的值，列 2 的值，列 3 的值……）

```
INSERT INTO 新增资产
VALUES
   ( 1, '2023.1.26', '购置笔记本电脑', 5500.00 );
INSERT INTO 新增资产
VALUES
   ( 2, '2023.3.53', '购置激光打印机', 3000.00 );
INSERT INTO 新增资产
VALUES
    ( 3, '2023.5.15', '购置一体机', 12000.00 );
```

运行结果：

序号	凭证号	摘要	金额
1	2023.1.26	购置笔记本电脑	5500.00
2	2023.3.53	购置激光打印机	3000.00
3	2023.5.15	购置一体机	12000.00

三、修改列名

格式：EXEC SP_RENAME '[表名].[列名]','[新列名]'

```
EXEC SP_RENAME '新增资产.金额','支出金额'
```

运行结果：

序号	凭证号	摘要	支出金额
1	2023.1.26	购置笔记本电脑	5500.00
2	2023.3.53	购置激光打印机	3000.00
3	2023.5.15	购置一体机	12000.00

四、新增列

格式：ALTER TABLE 表名 ADD 列名 数据类型

```
ALTER TABLE 新增资产 ADD 备注 VARCHAR ( 500 )
```

运行结果：

序号	凭证号	摘要	支出金额	备注
1	2023.1.26	购置笔记本电脑	5500.00	
2	2023.3.53	购置激光打印机	3000.00	
3	2023.5.15	购置一体机	12000.00	

五、修改数据

格式：UPDATE 表名 SET 修改内容

```
UPDATE 新增资产
SET 支出金额 = 支出金额 + 100
```

运行结果：

序号	凭证号	摘要	支出金额	备注
1	2023.1.26	购置笔记本电脑	5600.00	
2	2023.3.53	购置激光打印机	3100.00	
3	2023.5.15	购置一体机	12100.00	

六、按条件删除行

格式：DELETE FROM 表名 WHERE 条件

```
DELETE
FROM
    新增资产
WHERE
    支出金额 = 3100
```

运行结果：

序号	凭证号	摘要	支出金额	备注
1	2023.1.26	购置笔记本电脑	5600.00	
3	2023.5.15	购置一体机	12100.00	

七、删除列

格式：ALTER TABLE 表名 DROP COLUMN 列名

```
ALTER TABLE 新增资产  DROP COLUMN 备注
```

运行结果：

序号	凭证号	摘要	支出金额
1	2023.1.26	购置笔记本电脑	5600.00
3	2023.5.15	购置一体机	12100.00

八、清空表内数据

格式：TRUNCATE TABLE 表名

```
TRUNCATE TABLE 新增资产
```

运行结果：

	凭证号	摘要	支出金额

九、删除表格

格式：DROP TABLE 表名

```
DROP TABLE 新增资产
```

运行结果：

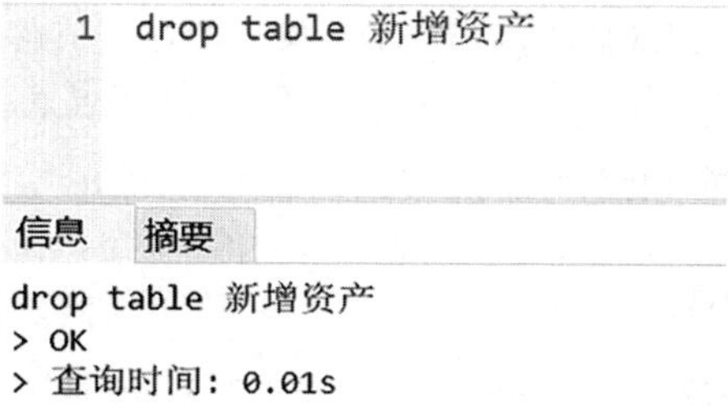

第五节　数据类型

每个数据库都有自己的数据类型，SQL Server 数据类型很多，审计中常用的数据类型包括字符串、数字、日期等。

一、字符串

SQL Server 数据类型中常见的字符数据见表 2-1。

表 2-1 SQL Server 数据类型中的字符数据

数据类型	描述
char(n)	固定长度的字符串,最多 8000 个字符
varchar(n)	可变长度的字符串,最多 8000 个字符
varchar(max)	可变长度的字符串,最多 1073741824 个字符
text	可变长度的字符串,最多 2 GB 字符数据
nchar(n)	固定长度的 Unicode 数据,最多 4000 个字符
nvarchar(n)	可变长度的 Unicode 数据,最多 4000 个字符
nvarchar(max)	可变长度的 Unicode 数据,最多 536870912 个字符
ntext	可变长度的 Unicode 数据,最多 2 GB 字符数据

二、数字

SQL Server 数据类型中的数字类型见表 2-2。

表 2-2 SQL Server 数据类型中的数字类型

数据类型	描述
int	允许从 $-2^{31}+1$ 到 $2^{31}-1$ 的所有数字
decimal(p,s)	固定精度和比例的数字。允许从 $-10^{38}+1$ 到 $10^{38}-1$ 之间的数字 p 表示小数点左侧和右侧的合计最大位数。p 值在 1 到 38 之间,默认是 18 s 表示小数点右侧存储的最大位数。s 值在 0 到 p 之间,默认是 0
numeric(p,s)	固定精度和比例的数字。允许从 $-10^{38}+1$ 到 $10^{38}-1$ 之间的数字 p 表示小数点左侧和右侧的合计最大位数。p 值在 1 到 38 之间,默认是 18 s 表示小数点右侧存储的最大位数。s 值在 0 到 p 之间,默认是 0
money	介于 -922337203685477.5808 和 922337203685477.5807 之间的货币数据
float(n)	从 -1.17×10^{38} 到 1.79×10^{38} 的浮动精度数字数据 n 表示该字段保存 4 字节还是 8 字节。float(24)保存 4 字节,而 float(53)保存 8 字节。n 的默认值是 53
real	从 -3.40×10^{38} 到 3.40×10^{38} 的浮动精度数字数据

三、日期时间

SQL Server 数据类型中的日期时间类型见表 2-3。

表 2-3　SQL Server 数据类型中的日期时间类型

数据类型	描述
datetime	从 1753 年 1 月 1 日到 9999 年 12 月 31 日，精度为 3.33 ms
datetime2	从 1753 年 1 月 1 日到 9999 年 12 月 31 日，精度为 100 ns
smalldatetime	从 1900 年 1 月 1 日到 2079 年 6 月 6 日，精度为 1 min
date	仅存储日期，从 0001 年 1 月 1 日到 9999 年 12 月 31 日
time	仅存储时间，精度为 100 ns

第六节　运算符及说明

运算符用于执行算术运算、逻辑运算、字符串连接、赋值以及在字段、常量和变量之间进行比较。在 SQL Server 中，常见的运算符及说明如下。

一、常见的运算符

（一）算数运算符

SQL Server 中算数运算符见表 2-4。

表 2-4　算数运算符

运算符	名称	说明
+	加法	用于将两个值相加
-	减法	用于从第一个值中减去第二个值
*	乘法	用于将两个值相乘
/	除法	用于将第一个值除以第二个值
%	取模	返回除法的余数

（二）比较运算符

SQL Server 中比较运算符见表 2-5。

表 2-5　比较运算符

运算符	名称	说明
=	等于	判断两个值是否相等
>	大于	判断一个值是否大于另一个值
<	小于	判断一个值是否小于另一个值
> =	大于等于	判断一个值是否大于或等于另一个值
< =	小于等于	判断一个值是否小于或等于另一个值
<>或 !=	不等于	判断两个值是否不相等

（三）逻辑运算符

SQL Server 中的逻辑运算符见表 2-6。

表 2-6　逻辑运算符

运算符	名称	说明
and	逻辑与	如果两个布尔表达式都为 true，则结果为 true；如果其中一个表达式为 false，则结果为 false
or	逻辑或	如果两个布尔表达式中的任何一个为 true，那么结果为 true
not	逻辑非	对任何其他布尔运算符的结果取反
between	介于	介于两个值之间的数据
exists	子查询返回	用于检查子查询是否返回任何行。如果子查询返回一行或多行，则 exists 运算符返回 true

（四）字符串运算符

SQL Server 中的字符串运算符见表 2-7。

表 2-7　字符串运算符

运算符	名称	说明
+	连接字符串	连接两个或多个字符串

（五）位运算符

SQL Server 中的位运算符见表 2-8。

表 2-8　位运算符

运算符	名称	说明
&	位与	对二进制数进行按位与运算
|	位或	对二进制数进行按位或运算
^	位异或	对二进制数进行按位异或运算

二、运算符说明

（一）算数运算符举例说明

```
SELECT 2+3 加法 ,5-2 减法 ,5*5 乘法 ,10/2 除法 ,7%2 求余数
```

运行结果：

加法	减法	乘法	除法	求余数
5	3	25	5	1

（二）比较运算符举例说明

```
CREATE TABLE 举例说明 (
序号 INT,
项目名称 VARCHAR ( 20 ),
一季度合计 DECIMAL ( 18, 2 ),
二季度合计 DECIMAL ( 18, 2 ) );
INSERT INTO 举例说明
VALUES
    ( 1, '差旅费', 25000.00, 30000.00 );
INSERT INTO 举例说明
VALUES
    ( 2, '办公费', 12000.00, 9000.00 );
SELECT
    *
FROM
    举例说明
WHERE
    二季度合计 > 一季度合计
```

运行结果：

序号	项目名称	一季度合计	二季度合计
1	差旅费	25000.00	30000.00

（三）逻辑运算符举例说明

```
CREATE TABLE 举例说明 (
序号 INT,
报销人 VARCHAR ( 20 ),
金额 DECIMAL ( 18, 2 ) );
INSERT INTO 举例说明 VALUES (1, '张三', 15000.00);
INSERT INTO 举例说明 VALUES (2, '李四', 12000.00);
INSERT INTO 举例说明 VALUES (3, '王五', 13000.00);
INSERT INTO 举例说明 VALUES (4, '赵六', 8000.00);
INSERT INTO 举例说明 VALUES (4, '张三', 3000.00);
SELECT *
FROM 举例说明
```

```
WHERE
    报销人 = '张三'
    AND 金额 > 5000.00
```

运行结果：

序号	报销人	金额
1	张三	15000.00

（四）字符串运算符举例说明

```
SELECT'预算项目 01'+'咨询费'+'金额:100000'
```

运行结果：

预算项目 01 咨询费金额：100000

温馨提示

“举例说明”表要创建两次，第二次创建之前要把第一次创建的表删除，表不能重名。

第七节　函　数

一、聚合函数

审计中常用的聚合函数见表 2-9。

表 2-9　审计中常用的聚合函数

函数名称	描述	函数名称	描述
max( )	求最大值	sum( )	求合计数
min( )	求最小值	count( )	求个数合计
avg( )	求平均值		

为了举例说明，先创建例表。

```
CREATE TABLE 电费支出 (
    日期 DATE,
    凭证号 VARCHAR(20),
    科目名称 VARCHAR(50),
    科目编码 VARCHAR(20),
    摘要 VARCHAR(50),
    借方 DECIMAL(10,2)
);
INSERT INTO 电费支出
VALUES
    ('2023-01-05','记 -0025','商品和服务支出 \ 电费',
'72010206','12 月电费',24062.35 );
INSERT INTO 电费支出
VALUES
    ('2023-02-08','记 -0036','商品和服务支出 \ 电费',
'72010206','1 月电费',18821.56 );
INSERT INTO 电费支出
VALUES
    ('2023-03-28','记 -0110','商品和服务支出 \ 电费',
'72010206','2 月电费',20734.43 );
INSERT INTO 电费支出
VALUES
    ('2023-04-25','记 -0059','商品和服务支出 \ 电费',
'72010206','3 月电费',15033.62);
INSERT INTO 电费支出
VALUES
    ('2023-05-30','记 -0076','商品和服务支出 \ 电费',
'72010206','4 月电费',12892.45 );
INSERT INTO 电费支出
VALUES
    ('2023-06-30','记 -0076','商品和服务支出 \ 电费',
'72010206','5 月电费',21389.36 );
SELECT *
FROM 电费支出
```

运行结果：

日期	凭证号	科目名称	科目编码	摘要	借方
2023-01-05	记-0025	商品和服务支出\电费	72010206	12 月电费	24062.35
2023-02-08	记-0036	商品和服务支出\电费	72010206	1 月电费	18821.56
2023-03-28	记-0110	商品和服务支出\电费	72010206	2 月电费	20734.43
2023-04-25	记-0059	商品和服务支出\电费	72010206	3 月电费	15033.62
2023-05-30	记-0076	商品和服务支出\电费	72010206	4 月电费	12892.45
2023-06-30	记-0076	商品和服务支出\电费	72010206	5 月电费	21389.36

（一）MAX（）函数

求电费支出最大金额。

```
SELECT MAX(借方) FROM 电费支出
```

运行结果：24062.35

（二）MIN（）函数

求电费支出最小金额。

```
SELECT MIN(借方) FROM 电费支出
```

运行结果：12892.45

（三）AVG（）函数

求电费支出平均金额。

```
SELECT AVG(借方) FROM 电费支出
```

运行结果：18822.30

（四）SUM（）函数

求电费支出合计金额。

```
SELECT SUM(借方) FROM 电费支出
```

运行结果：112933.77

（五）COUNT（）函数

求电费支出凭证个数。

```
SELECT COUNT(*) FROM 电费支出
```

运行结果:6

二、字符串函数

审计中常用的字符串函数见表 2-10。

表 2-10 审计中常用的字符串函数

函数名称	描述
len(str)	返回字符表达式中的字符数
left(str, 整数)	返回字符串中指定长度的左侧部分
right(str, 整数)	返回字符串中指定长度的右侧部分
substring(str,part1,part2)	用来截取字符串中的其中一部分。str 为要操作的字符串,part1 为要截取的字符串的起始位置,part2 为要截取的长度
charindex(str1,str,start)	返回子字符串 str1 在字符串 str 的开始位。start 是搜索开始位置。如果指定 start,则从指定位置开始搜索;否则从字符串开始位置搜索
replace(str,str1,str2)	使用字符串 str2 替代字符串 str 中的 str1
ltrim( ),rtrim( )	ltrim( )为剪除字符串左边的空格;rtrim( )为剪除字符串右边的空格
concat(str1,str2)	返回值为连接后的字符串

(一)LEN( )函数

```
SELECT LEN('财务收支审计')
```

运行结果:6

(二)LEFT( )函数

```
SELECT LEFT('财务收支审计',4)
```

运行结果:财务收支

(三)RIGHT( )函数

```
SELECT RIGHT('财务收支审计',2)
```

运行结果:审计

（四）SUBSTRING（ ）函数

```
SELECT SUBSTRING('财务收支审计',5,2)
```

运行结果：审计

（五）CHARINDEX（ ）函数

```
SELECT CHARINDEX('审计','财务收支审计')
```

运行结果：5

（六）REPLACE（ ）函数

```
SELECT REPLACE('财务收支审计','财务收支','经济责任')
```

运行结果：经济责任审计

（七）LTRIM（ ）/RTRIM（ ）函数

```
SELECT RTRIM('部门预算执行情况      ')+LTRIM('    审计')
```

运行结果：部门预算执行情况审计

（八）CONCAT（ ）函数

```
SELECT CONCAT('部门预算执行情况及决算草案','审计报告')
```

运行结果：部门预算执行情况及决算草案审计报告

三、日期和时间函数

审计中常用的日期函数见表 2-11。

表 2-11　审计中常用的日期函数

函数	说明
getdate( )	返回系统当前时间
datediff(interval,date1,date2)	返回 date2 与 date1 两个日期之间的差值

续表

函数	说明
dateadd(interval,number,date)	以 interval 指定的方式,加上 number 之后的日期
datepart(interval,date)	返回日期 date 中,interval 指定部分所对应的值
datename(interval,date)	返回日期 date 中,interval 指定部分所对应的字符串名称
year( ),month( ),day( )	分别显示查询时间的年、月、日

Interval 的常用格式见表 2-12。

表 2-12　Interval 的常用格式

值	缩写	说明	值	缩写	说明
year	yy	年,1753～9999	weekday	dw	一周中的第几日,1～7
quarter	qq	季,1～4	hour	hh	时,0～23
month	mm	月,1～12	minute	mi	分钟,0～59
day	dd	日,1～31	second	ss	秒,0～59

下面举例说明。

(一)获取当前系统时间

获取当前系统时间的语句如下:

```
SELECT '获取当前系统时间:',GETDATE()
```

运行结果:

获取当前系统时间:	2024-01-07 07:50:55.603

(二)从日期中获取年月日信息

从日期中获取年月日信息的语句如下:

```
SELECT
    '从日期中获取年月日信息' AS DATEPART 示例,
    DATEPART(YY,'2024-01-01') 年,
    DATEPART(MM,'2024-01-01') 月,
    DATEPART(DD,'2024-01-01') 日
```

运行结果:

DATEPART 示例	年	月	日
从日期中获取年月日信息	2024	1	1

（三）日期表示的星期信息

用日期表示的星期信息的语句如下：

```
SELECT'日期表示的星期信息:',DATENAME(DW,'2024-01-01')
```

运行结果：

日期表示的星期信息：	星期一

（四）两个日期之间的间隔

```
SELECT
    '间隔天数:',
    DATEDIFF(DAY,'2024-01-01','2024-02-28')
```

运行结果：

间隔天数：	58

四、数据类型转换

导入数据默认 nvarchar 格式，数据导入成功率高，导入之后可再进行数据类型的检查和转换。

常见的数据类型转换包括数字转换为字符串、字符串转换为数字、日期转换成字符串、字符串转换成日期等。SQL Server 中数据类型转换通常使用 CAST( )或 CONVERT( )函数来实现。

CAST( )函数的格式：CAST(需转换的字段或值 as 目标数据类型)。

CONVERT( )函数的格式：CONVERT(目标数据类型，需转换的字段或值，格式参数)，其中 CONVERT 函数的日期格式参数及具体格式见表 2-13。

表 2-13　CONVERT 函数的日期格式参数及具体格式

参数	格式	参数	格式
100	mon dd yyyy hh:miAM(或 PM)	110	mm-dd-yy
101	mm/dd/yyyy	111	yy/mm/dd
102	yy.mm.dd	112	yymmdd
103	dd/mm/yy	113	dd mon yyyy hh:mm:ss:mmm(24 h)
104	dd.mm.yy	114	hh:mi:ss:mmm(24 h)
105	dd-mm-yy	120	yyyy-mm-dd hh:mm:ss [.fff]
106	dd mon yy	121	yyyy-mm-dd hh:mm:ss [.fff]
107	mon dd yy	126	yyyy-mm-dd Thh:mm:ss:mmm(不含空格)
108	hh:mm:ss	130	dd mon yyyy hh:mi:ss:mmmAM
109	mon dd yyyy hh:mi:ss:mmmAM(或 PM)	131	dd/mm/yy hh:mi:ss:mmmAM

举例如下,创建“转换练习”表。

```
CREATE TABLE 转换练习 (
序号 INT,
日期 VARCHAR (30),
支出金额 VARCHAR (20)
);
INSERT INTO 转换练习
VALUES
   (1,'2023-05-25','12800.00');
INSERT INTO 转换练习
VALUES
   (2,'2023-05-26','33959.45');
INSERT INTO 转换练习
VALUES
   (3,'2023-05-27','7836.98');
INSERT INTO 转换练习
VALUES
   (4,'2023-06-03','62894.33');
INSERT INTO 转换练习
VALUES
   (5,'2023-06-05','13000.00');
SELECT *
FROM 转换练习
```

运行结果:

序号	日期	支出金额
1	2023-05-25	12800.00
2	2023-05-26	33959.45
3	2023-05-27	7836.98
4	2023-06-03	62894.33
5	2023-06-05	13000.00

(一)数字格式转换

对“转换练习”表进行支出金额的合计:

```
SELECT SUM
    (支出金额)AS 合计
FROM
    转换练习
```

运行结果：

信息	查询时间
[42000] [Microsoft][ODBC Driver 17 for SQL Server][SQL Server]操作数数据类型 varchar 对于 sum 运算符无效。	0.011s

运行后SQL语句提示出错，原因是创建表格时“支出金额”列定义为“varchar”字符串格式，所以不能对“支出金额”求和，只有转换成数字格式后才能求和。

1. 使用CAST( )函数转换

```
SELECT SUM(
     CAST( 支出金额 AS DECIMAL(18,2)))AS 合计
FROM
     转换练习
```

运行结果：

合计：130490.76

2. 使用CONVERT( )函数转换

```
SELECT
    '合计:',
    SUM(CONVERT(DECIMAL(18,2), 支出金额))
FROM 转换练习
```

运行结果：

合计：130490.76

（二）时间格式转换

下面将系统时间转换为字符串，GETDATE( )是获取系统时间的函数。

```
SELECT
    getdate( ) 系统时间,
    '108' 参数,
    CONVERT(VARCHAR(50),getdate(), 108) 转换练习
```

```
UNION
SELECT
    getdate() 系统时间 ,
    '109' 参数 ,
    CONVERT(VARCHAR(50),getdate(),109) 转换练习
UNION
SELECT
    getdate() 系统时间 ,
    '111' 参数 ,
    CONVERT(VARCHAR(50),getdate(), 111) 转换练习
UNION
SELECT
    getdate() 系统时间 ,
    '120' 参数 ,
    CONVERT(VARCHAR(50),getdate(),120) 转换练习
```

运行结果：

系统时间	参数	转换练习
2024-01-07 08:07:59.337	108	08:07:59
2024-01-07 08:07:59.337	109	01 7 2024 8:07:59:337AM
2024-01-07 08:07:59.337	111	2024/01/07
2024-01-07 08:07:59.337	120	2024-01-07 08:07:59

五、窗口函数

窗口函数是对一组值进行操作，不需要使用 GROUP BY 子句对数据进行分组，还能够在同一行中同时返回基础行的列和聚合列。窗口函数中，对基础列和聚合列的查询都非常简单。窗口函数的格式如下：

< 窗口函数 > OVER (PARTITION BY < 分组的列名 > ORDER BY < 排序的列名 > ASC< 升序 > DESC< 降序 >)

窗口函数分为 4 类：①聚合函数 SUM，AVG，COUNT，MAX，MIN 等；②排名函数 RANK，DENSE_RANK，ROW_NUMBER 等；③偏移函数 LEAD，LAG，FIRST_VALUE，LAST_VALUE 等；④分布函数 PERCENT_RANK，CUME_DIST 等。

下面举例说明常用的几个窗口函数。

（一）准备工作

将“补贴信息表”导入数据库。导入时“金额”列的格式设置为数字类型 numeric(12,2)

	源字段	目标字段	类型	长度	比例	主键
☑	月份	月份	nvarchar	255	0	
☑	账号	账号	nvarchar	255	0	
☑	户名	户名	nvarchar	255	0	
▶ ☑	金额	金额	numeric	12	2	
☑	摘要	摘要	nvarchar	255	0	

查看导入的表：

```
SELECT * FROM 补贴信息表
```

运行结果：

月份	账号	户名	金额	摘要
9	XXXXXXX05865797	XXX	3000.00	补贴
9	XXXXXXX09079473	XXX	1600.00	补贴
9	XXXXXXX10610779	XXX	2200.00	补贴
9	XXXXXX012248789	XXX	1900.00	补贴
⋮	……	……	……	……

（二）ROW_NUMBER 窗口函数

```
SELECT
    账号，金额，
    ROW_NUMBER()OVER(PARTITION BY 月份 ORDER BY 金额)
AS 排名
FROM
    补贴信息表
```

运行结果：

账号	金额	排名
XXXXXX036587327	1000.00	1
XXXXXXX09079473	1600.00	2
XXXXXX012248789	1900.00	3
XXXXXXXX0151253	1900.00	4
……	……	⋮

（三）RANK 窗口函数

```
SELECT
    账号，金额，
```

```
    RANK()OVER(PARTITION BY 月份 ORDER BY 金额)AS 排名
FROM
    补贴信息表
```

运行结果：

账号	金额	排名
XXXXXX036587327	1000.00	1
XXXXXXX09079473	1600.00	2
XXXXXX012248789	1900.00	3
XXXXXXXX0151253	1900.00	3
……	……	⋮

（四）DENSE_RANK 窗口函数

```
SELECT
    账号，金额，
    DENSE_RANK()OVER(PARTITION BY 月份 ORDER BY 金额)
AS 排名
FROM
    补贴信息表
```

运行结果：

账号	金额	排名
XXXXXX036587327	1000.00	1
XXXXXXX09079473	1600.00	2
XXXXXX012248789	1900.00	3
XXXXXXXX0151253	1900.00	3
……	……	⋮

（五）SUM 窗口函数

```
SELECT
    账号，金额，
    SUM(金额)OVER(PARTITION BY 月份 ORDER BY 金额)AS 累计
FROM
    补贴信息表
```

运行结果：

账号	金额	累计
XXXXXX036587327	1000.00	1000.00
XXXXXXX09079473	1600.00	2600.00
XXXXXX012248789	1900.00	6400.00
XXXXXXXX0151253	1900.00	6400.00
……	……	……

（六）COUNT 窗口函数

```
SELECT
    账号，金额，
    COUNT(*)OVER(PARTITION BY 账号 ORDER BY 金额)AS
重复数
FROM
    补贴信息表
```

运行结果：

账号	金额	重复数
XXXXXX012248789	1900.00	1
XXXXXX012248789	2200.00	2
XXXXXX036587327	1000.00	1
XXXXXXX05865797	3000.00	1
XXXXXXX09079473	1600.00	1
XXXXXXX10610779	2200.00	1
XXXXXXX10610779	2300.00	2
XXXXXXX10610779	2500.00	3
XXXXXXXX0151253	1900.00	1
XXXXXXXX0988118	2200.00	1

（七）LEAD/LAG 窗口偏移函数

格式：LEAD/LAG(字段名，偏移量，默认值)OVER( )

为了举例说明偏移窗口函数，需先创建其他应收款“期末余额”表。

```
CREATE TABLE 期末余额 (
    序号 INT,
    年 VARCHAR(10),
    余额 DECIMAL(12,2));
INSERT INTO 期末余额
VALUES (1,'2020',3657831.56);
INSERT INTO 期末余额
```

```
VALUES (2,'2021',1253700.30);
INSERT INTO 期末余额
VALUES (3,'2022',786987.39);
INSERT INTO 期末余额
VALUES (4,'2023',123484.40);
SELECT *
FROM 期末余额
```

运行结果：

序号	年	余额
1	2020	3657831.56
2	2021	1253700.30
3	2022	786987.39
4	2023	123484.40

使用LAG函数，将年度列和余额列均向下移一行，以便做增长分析。使用LAG函数和LEAD函数进行环比分析、数据前后行的对比分析特别方便。

```
SELECT
    *,
    LAG(年,1,NULL)OVER(ORDER BY 序号)AS 环比年,
    LAG(余额,1,NULL)OVER(ORDER BY 序号)AS 环比余额
FROM
    期末余额
```

运行结果：

序号	年	余额	环比年	环比余额
1	2020	3657831.56		
2	2021	1253700.30	2020	3657831.56
3	2022	786987.39	2021	1253700.30
4	2023	123484.40	2022	786987.39

LEAD函数的使用与LAG函数用法相同，不再举例说明。

（八）FIRST_VALUE函数、LAST_VALUE函数

```
SELECT
    账号,
```

```
    金额，
    FIRST_VALUE(金额)OVER(PARTITION BY 账号 ORDER
BY 金额) AS 首,
    LAST_VALUE(金额)OVER(PARTITION BY 账号 ORDER BY
金额
        ROWS BETWEEN CURRENT ROW AND UNBOUNDED
FOLLOWING) AS 尾
FROM 补贴信息表
```

运行结果：

账号	金额	首	尾
XXXXXX012248789	2200.00	1900.00	2200.00
XXXXXX012248789	1900.00	1900.00	2200.00
XXXXXX036587327	1000.00	1000.00	1000.00
……	……	……	……

六、自定义函数

在审计中常用过程和数据分析，可以同时创建自定义函数，以便以后调用，提高工作效率。自定义函数的格式如下：

```
CREATE FUNCTION 函数名(参数)
RETURNS 返回值数据类型
[WITH {ENCRYPTION|SCHEMABINDING}]
[AS]
BEGIN
SQL 语句（ 必须有 RETURN 子句 ）
END
```

下面举例说明。

导入序时账，导入时借方和贷方的数据类型改为 numeric(18,2)。

源字段	目标字段	类型	长度	比例	主键
年	年	nvarchar	255	0	
月	月	nvarchar	255	0	
凭证号	凭证号	nvarchar	255	0	
摘要	摘要	nvarchar	255	0	
科目编码	科目编码	nvarchar	255	0	
科目名称	科目名称	nvarchar	255	0	
借方	借方	numeric	18	2	
贷方	贷方	numeric	18	2	

导入后的序时账格式：

年	月	凭证号	摘要	科目编码	科目名称	借方	贷方
2020	1	记-0004	交通补贴	5001021101	5001021101\业务活动费用\商品和服务费用\差旅费\差旅费	160.00	
2020	1	记-0004	交通补贴	1011	1011\零余额账户用款额度		80.00
2020	1	记-0004	交通补贴	1011	1011\零余额账户用款额度		80.00
……	⋮	……	……	……	……	……	……

在做固定资产科目审计底稿时，要对固定资产变动情况进行抽凭。抽凭表的形成过程基本相同，假设固定资产科目编码以“1601”开头，序时账名称为“序时账”，将抽凭过程定义为函数，以后直接调用这个函数就能生成抽凭表。

```
CREATE FUNCTION chp_gdzc()
RETURNS @sql TABLE (
    年 VARCHAR(10),
    月 VARCHAR(10),
    凭证号 VARCHAR(20),
    摘要 VARCHAR(500),
    科目编码 VARCHAR(30),
    科目名称 VARCHAR(100),
    借方 DECIMAL(18,2),
    贷方 DECIMAL(18,2),
    抽凭记录 VARCHAR(100)
    )
AS
BEGIN
    INSERT INTO @sql(年,月,凭证号,摘要,科目编码,科
目名称,借方,贷方 )
    SELECT * FROM 序时账 WHERE 科目编码 LIKE '1601%'
    RETURN
END
```

创建的函数：

名	类型	数字	已加密	系统对象	运行由	注释
chp_gdzc	Table Function	1	否	否		

函数创建成功，下面就调用 chp_gdzc 函数：

```
SELECT * FROM chp_gdzc()
```

运行结果：

年	月	凭证号	摘要	科目编码	科目名称	借方	贷方	抽凭记录
2020	7	记-0007	培训费	160103	160103\固定资产\通用设备	6785.00		
2020	12	记-0055	购置笔记本电脑	160103	160103\固定资产\通用设备	28689.00		
2020	12	记-0056	购置空气净化器	160103	160103\固定资产\通用设备	6297.00		
2020	12	记-0057	购置碎纸机	160103	160103\固定资产\通用设备	2586.00		
……	⋮	……	……	……	……	……	……	……

为了更好地掌握自定义函数，下面再举一个带参数的函数创建案例。如对零余额用款额度科目支出金额最大的前 20 笔进行抽凭，形成抽凭表。

```
CREATE FUNCTION chp(@kmbm varchar(30))
RETURNS @sql TABLE (
    年 VARCHAR ( 10 ),
    月 VARCHAR ( 10 ),
    凭证号 VARCHAR ( 20 ),
    摘要 VARCHAR ( 500 ),
    科目编码 VARCHAR ( 30 ),
    科目名称 VARCHAR ( 100 ),
    借方 DECIMAL ( 18, 2 ),
    贷方 DECIMAL ( 18, 2 ),
    抽凭记录 VARCHAR ( 100 )
    )
AS
BEGIN
    INSERT INTO @sql( 年 , 月 , 凭证号 , 摘要 , 科目编码 , 科
目名称 , 借方 , 贷方 )
    SELECT top 20 * FROM 序时账 WHERE 科目编码 =@kmbm
AND 贷方 >0 ORDER BY 贷方 DESC
    RETURN
END
```

创建的函数：

名	类型	数字	已加密	系统对象	运行由	注释
chp	Table Function	1	否	否		

调用函数进行抽凭：

```
SELECT * FROM chp('1011')
```

运行结果：

年	月	凭证号	摘要	科目编码	科目名称	借方	贷方
2020	7	记-0007	培训费	1011	1011\零余额账户用款额度		58695.00
2020	11	记-0018	保洁服务费	1011	5001020901\业务活动费用\商品和服务费用\物业管理费\办公用房物业管理费		56000.00
2020	5	记-0017	物业费	1011	1011\零余额账户用款额度		46571.43
……	⋮	……	……	……	……	……	……

第八节　连接查询

两个或多个表连接查询是审计中常用的方法。SQL 中常用的连接形式包括左连接(LEFT JOIN)、内连接(INNER JOIN)、右连接(RIGHT JOIN)和完全连接(FULL JOIN)等。连接查询的 SQL 语句格式为：

```
SELECT
    列名
FROM
    表 1 连接的形式 表 2  ON 表 1.列名 =表 2.列名
```

(一)准备工作

创建补贴审批表和补贴发放表。

1. 创建补贴审批表

```
CREATE TABLE 补贴审批表
(
姓名 VARCHAR (20),
证件号 VARCHAR (30),
补贴金额 DECIMAL (10,2)
);
INSERT INTO 补贴审批表
```

```
VALUES
    ('张三','668901',1000.00);
INSERT INTO 补贴审批表
VALUES
    ('李四','668902',1000.00);
INSERT INTO 补贴审批表
VALUES
    ('王五','668903',1000.00);
SELECT*
FROM 补贴审批表
```

运行结果：

姓名	证件号	补贴金额
张三	668901	1000.00
李四	668902	1000.00
王五	668903	1000.00

2. 创建补贴发放表

```
CREATE TABLE 补贴发放表
(
姓名 VARCHAR ( 20 ),
证件号 VARCHAR ( 30 ),
补贴金额 DECIMAL ( 10, 2 )
);
INSERT INTO 补贴发放表
VALUES
    ('张三','668901',1000.00);
INSERT INTO 补贴发放表
VALUES
    ('李四','668902',1000.00);
INSERT INTO 补贴发放表
VALUES
    ('赵六','668904',1000.00);
SELECT
    *
FROM
    补贴发放表
```

运行结果：

姓名	证件号	补贴金额
张三	668901	1000.00
李四	668902	1000.00
赵六	668904	1000.00

（二）左连接

LEFT JOIN 为返回左表的全部行和右表满足 ON 条件的行。如果左表的行在右表中没有匹配，那么这一行右表中对应数据用 NULL 代替（图 2-1）。

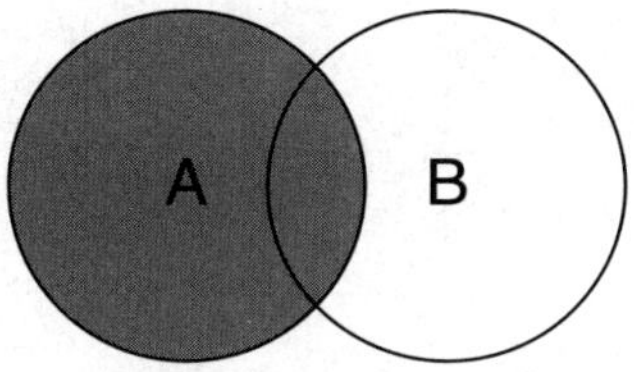

图 2-1　左连接

利用左连接的特点，审查是否按审批的人员范围发放补贴：

```
SELECT
    a.姓名 AS 审批表姓名,
    a.证件号 AS 审批表证件号,
    b.姓名 AS 发放表姓名,
    b.证件号 AS 发放表证件号
FROM
    补贴审批表 a
    LEFT JOIN 补贴发放表 b  ON  a.证件号 = b.证件号
```

运行结果：

审批表姓名	审批表证件号	发放表姓名	发放表证件号
张三	668901	张三	668901
李四	668902	李四	668902
王五	668903	Null	Null

结果显示，已审批但未发放补贴的人员为“王五”。

（三）内连接

内连接是只连接匹配的行，相当于并集（图 2-2）。

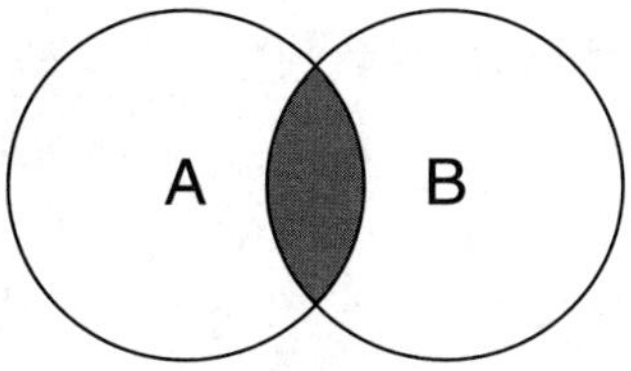

图 2-2　内连接

例如，使用内连接，筛选补贴发放表中已审批的人员：

```
SELECT
    a. 姓名 AS 审批表姓名，
    a. 证件号 AS 审批表证件号，
    b. 姓名 AS 发放表姓名，
    b. 证件号 AS 发放表证件号
FROM
    补贴审批表 a
    INNER JOIN 补贴发放表 b ON a. 证件号 = b. 证件号
```

运行结果：

审批表姓名	审批表证件号	发放表姓名	发放表证件号
张三	668901	张三	668901
李四	668902	李四	668902

结果显示，补贴发放涉及的 3 人中有 2 人已审批。

（四）右连接

RIGHT JOIN 为返回右表的全部行和左表满足 ON 条件的行。如果右表的行在左表中没有匹配，那么这一行左表中对应数据用 NULL 代替（图 2-3）。

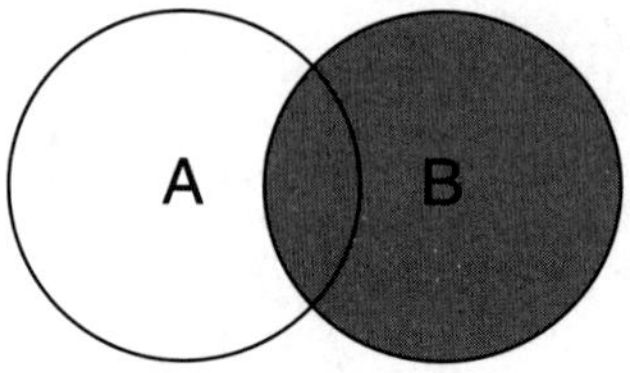

图 2-3　右连接

例如，使用右连接，筛选补贴发放表中没有审批的人员：

```
SELECT
    a. 姓名 AS 审批表姓名，
    a. 证件号 AS 审批表证件号，
    b. 姓名 AS 发放表姓名，
    b. 证件号 AS 发放表证件号
FROM
    补贴审批表 a
    RIGHT JOIN 补贴发放表 b ON a. 证件号 = b. 证件号
```

运行结果：

审批表姓名	审批表证件号	发放表姓名	发放表证件号
张三	668901	张三	668901
李四	668902	李四	668902
Null	Null	赵六	668904

结果显示，补贴发放表中“赵六”属于未审批但发放补贴的人员。

（五）完全连接

FULL JOIN 为从左表和右表返回所有的行。如果其中一个表的数据行在另一个表中没有匹配的行，那么用 NULL 代替（图 2-4）。

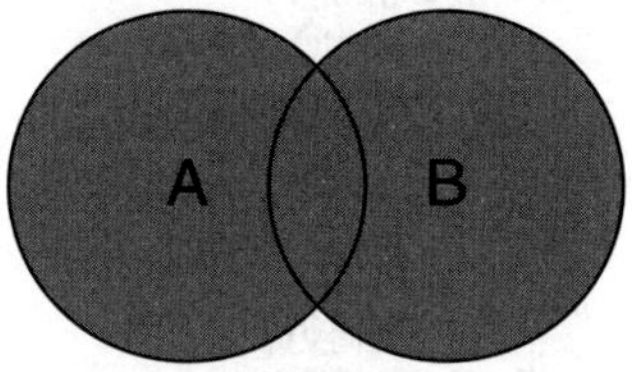

图 2-4 完全连接

例如，使用完全连接，筛选补贴发放表中已审批但未发放补贴和无审批但发放补贴的人员：

```
SELECT
    a.姓名 AS 审批表姓名,
    a.证件号 AS 审批表证件号,
    b.姓名 AS 发放表姓名,
    b.证件号 AS 发放表证件号
FROM
    补贴审批表 a
    FULL JOIN 补贴发放表 b ON a.证件号 = b.证件号
```

运行结果：

审批表姓名	审批表证件号	发放表姓名	发放表证件号
张三	668901	张三	668901
李四	668902	李四	668902
王五	668903	NULL	NULL
NULL	NULL	赵六	668904

结果显示，“王五”已审批但未发放补贴，“赵六”未审批但发放了补贴。

第九节　临时表及视图

临时表分为局部和全局，分别是 # 开头和 ## 开头。以 # 开头的临时表只能在本会话中使用，当会话结束时，创建的临时表会被删除。以 ## 开头的临时表可以在所有会话中使用，临时表存放在 tempdb 数据库中，当 SQL Server 被重启的时候会被删除。对复杂问题的查询，先形成一个中间表，再对中间表进行查询或修改的时候会使用临时表（图 2-5），临时表起到了中间表的作用。

图 2-5　临时表

（一）创建临时表

创建临时表的语句格式：CREATE TABLE # 临时表名称（字段名 1 数据类型，字段名 2 数据类型，……）

```
CREATE TABLE # 车辆保险 (
    凭证号 VARCHAR(10),
    摘要 VARCHAR(50),
    科目编码 VARCHAR(30),
    科目名称 VARCHAR(50),
    借方 DECIMAL(18,2)
);
INSERT INTO # 车辆保险
VALUES
    ('2023.3.35','京 XXX051 保险','7201023104','保险费',
4685.62);
INSERT INTO # 车辆保险
VALUES
```

```
    ('2023.3.35','京XXX737保险','7201023104','保险费',
5237.58);
INSERT INTO #车辆保险
VALUES
    ('2023.3.35','京XXX6Y6保险','7201023104','保险费',
3996.05);
SELECT *
FROM #车辆保险
```

运行结果：

凭证号	摘要	科目编码	科目名称	借方
记 0035	京 XXX051 保险	7201023104	保险费	4685.62
记 0035	京 XXX737 保险	7201023104	保险费	5237.58
记 0035	京 XXX6Y6 保险	7201023104	保险费	3996.05

视图是一种虚拟表，在数据库中不以存储的对象形式存在。视图包含行和列，就像一个真实的表。视图可以帮助我们将复杂的 SQL 查询以简单的方式进行组织，使我们能够更有效地进行操作。

（二）创建视图

创建视图的 SQL 语句格式：

```
CREATE VIEW 视图名称 AS
SELECT 字段名 FROM 表名 WHERE 条件
```

创建视图：

```
CREATE VIEW 劳务费 AS
 SELECT *
FROM 序时账
WHERE 科目名称 LIKE '%劳务费%'
```

查询新建的视图：

```
SELECT * FROM 劳务费
```

运行结果：

年	月	凭证号	摘要	科目编码	科目名称	借方	贷方
2020	2	记-0005	专家劳务费	50010226	50010226\业务活动费用\商品和服务费用\劳务费	1600.00	
2020	2	记-0005	专家劳务费	72010226	72010226\事业支出\商品和服务支出\劳务费	1600.00	
2020	3	记-0026	专家劳务费	50010226	50010226\业务活动费用\商品和服务费用\劳务费	1600.00	
2020	3	记-0026	专家劳务费	72010226	72010226\事业支出\商品和服务支出\劳务费	1600.00	
2020	6	记-0001	专家劳务费	50010226	50010226\业务活动费用\商品和服务费用\劳务费	8000.00	
2020	6	记-0001	专家劳务费	72010226	72010226\事业支出\商品和服务支出\劳务费	8000.00	

温馨提示

做复杂的查询，可以分步进行。充分利用临时表、视图等形成中间表，在中间表的基础上再进行分析，这样可以避免编写复杂的SQL语句。

第十节　常用筛选方法介绍

数据表的简单筛选，通常要结合WHERE条件语句和LIKE模糊查询语句进行。相关的操作符和语句如下。

简单筛选常用操作符及语句说明见表2-14。

表2-14　简单筛选常用操作符及语句说明

操作符	说明	操作符	说明
=	等于	is null	查找null值
!=、<>	不等于	in	指定条件范围中的每个条件都可以进行匹配
<	小于(不大于)	not	否定其后条件
>	大于(不小于)	and	前后的条件必须同时满足，取交集
< =	小于等于	or	前后的条件只要满足一条即可，取合集
> =	大于等于	通配符	配合like语句使用
between	在指定的两个值之间		

SQL Server 常用的通配符及其含义描述见表 2-15。

表 2-15 SQL Server 常用的通配符及其含义描述

通配符	描述
%	零或任意多个字符
_	仅代替一个字符
[ ]:数字 0～9,字母 A～Z 和 a～z,数字和字母排序均为升序	指定范围
[^]	不在指定范围
[ ]:包括 %、_、[、[ ],但不包括右中括号“]”	通配符的查询

下面以序时账的筛选为例,说明使用 SQL 进行简单筛选的方法。导入“序时账”,将“借方”列和“贷方”列设置为数字类型 numeric(18,2),其他均按 nvarchar 类型导入。

源字段	目标字段	类型	长度	比例	主键
年	年	nvarchar	255	0	
月	月	nvarchar	255	0	
凭证号	凭证号	nvarchar	255	0	
摘要	摘要	nvarchar	255	0	
科目编码	科目编码	nvarchar	255	0	
科目名称	科目名称	nvarchar	255	0	
借方	借方	numeric	18	2	
贷方	贷方	numeric	18	2	

(一)按科目编码精确筛选

按科目编码精确筛选培训费凭证。

```
SELECT * FROM 序时账 WHERE 科目编码 ='72010216'
```

运行结果:

年	月	凭证号	摘要	科目编码	科目名称	借方	贷方
2020	7	记-0007	培训费	72010216	72010216\事业支出\商品和服务支出\培训费	65480.00	
2020	10	记-0017	培训费	72010216	72010216\事业支出\商品和服务支出\培训费	6450.00	

(二)按科目名称精确筛选

按科目名称精确筛选培训费凭证。

```
SELECT * FROM 序时账 WHERE 科目名称 ='72010216\ 事业支
出 \ 商品和服务支出 \ 培训费 '
```

运行结果：

年	月	凭证号	摘要	科目编码	科目名称	借方	贷方
2020	7	记-0007	培训费	72010216	72010216\事业支出\商品和服务支出\培训费	65480.00	
2020	10	记-0017	培训费	72010216	72010216\事业支出\商品和服务支出\培训费	6450.00	

（三）按科目名称模糊筛选

按科目名称模糊筛选培训费凭证。

```
SELECT * FROM  序时账 WHERE 科目名称 LIKE'% 培训费 %'
```

运行结果：

年	月	凭证号	摘要	科目编码	科目名称	借方	贷方
2020	7	记-0007	培训费	50010216	50010216\业务活动费用\商品和服务费用\培训费	58695.00	
2020	7	记-0007	培训费	72010216	72010216\事业支出\商品和服务支出\培训费	65480.00	
2020	10	记-0017	培训费	50010216	50010216\业务活动费用\商品和服务费用\培训费	6450.00	
2020	10	记-0017	培训费	72010216	72010216\事业支出\商品和服务支出\培训费	6450.00	

（四）取交集筛选

筛选5月份差旅费凭证。

```
SELECT *
FROM 序时账
WHERE
    科目名称 LIKE '% 差旅费 %'
    AND 月 = '5'
```

运行结果：

年	月	凭证号	摘要	科目编码	科目名称	借方	贷方
2020	5	记-0008	交通补贴	5001021101	5001021101\业务活动费用\商品和服务费用\差旅费\差旅费	560.00	
2020	5	记-0008	交通补贴	7201021101	7201021101\事业支出\商品和服务支出\差旅费\差旅费	560.00	
2020	5	记-0016	交通补贴	5001021101	5001021101\业务活动费用\商品和服务费用\差旅费\差旅费	240.00	
2020	5	记-0016	交通补贴	7201021101	7201021101\事业支出\商品和服务支出\差旅费\差旅费	240.00	

（五）按条件筛选

查询大于1000元的预算会计差旅费支出凭证。

```
SELECT *
FROM 序时账
WHERE
    科目名称 LIKE '%差旅费%'
    AND 借方 > 1000
    AND 科目编码 LIKE '7%'
```

运行结果：

年	月	凭证号	摘要	科目编码	科目名称	借方	贷方
2020	9	记-0021	差旅费	7201021101	7201021101\事业支出\商品和服务支出\差旅费\差旅费	5588.50	
2020	10	记-0006	差旅费	7201021101	7201021101\事业支出\商品和服务支出\差旅费\差旅费	7857.00	

（六）取合集筛选

查询预算会计差旅费、会议费、培训费支出凭证。

```
SELECT *
FROM 序时账
WHERE
    科目编码 LIKE '7%'
    AND 借方 >0
    AND (科目名称 LIKE '%差旅费%'
         OR 科目名称 LIKE '%会议费%'
         OR 科目名称 LIKE '%培训费%')
```

运行结果：

年	月	凭证号	摘要	科目编码	科目名称	借方	贷方
2020	1	记-0004	交通补贴	7201021101	7201021101\事业支出\商品和服务支出\差旅费\差旅费	160.00	
2020	1	记-0005	交通补贴	7201021101	7201021101\事业支出\商品和服务支出\差旅费\差旅费	160.00	
2020	3	记-0008	交通补贴	7201021101	7201021101\事业支出\商品和服务支出\差旅费\差旅费	160.00	
2020	4	记-0001	交通补贴	7201021101	7201021101\事业支出\商品和服务支出\差旅费\差旅费	240.00	
……	⋮	……	……	……	……	……	……

温馨提示

财务会计支出科目编码一般以“5”开头，预算会计支出科目编码一般以“7”开头。‘7%’表示以7开头，‘%7%’表示包含7，‘%7’表示以7结尾。

语句中有and和多个or时，把多个or用（）括起来。

（七）查询预算会计支出最大的前 10 个凭证

```
SELECT
TOP 10 *
FROM
    序时账
WHERE
    科目编码 LIKE '7%'
ORDER BY
    借方 DESC
```

运行结果：

年	月	凭证号	摘要	科目编码	科目名称	借方	贷方
2020	7	记-0007	培训费	72010216	72010216\事业支出\商品和服务支出\培训费	65480.00	
2020	7	记-0023	物业费	7201020901	7201020901\事业支出\商品和服务支出\物业管理费	64631.86	
2020	11	记-0018	保洁服务费	7201021301	5001020901\业务活动费用\商品和服务费用\物业管理费\办公用房物业管理费	56000.00	
2020	5	记-0017	物业费	7201020901	7201020901\事业支出\商品和服务支出\物业管理费	46571.43	
2020	1	记-0008	信息化服务费	72010227	72010227\事业支出\商品和服务支出\委托业务费	40000.00	
2020	9	记-0015	印刷费	7201029901	7201029901\事业支出\商品和服务支出\其他商品和服务支出\宣传费	34800.00	
2020	10	记-0026	物业费	7201020901	7201020901\事业支出\商品和服务支出\物业管理费	32315.93	
2020	12	记-0034	物业费	7201020901	7201020901\事业支出\商品和服务支出\物业管理费	32315.91	
2020	10	记-0007	电费	72010206	72010206\事业支出\商品和服务支出\电费	29949.35	
2020	12	记-0055	购置笔记本电脑	72011002	72011002\事业支出\资本性支出\办公设备购置	28689.00	

温馨提示

“top n *”是选择前 n 个记录。

order by desc 是降序排序，order by asc 是升序排序，默认是升序排序。

（八）按月汇总筛选

按月汇总筛选预算会计差旅费支出。

```
SELECT
    月 , 科目编码 , 科目名称 ,
    SUM ( 借方 ) AS 月度合计
FROM
    序时账
```

```
GROUP BY
    月，科目编码，科目名称
HAVING
    科目名称 LIKE '%差旅费%'
    AND 科目编码 LIKE '7%'
```

运行结果：

月	科目编码	科目名称	月度合计
1	7201021101	7201021101\事业支出\商品和服务支出\差旅费\差旅费	320.00
10	7201021101	7201021101\事业支出\商品和服务支出\差旅费\差旅费	8257.00
12	7201021101	7201021101\事业支出\商品和服务支出\差旅费\差旅费	320.00
3	7201021101	7201021101\事业支出\商品和服务支出\差旅费\差旅费	160.00
4	7201021101	7201021101\事业支出\商品和服务支出\差旅费\差旅费	240.00
5	7201021101	7201021101\事业支出\商品和服务支出\差旅费\差旅费	800.00
6	7201021101	7201021101\事业支出\商品和服务支出\差旅费\差旅费	240.00
7	7201021101	7201021101\事业支出\商品和服务支出\差旅费\差旅费	800.00
8	7201021101	7201021101\事业支出\商品和服务支出\差旅费\差旅费	160.00
9	7201021101	7201021101\事业支出\商品和服务支出\差旅费\差旅费	5748.50

这里查询结果中月份是按字符串类型排序的，因为导入时是按 nvarchar 格式导入的。想要得到正确的排序，需要将“月”的类型转换为 int 格式，然后按“月”进行排序。

```
SELECT
    月，科目编码，科目名称，SUM（ 借方 ） AS 月度合计
FROM
    序时账
GROUP BY
    月，科目编码，科目名称
HAVING
    科目名称 LIKE '%差旅费%'
    AND 科目编码 LIKE '7%'
ORDER BY
    CAST （ 月 AS INT ）
```

运行结果：

月	科目编码	科目名称	月度合计
1	7201021101	7201021101\事业支出\商品和服务支出\差旅费\差旅费	320.00
3	7201021101	7201021101\事业支出\商品和服务支出\差旅费\差旅费	160.00
4	7201021101	7201021101\事业支出\商品和服务支出\差旅费\差旅费	240.00
5	7201021101	7201021101\事业支出\商品和服务支出\差旅费\差旅费	800.00
6	7201021101	7201021101\事业支出\商品和服务支出\差旅费\差旅费	240.00
7	7201021101	7201021101\事业支出\商品和服务支出\差旅费\差旅费	800.00
8	7201021101	7201021101\事业支出\商品和服务支出\差旅费\差旅费	160.00
9	7201021101	7201021101\事业支出\商品和服务支出\差旅费\差旅费	5748.50
10	7201021101	7201021101\事业支出\商品和服务支出\差旅费\差旅费	8257.00
12	7201021101	7201021101\事业支出\商品和服务支出\差旅费\差旅费	320.00

（九）通配符的使用

通配符与LIKE操作符一起使用，有助于提高筛选效率。前面已对通配符“%”的使用做了介绍，下面对其他主要通配符的使用做简单介绍。导入本节配套数据“国库集中支付查询”表。

支付业务类型	部门支出经济分类	收款人账号	收款人全称	实际支付日期	实际支付金额	事由
1-普通业务	30213-维修（护）费	21000200380000000	腾飞云技术有限公司	2022-12-12	126000.00	云服务
1-普通业务	30202-印刷费	20060001040033666	速印达美印刷有限公司	2022-12-12	24480.00	印刷费
1-普通业务	30227-委托业务费	122028880000002	大众市场调查中心	2022-11-24	95000.00	市场调查委托费
1-普通业务	30209-物业管理费	82210101986000788	东方物业管理有限公司	2022-11-09	35785.88	物业管理费
……	……	……	……	……	……	……

1. 通配符“_”的使用

（1）收款人全称只有三个字（个人）的记录

```
SELECT *
FROM 支付查询
WHERE 收款人全称 LIKE '___'
```

注意：这里的“___”是由3个“_”组成的。

运行结果：

支付业务类型	部门支出经济分类	收款人账号	收款人全称	实际支付日期	实际支付金额	事由
2-公务卡业务	30201-办公费	6500155800011861606	王建国	2022-11-17	9866.50	征订报刊
1-普通业务	30201-办公费	0300300002055568802	王大力	2022-11-04	360.00	数字证书服务费
2-公务卡业务	30211-差旅费	6500155800011861607	党凤茹	2022-08-19	6875.00	慰问援藏干部差旅费
1-普通业务	30227-委托业务费	0300300002055568802	王大力	2022-06-22	1200.00	搬运费
1-普通业务	30227-委托业务费	0300300002055568802	王大力	2022-01-27	1200.00	搬运费
2-公务卡业务	30231-公务用车运行维护费	6500155800011861611	安少君	2022-05-12	35660.00	车辆维修
1-普通业务	30227-委托业务费	0300300002055568802	王大力	2022-01-27	3050.00	印刷资料
1-普通业务	30207-邮电费	0300300002055568803	赵普初	2022-06-18	316.00	科室加班餐费
2-公务卡业务	30211-差旅费	6500155800011861613	安燕馨	2022-10-21	800.00	市内出差交通费
1-普通业务	30227-委托业务费	0300300002055568820	邓博军	2022-09-11	1500.00	专家评审费

(2)收款人全称由三个字构成,且以“王”字开头

```
SELECT *
FROM 支付查询
WHERE 收款人全称 LIKE '王__'
```

注意:这里的“__”是由 2 个“_”组成的。

运行结果:

支付业务类型	部门支出经济分类	收款人账号	收款人全称	实际支付日期	实际支付金额	事由
2-公务卡业务	30201-办公费	6500155800011861606	王建国	2022-11-17	9866.50	征订报刊
1-普通业务	30201-办公费	0300300002055568802	王大力	2022-11-04	360.00	数字证书服务费
1-普通业务	30227-委托业务费	0300300002055568802	王大力	2022-06-22	1200.00	搬运费
1-普通业务	30227-委托业务费	0300300002055568802	王大力	2022-01-27	1200.00	搬运费
1-普通业务	30227-委托业务费	0300300002055568802	王大力	2022-01-27	3050.00	印刷资料

(3)收款人全称由三个字构成,中间的字为“建”

```
SELECT *
FROM 支付查询
WHERE 收款人全称 LIKE '_建_'
```

运行结果:

支付业务类型	部门支出经济分类	收款人账号	收款人全称	实际支付日期	实际支付金额	事由
2-公务卡业务	30201-办公费	6500155800011861606	王建国	2022-11-17	9866.50	征订报刊

2. **通配符[ ]的使用**

以前面导入的序时账为例,说明通配符[ ]的使用。

筛选科目编码开头是“5001020”(商品和服务费用),结尾包括“1、2、3、4、5、6”的凭证记录。

```
SELECT *
FROM 序时账
WHERE 科目编码 LIKE '5001020[123456]'
```

运行结果:

年	月	凭证号	摘要	科目编码	科目名称	借方	贷方
2020	2	记-0004	购买办公用品	50010201	50010201\业务活动费用\商品和服务费用\办公费	5000.00	
2020	3	记-0004	购买复印纸	50010201	50010201\业务活动费用\商品和服务费用\办公费	849.80	
2020	4	记-0003	水费	50010205	50010205\业务活动费用\商品和服务费用\水费	3272.00	
2020	4	记-0003	电费	50010206	50010206\业务活动费用\商品和服务费用\电费	24062.57	
......	⋮	......	......	......	......	......	......

3. 通配符[^]的使用

以前面导入的序时账为例，说明通配符[^]的使用。

筛选月份不包括“1、3、5、6、8”数字的凭证。

```
SELECT *
FROM 序时账
WHERE 月 LIKE '[^13568]'
```

运行结果：

年	月	凭证号	摘要	科目编码	科目名称	借方	贷方
2020	2	记-0003	专家评审会餐费	5001029999	5001029999\业务活动费用\商品和服务费用\其他商品和服务支出\其他费用	94.00	
2020	2	记-0003	专家评审会餐费	1011	1011\零余额账户用款额度		94.00
2020	2	记-0003	专家评审会餐费	7201029999	7201029999\事业支出\商品和服务支出\其他商品和服务支出\其他费用	94.00	
2020	2	记-0003	专家评审会餐费	800101	800101\资金结存\零余额账户用款额度		94.00
......	⋮	......	......	......	......	......	......

（十）使用 IN 筛选查询

为了举例说明先创建“补贴表”。

```
CREATE TABLE 补贴表
 ( 序号 INT,
  姓名 VARCHAR(20),
  补贴金额 DECIMAL(10,2));
INSERT INTO 补贴表 VALUES(1,'张三',800.00);
INSERT INTO 补贴表 VALUES(2,'李四',1000.00);
INSERT INTO 补贴表 VALUES(3,'王五',1200.00);
SELECT * FROM 补贴表
```

创建的表如下：

序号	姓名	补贴金额
1	张三	800.00
2	李四	1000.00
3	王五	1200.00

1. 补贴人员在指定范围的记录

```
SELECT *
FROM 补贴表
WHERE 姓名 IN ('张三','李四','赵六')
```

运行结果：

序号	姓名	补贴金额
1	张三	800.00
2	李四	1000.00

2. 补贴人员未在指定范围的记录

```
SELECT *
FROM 补贴表
WHERE 姓名 NOT IN ('张三','李四','赵六')
```

运行结果：

序号	姓名	补贴金额
3	王五	1200.00

（十一）使用 BETWEEN 筛选查询

以前面导入的国库集中支付查询表为例说明 BETWEEN 的使用。

使用 BETWEEN 查询某一时间段的记录。

```
SELECT
    *
FROM
    支付查询
WHERE
    CAST ( 实际支付日期 AS DATE )
    BETWEEN '2022-12-01' AND '2022-12-31'
```

运行结果：

支付业务类型	部门支出经济分类	收款人账号	收款人全称	实际支付日期	实际支付金额	事由
1-普通业务	30213-维修（护）费	21000200380000000	XXX云技术有限公司	2022-12-12	126000.00	云服务
1-普通业务	30202-印刷费	20060001040033666	XXX印刷有限公司	2022-12-12	24480.00	印刷费
1-普通业务	30205-水费	82210101986000788	XXX物业管理有限公司	2022-12-20	7289.97	水电费
……	……	……	……	……	……	……

温馨提示

"between value1 and value2"，筛选出的条件中包括 value1，但不包括 value2。也可以结合"not"使用。

（十二）IS NULL 的使用

查询收款人账号为 NULL 或空白的记录。

```
SELECT
    *
FROM
    支付查询
WHERE
    收款人账号 IS NULL OR 收款人账号 = ''
```

运行结果：

支付业务类型	部门支出经济分类	收款人账号	收款人全称	实际支付日期	实际支付金额	事由
3-其他批量业务	30102-津贴补贴	(NULL)	XX市商务服务事务中心	2022-12-20	256378.00	工资
3-其他批量业务	30102-津贴补贴	(NULL)	XX市商务服务事务中心	2022-11-02	483567.54	工资
3-其他批量业务	30102-津贴补贴	(NULL)	XX市商务服务事务中心	2022-09-30	256378.00	工资
3-其他批量业务	30102-津贴补贴	(NULL)	XX市商务服务事务中心	2022-09-01	256378.00	工资
3-其他批量业务	30102-津贴补贴	(NULL)	XX市商务服务事务中心	2022-07-04	256378.00	工资
3-其他批量业务	30102-津贴补贴	(NULL)	XX市商务服务事务中心	2022-06-07	249534.66	工资
3-其他批量业务	30102-津贴补贴	(NULL)	XX市商务服务事务中心	2022-05-05	249534.66	工资
3-其他批量业务	30102-津贴补贴	(NULL)	XX市商务服务事务中心	2022-04-02	249534.66	工资
3-其他批量业务	30102-津贴补贴	(NULL)	XX市商务服务事务中心	2022-03-08	249534.66	工资
3-其他批量业务	30102-津贴补贴	(NULL)	XX市商务服务事务中心	2022-02-11	249534.66	工资
3-其他批量业务	30102-津贴补贴	(NULL)	XX市商务服务事务中心	2022-01-13	249534.66	工资

第十一节　Python Plotly Express 可视化基础

Python Plotly Express 是 Python 的 Plotly 可视化库，是一个语法简单的高级 API，利用它能进行丰富的交互式绘图，包括柱状图、散点图、折线图、饼图等常用的图表。本书案例涉及的 Python 语句均使用 Vscode 编写代码。Python Plotly Express 常见的图表树状图见图 2-6 所示，本书选择了部分审计中常用的图表进行介绍。

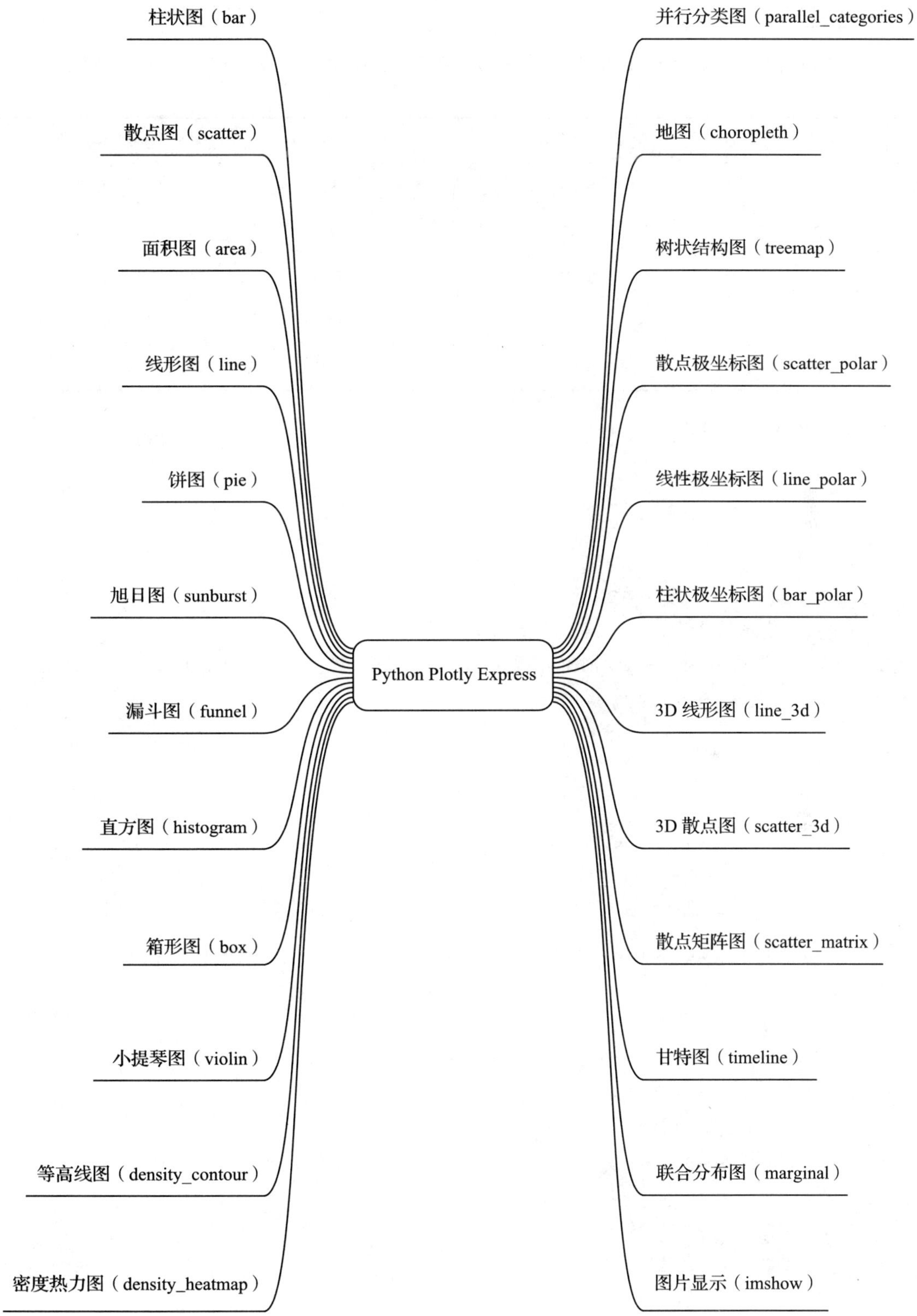

图 2-6　Python Plotly Express 常见图表树状图

（一）柱状图（bar）

根据被审计单位 2022 年 1、2、3、4、6、8、9、10、11 月物业补贴发放情况绘制柱状图。原始数据如下：

月份	物业补贴（万元）	月份	物业补贴（万元）
1	5.13	8	0.13
2	5.42	9	0.65
3	5.12	10	0.13
4	5.06	11	5.07
6	5.06		

Python 可视化语句如下：

```
import pandas as pd
import plotly.express as px
df=pd.DataFrame({
    '月份':[1,2,3,4,6,8,9,10,11],
   '物业补贴'物业补贴(万元)':[5.13,5.42,5.12,5.06,5.06,
0.13,0.65,0.13,5.07]
    })
fig=px.bar(
    df,
    x='月份',
    y='物业补贴(万元)',
    color='月份',
    color_continuous_scale=px.colors.sequential.
algae_r
    )
fig.update_layout(
    autosize=False,
    width=800,
    height=500
    )
fig.show()
```

运行结果如图 2-7 所示。

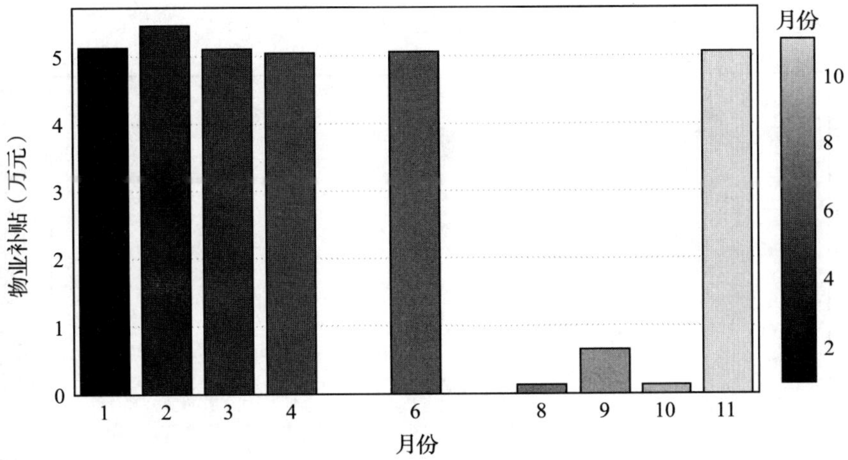

图 2-7　物业补贴柱状图

（二）散点图（scatter）

使用散点图对前面的物业补贴情况表进行可视化。Python 可视化语句如下：

```
import pandas as pd
import plotly.express as px
df=pd.DataFrame({
    '月份':[1,2,3,4,6,8,9,10,11],
    '物业补贴(万元)':[5.13,5.42,5.12,5.06,5.06,0.13,
0.65,0.13,5.07]
   })
fig=px.scatter(
    df,
    x='月份',
    y='物业补贴(万元)',
    color='月份',
    size='物业补贴(万元)',
    color_continuous_scale=px.colors.sequential.
Emrld
   )
fig.update_layout(
    autosize=False,
    width=800,
    height=500
  )
fig.show()
```

运行结果如图 2-8 所示。

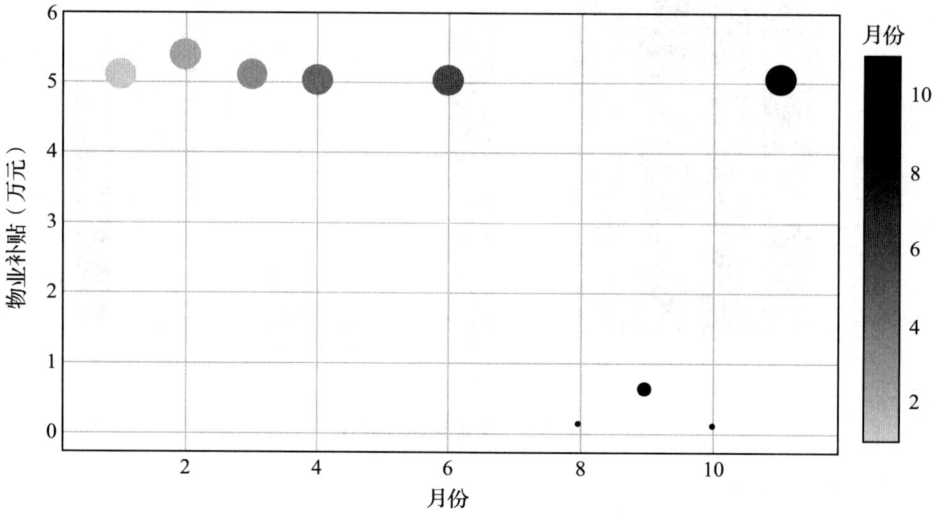

图 2-8　物业补贴散点图

（三）面积图（area）

根据配套案例文件“预算收支”表绘制面积图。表的结构如下：

月份	项目	金额(万元)
1	预算收入	1595
1	预算支出	1585
⋮	……	……

Python 可视化语句如下：

```
import pandas as pd
import plotly.express as px
df=pd.read_excel(
    'd:\ 预算收支 .xlsx',
    dtype={'月份':int,'项目':str,'金额(万元)':int})
fig=px.area(
    df,
    x='月份',
    y='金额(万元)',
    color='项目')
fig.update_layout(
    autosize=False,
```

```
      width=800,
      height=500)
fig.show()
```

运行结果如图 2-9 所示。

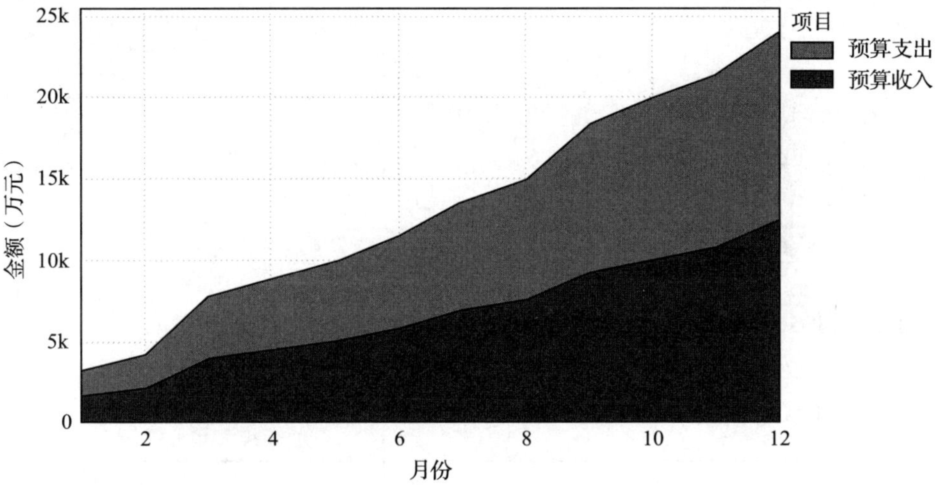

图 2-9　预算收支面积图

（四）线形图（line）

根据配套案例文件“加油汇总表”绘制线形图。表的结构如下：

车牌号	月份	加油金额(元)
京 XXX789	1	1207.54
京 XXX789	2	366.16
京 XXX789	3	872.87
……	⋮	……

Python 可视化语句如下：

```
import pandas as pd
import plotly.express as px
df=pd.read_excel(
      'd:\加油汇总表.xlsx',
    dtype={'月份':int,'车牌号':str,'加油金额(元)':float}
    )
```

```
fig=px.line(
    df,
    x='月份',
    y='加油金额(元)',
    color='车牌号',
    line_group='车牌号',
    markers='o'
    )
fig.update_layout(
    autosize=False,
    width=800,
    height=500
    )
fig.show()
```

运行结果如图 2-10 所示。

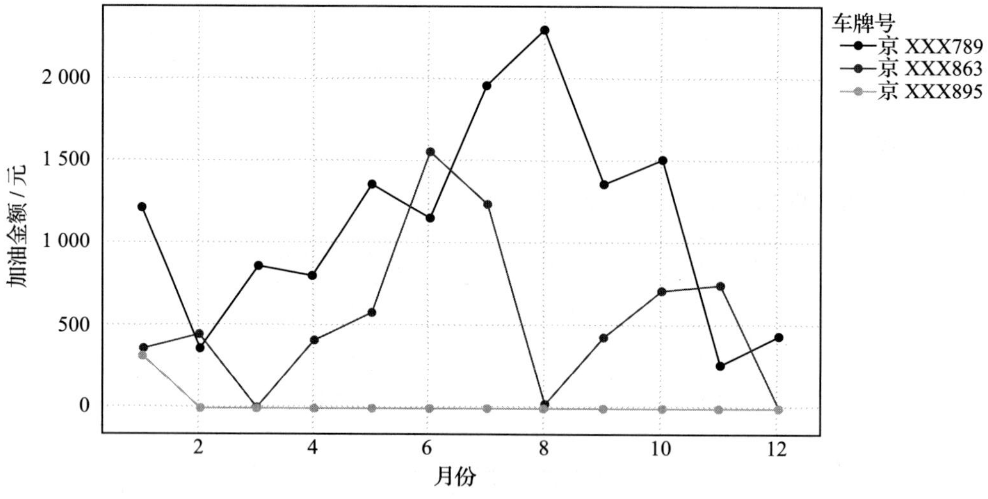

图 2-10　加油情况线形图

（五）饼图（pie）

根据配套案例文件“项目支出预算执行情况”表绘制饼图。表的结构如下：

项目名称	支出预算	本年支出	预算执行率	预算执行情况	统计个数
行业办刊经费	46.60	40.50	86.91%	执行率 80%～90%	1
标准化处理服务	145.00	120.00	82.76%	执行率 80%～90%	1
……	……	……	……	……	……

Python 可视化语句如下:

```
import pandas as pd
import plotly.express as px
df=pd.read_excel(
     'd:\项目支出预算执行情况.xlsx',
     dtype={'项目名称':str,'预算执行率':float,'预算执行
情况':str,'统计个数':int}
  )
df['预算执行率']=df['预算执行率'].map(lambda
x:format(x,'.2%'))
fig=px.pie(
     df,
     values='统计个数',
     names='预算执行情况',
     color='预算执行情况',
     hole=0.4
  )
fig.update_traces(
     textinfo='percent+label',
     pull=[0,0,0,0,0.1]
  )
fig.update_layout(
      autosize=False,
      width=800,
      height=500
  )
fig.show()
```

运行结果如图 2-11 所示。

(六)旭日图(sunburst)

使用前面的“项目支出预算执行情况”表绘制旭日图。Python 可视化语句如下:

```
import pandas as pd
import plotly.express as px
df=pd.read_excel(
    'd:\项目支出预算执行情况.xlsx',
```

```
        dtype={'项目名称':str,'预算执行率':float,'预算执行
情况':str,'统计个数':int}
    )
df['预算执行率']=df['预算执行率'].map(lambda
x:format(x,'.2%'))
fig=px.sunburst(
    df,
    path=['预算执行情况','项目名称'],
    values='统计个数'
    )
fig.update_layout(
    autosize=False,
    width=800,
    height=500
    )
fig.show()
```

运行结果如图 2-12 所示。

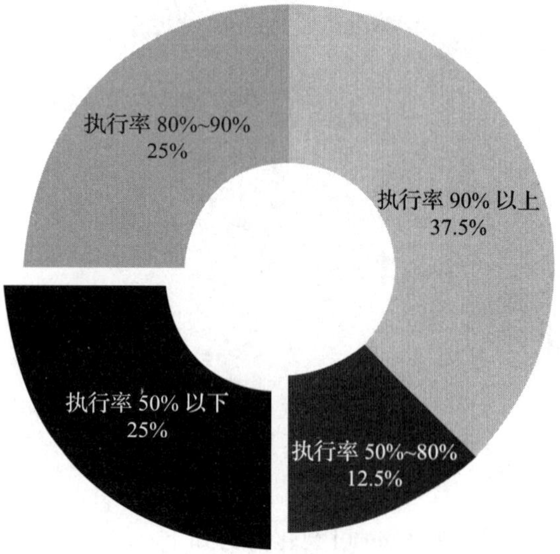

图 2-11　预算执行率饼图

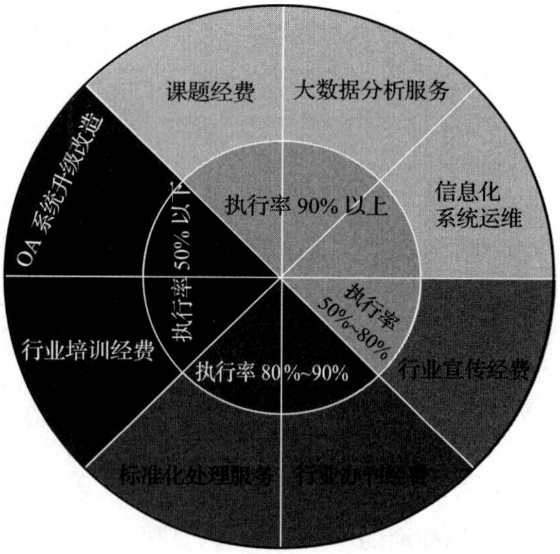

图 2-12　预算执行率旭日图

（七）漏斗图（funnel）

根据某项货物政府采购计划实施情况绘制漏斗图,政府采购计划实施情况见下表。

政府采购计划实施情况	金额(万元)
计划总价	67.26
订单金额	55.94
合同金额	47.76
合同支付金额	42.90

Python 可视化语句如下：

```
import pandas as pd
import plotly.express as px
df=pd.DataFrame({
      '政府采购计划实施情况':['计划总价','订单金额','合同金额','合同支付金额'],
      '金额(万元)':[67.26,55.94,47.76,42.90]
  })
fig=px.funnel(df,
      x='金额(万元)',
      y='政府采购计划实施情况'
  )
fig.update_layout(
    autosize=False,
    width=800,
    height=500
  )
fig.show()
```

运行结果如图 2-13 所示。

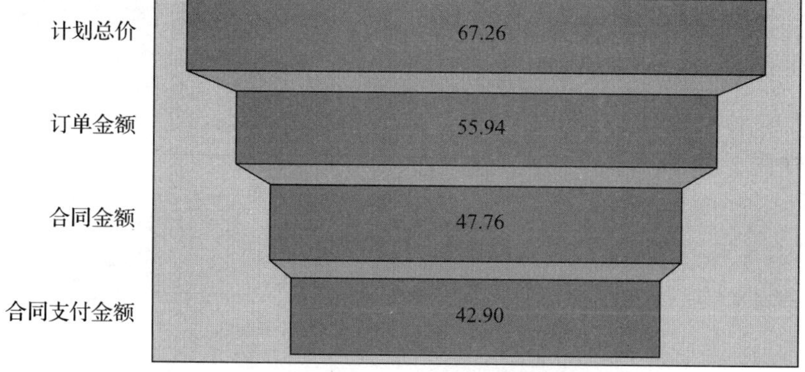

图 2-13　政府采购计划实施情况

（八）箱形图（box）

根据配套案例“公立医院药品销售明细”表中的药品销售数量绘制箱形图。表的结构如下：

序号	购药时间	商品编码	药品名称	数量单位	销售数量	应收金额(元)
1	2023-01-01	234765	复方利血平降压片	瓶	1	10.5
2	2023-01-02	234765	复方利血平降压片	瓶	1	10.5
⋮	……	……	……	……	……	……

Python 可视化语句如下：

```
import pandas as pd
import plotly.express as px
df=pd.read_excel(
    'd:\公立医院药品销售明细 .xlsx',
    usecols=[0,3,5],
    dtype={
    '药品名称':str,
    '销售数量':int}
  )
fig=px.box(df,
    x='药品名称',
    y='销售数量(瓶)',
    color='药品名称'
  )
fig.update_layout(
    autosize=False,
    width=800,
    height=500
  )
fig.show()
```

运行结果如图 2-14 所示。

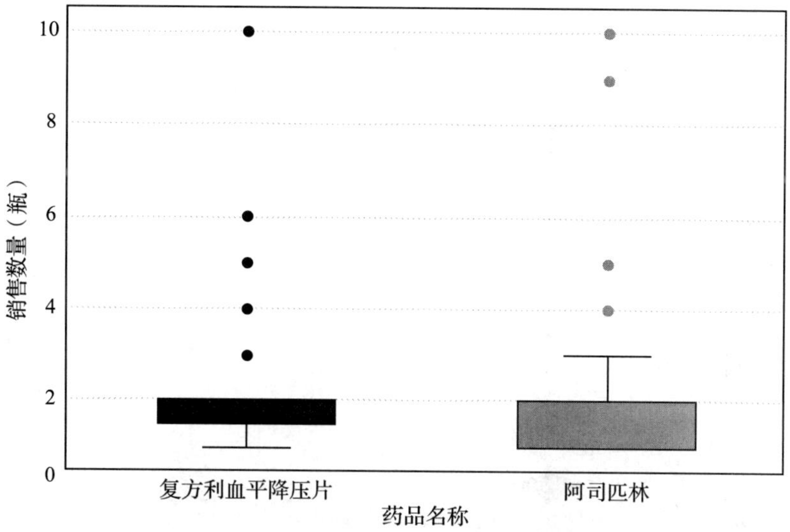

图 2-14　公立医院药品销售明细箱形图

（九）小提琴图（violin）

使用前面的“公立医院药品销售明细”表绘制小提琴图。Python 可视化语句如下：

```
import pandas as pd
import plotly.express as px
df=pd.read_excel(
      'd:\公立医院药品销售明细 .xlsx',
      usecols=[0,3,5],
      dtype={
      '药品名称':str,
      '销售数量':int}
  )
fig=px.violin(df,
      x='药品名称',
      y='销售数量(瓶)',
      color='药品名称'
  )
fig.update_layout(
      autosize=False,
      width=800,
      height=500
  )
fig.show()
```

运行结果如图 2-15 所示。

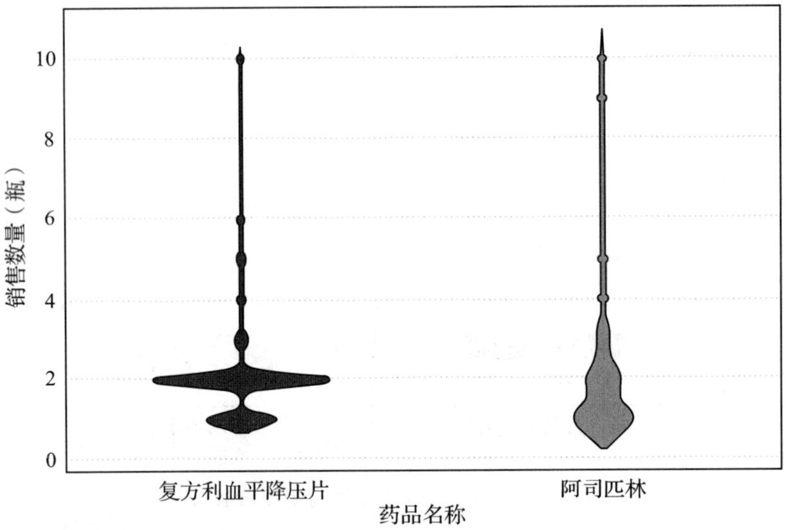

图 2-15 公立医院药品销售明细小提琴图

（十）密度热力图（density_heatmap）

根据配套案例文件“加油信息”表绘制密度热力图。表的结构如下：

车牌号	加油时间段	加油次数
京 XXX234	8 点至 9 点	1
京 XXX101	9 点至 10 点	2
……	……	……

Python 可视化语句如下：

```
import pandas as pd
import plotly.express as px
df=pd.read_excel(
      'd:\ 加油信息 .xlsx',
      dtype={
      '加油时间段':str,
      '加油次数':int}
  )
fig=px.density_heatmap(df,
      x='加油时间段',
      y='加油次数'
```

```
  )
fig.update_layout(
    autosize=False,
    width=800,
    height=500
  )
fig.show()
```

运行结果如图 2-16 所示。

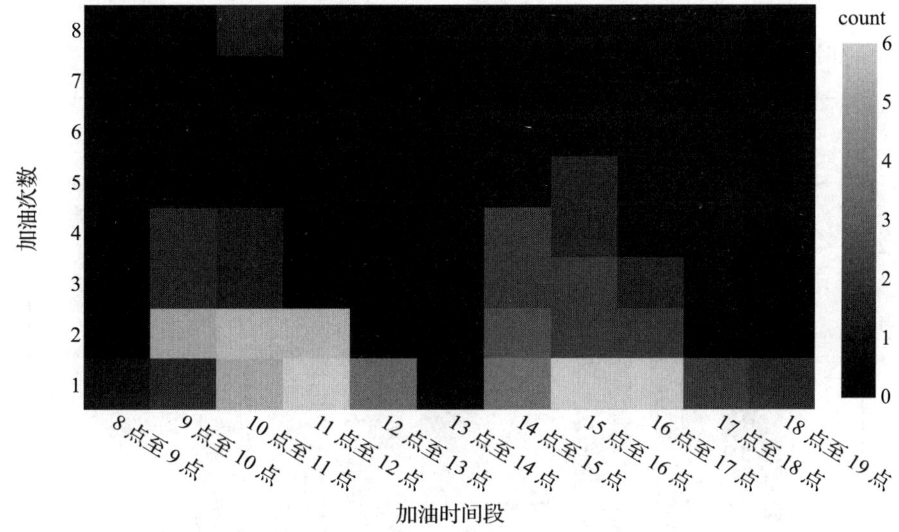

图 2-16 加油信息密度热力图

（十一）直方图（histogram）

使用前面的“加油信息”表绘制直方图。Python 可视化语句如下：

```
import pandas as pd
import plotly.express as px
df=pd.read_excel(
    'd:\ 加油信息 .xlsx',
    dtype={
    '加油时间段':str,
    '加油次数':int}
  )
```

```
fig=px.histogram(df,
     x='加油时间段',
     y='加油次数'
   )
fig.update_layout(
     autosize=False,
     width=800,
     height=500
   )
fig.show()
```

运行结果如图 2-17 所示。

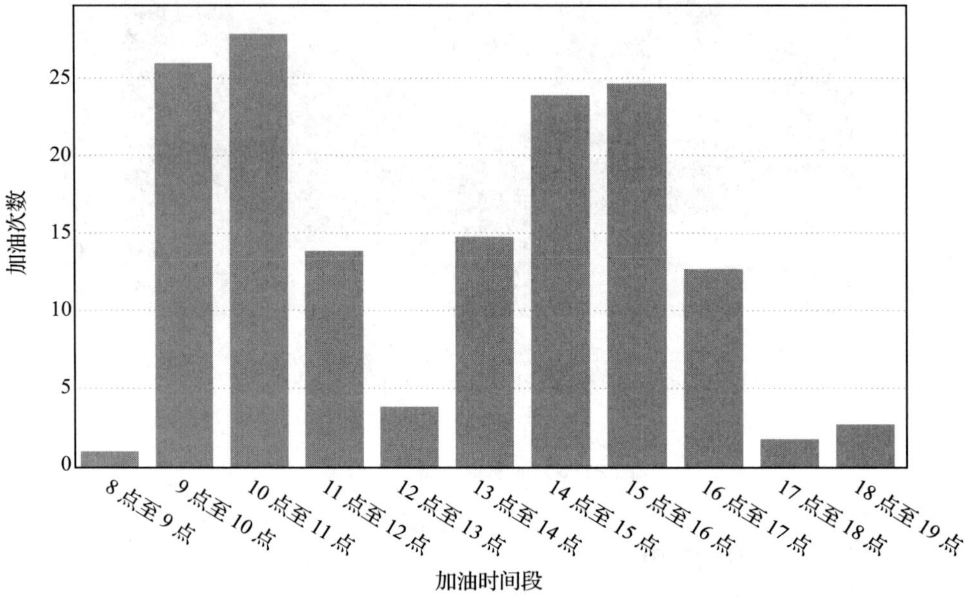

图 2-17　加油信息直方图

(十二)并行分类图(parallel_categories)

根据配套案例文件“固定资产情况”表绘制并行分类图。表的结构如下:

取得方式	取得时间	价值	使用状况	数量
新购	10 年以内	1 万～10 万元	自用	585
新购	10 年以内	0.5 万元以下	自用	2948
……	……	……	……	……

Python 可视化语句如下:

```
import pandas as pd
import plotly.express as px
df=pd.read_excel(
      'd:\ 固定资产情况 .xlsx',
      dtype={'数量':int}
     )
fig = px.parallel_categories(
      df,
      color='数量',
        dimensions=['取得方式','取得时间','价值','使用状况','数量'],
       color_continuous_scale=px.colors.sequential.Blues,
     )
fig.update_layout(
      autosize=False,
      width=800,
      height=500,
      margin=dict( l=50,r=50,b=100,t=100 )
     )
fig.show()
```

运行结果如图 2-18 所示。

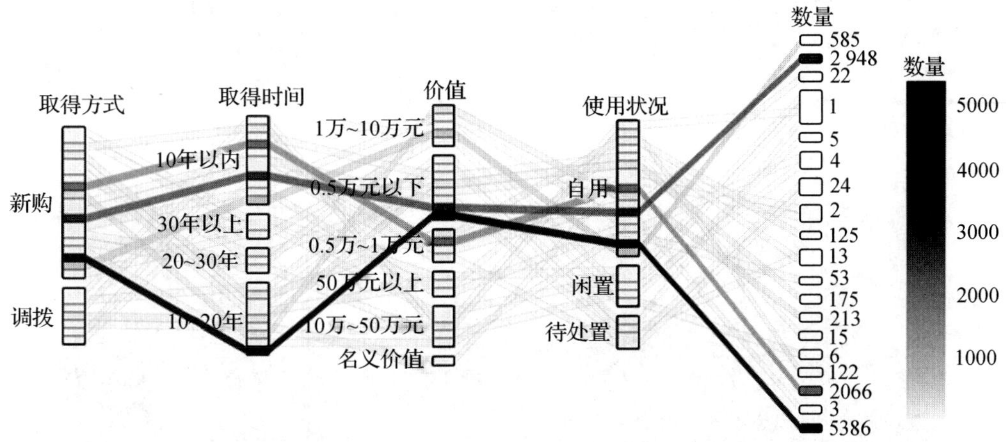

图 2-18 固定资产情况并行分类图

（十三）树状结构图（treemap）

根据配套案例文件“预算支出树状结构”表绘制树状结构图。表的结构如下：

一级	二级	三级	四级	五级	金额(万元)
预算支出	财政拨款	基本支出	人员经费	工资福利支出	5610.00
预算支出	财政拨款	基本支出	人员经费	对个人和家庭的补助	105.00
……	……	……	……	……	……

Python 可视化语句如下：

```
import pandas as pd
import plotly.express as px
df=pd.read_excel(
    'd:\ 预算支出树状结构 .xlsx',
    dtype={'金额(万元)':float}
    )
fig = px.treemap(
    df,
    path=['一级','二级','三级','四级','五级'],
    values='金额(万元)'
    )
fig.update_layout(
    autosize=False,
    width=800,
    height=500,
    margin=dict( l=50,r=50,b=100,t=100 )
    )
fig.show()
```

运行结果如图 2-19 所示。

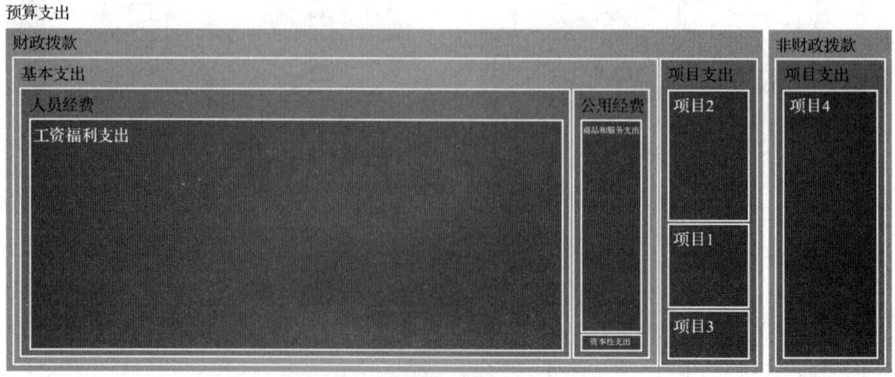

图 2-19　预算支出树状结构图

（十四）柱状极坐标图（bar_polar）

根据配套案例文件“食堂支出情况”表绘制柱状极坐标图。表的结构如下：

项目	月份	金额(万元)
调料	1	5.50
副食	1	15.28
……	……	……

Python 可视化语句如下：

```
import pandas as pd
import plotly.express as px
df=pd.read_excel(
        'd:\食堂支出情况.xlsx',
        dtype={'项目':str,'月份':str,'金额(万元)':float}
       )
fig = px.bar_polar(
        df,
        r='金额(万元)',
        theta='月份',
        color='项目'
       )
fig.update_layout(
        legend=dict(x=0,y=1),
        autosize=False,
        width=800,
        height=500
       )
fig.show()
```

运行结果如图 2-20 所示。

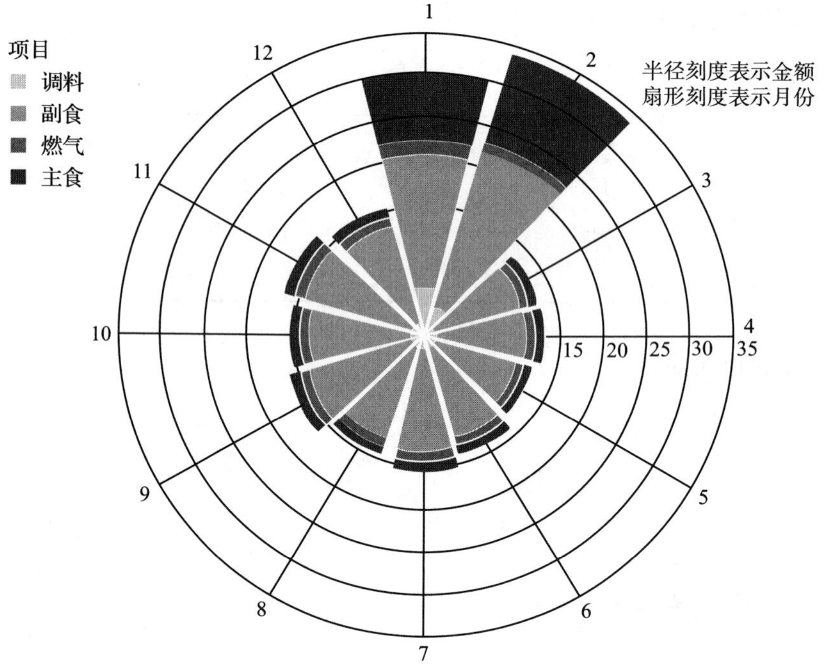

图 2-20　食堂支出情况柱状极坐标图

（十五）3D 散点图（scatter_3d）

使用前面的“食堂支出情况”表绘制 3D 散点图。Python 可视化语句如下：

```
import pandas as pd
import plotly.express as px
df=pd.read_excel(
     'd:\ 食堂支出情况 .xlsx',
     dtype={'项目':str,'月份':int,'金额(万元)':float}
     )
fig=px.scatter_3d(
     df,
     x='月份',
     y='项目',
     z='金额(万元)',
     color='项目',
     size='金额(万元)',
     size_max=20
     )
```

```
fig.update_layout(
      legend=dict(x=0,y=1),
      autosize=False,
      width=1000,
      height=800
      )
fig.show()
```

运行结果如图 2-21 所示。

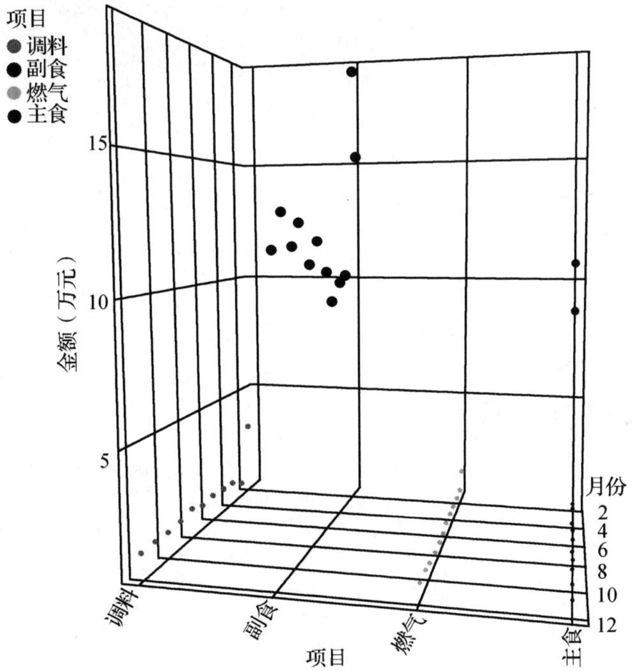

图 2-21　食堂支出情况 3D 散点图

（十六）甘特图（timeline）

根据配套案例文件“合同台账”中的合同期间绘制甘特图。合同台账的结构如下：

序号	合同名称	开始日期	结束日期	合同金额(元)
1	IT 服务	2023-03-01	2023-08-31	50000.00
2	市场调查	2023-06-15	2023-10-15	588900.00
⋮	……	……	……	……

Python 可视化语句如下：

```
import pandas as pd
import plotly.express as px
df=pd.read_excel(
      'd:\ 合同台账 .xlsx',
     dtype={'序号':int,'合同名称':str,'合同金额
(元)':float},
      parse_dates=['开始日期','结束日期']
      )
fig=px.timeline(
      df,
      x_start='开始日期',
      x_end='结束日期',
      y='合同名称',
      color='合同名称',
      range_x=['2023-01-01','2024-01-31']
      )
fig.update_layout(
      xaxis_tickformat='%Y-%m',
      autosize=False,
      width=800,
      height=500
     )
fig.show()
```

运行结果如图 2-22 所示。

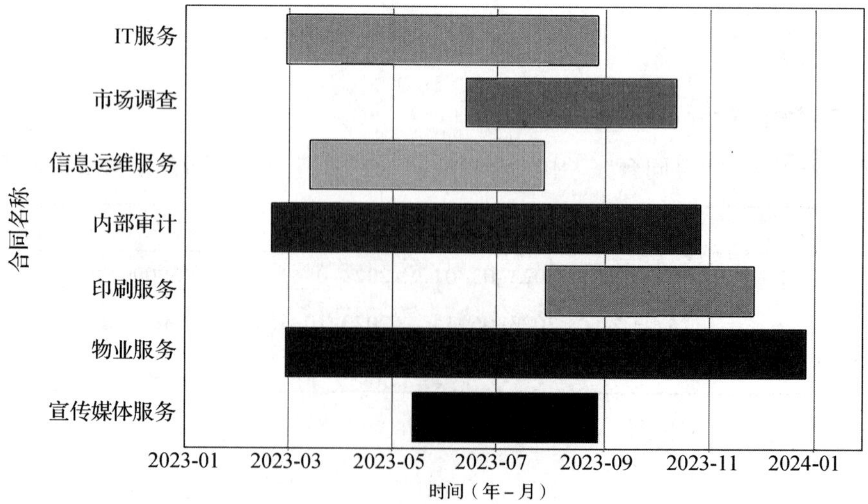

图 2-22　合同期间甘特图

第三章　实战篇

本章内容导图

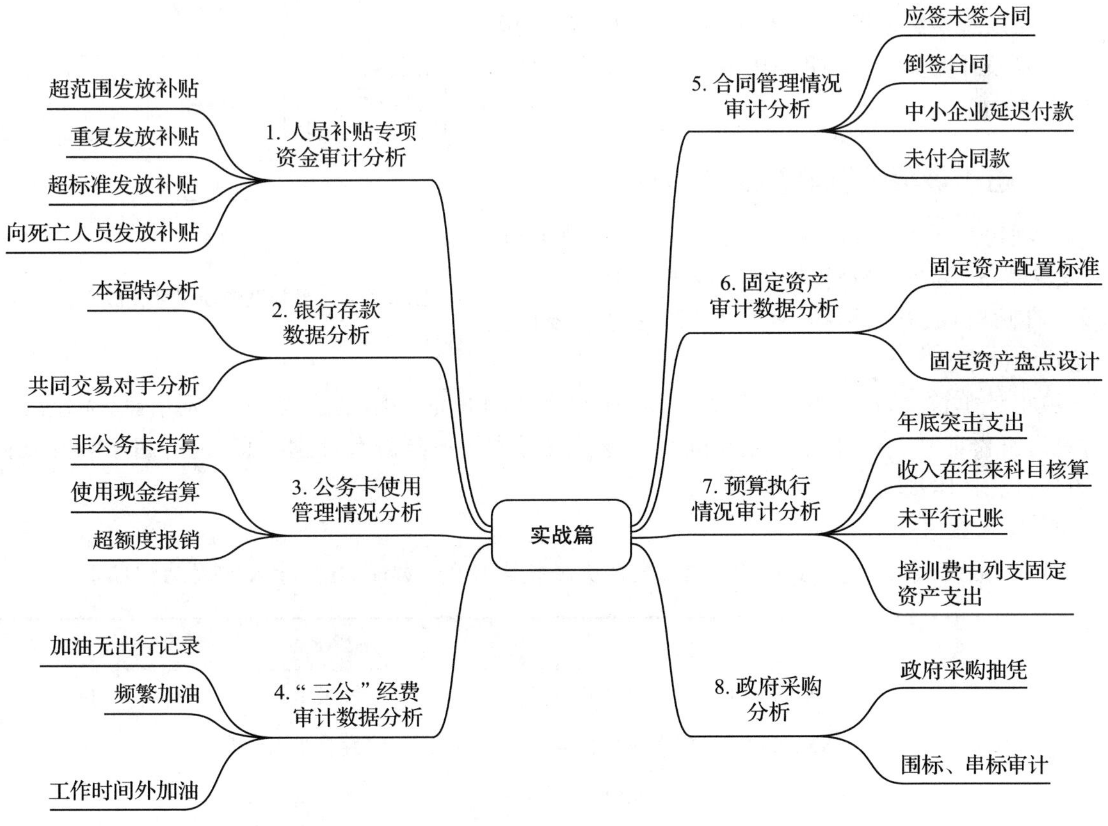

第一节　人员补贴专项资金审计分析

人员补贴专项资金涉及基本社会保障、社会救济救助、涉农补贴、低保补贴、残疾人补贴、扶贫补助、住房补贴、教育补贴等多个方面。虽然补贴资金涉及面广，但补贴资金从申请到发放，有其共同的业务流程特性。审计人员应根据人员补贴类资金的申请、发放流程特点，编写 SQL 语句，形成审计分析模型，结合专项资金相关的法律法规和审计分析思路，生成相关疑点数据，为顺利完成审计任务提供有效的数据支持。

人员补贴专项资金发放业务流程见图 3-1。

本节案例均围绕补贴资金的“对象、标准、时间”三要素展开。在使用 SQL 进行数据分析的基础上，审查补贴对象、发放标准及发放时间频次是否符合政策的规定。

◆**审计目标**：人员补贴专项资金的使用安全、有效、符合规定。

◆**审计事项**：违规审批、违规发放补贴的情况。

◆**所需数据**：补贴对象申请递交资料、审批情况资料、补贴发放资料、其他相关资料。

◆**分析步骤**：见每个案例的分析步骤。

下面以超年龄范围发放补贴、重复发放补贴、向死亡人员发放补贴为例，说明 SQL 在人员补贴专项资金审计中的应用。

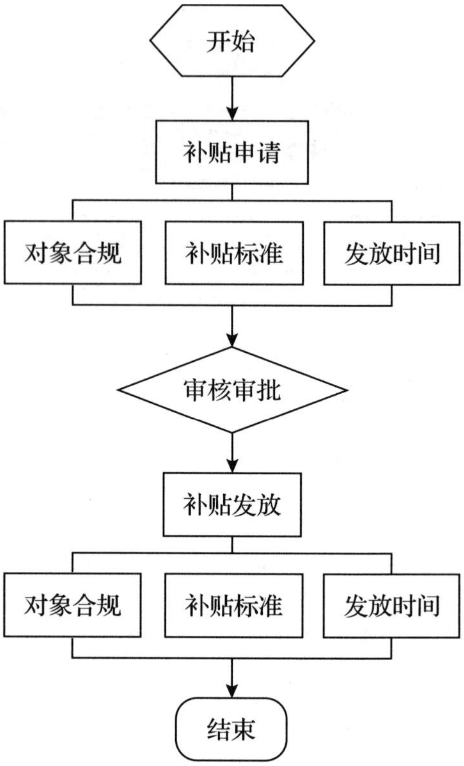

图 3-1　人员补贴专项资金发放业务流程

一、超年龄范围发放补贴的审计

某项民生补贴发放的条件之一是：男未满 60 周岁，女未满 55 周岁。审计关注点是补贴发放流程中涉及的“补贴对象、补贴标准、补贴时间”三个重要因素中的对象因素。

被审计单位提供的“补贴发放表”是 2023 年 5 月份的补贴发放表，无性别信息，无年龄信息，只有身份证号。审计人员使用 SQL 从身份证号中提取年龄和性别信息，进行超年龄发放补贴的分析。具体步骤如下。

1. 导入数据

将“补贴发放表”导入到数据库中，数据类型按默认的 nvarchar。导入的表结构如下。

序号	身份证号	姓名	补贴金额
1	XXXXXX199003034215	姓名 1	800
2	XXXXXX194506054223	姓名 2	800
3	XXXXXX198409076517	姓名 3	800
4	XXXXXX194106125013	姓名 4	800
5	XXXXXX196305205011	姓名 5	800
⋮	……	……	……

2. 添加数据分析列

在导入的“补贴发放表”中添加性别、出生日期、年龄、是否超范围等列。

```
ALTER TABLE 补贴发放表
ADD 性别 NVARCHAR ( 20 ),
        出生日期 NVARCHAR ( 20 ),
        年龄 NUMERIC ( 10, 2 ),
        是否超范围 NVARCHAR ( 20 )
```

运行结果：

序号	身份证号	姓名	补贴金额	性别	出生日期	年龄	是否超范围
1	XXXXXX199003034215	姓名1	800				
2	XXXXXX194506054223	姓名2	800				
3	XXXXXX198409076517	姓名3	800				
4	XXXXXX194106125013	姓名4	800				
5	XXXXXX196305205011	姓名5	800				
6	XXXXXX19690215571X	姓名6	800				
7	XXXXXX196503206527	姓名7	800				
8	XXXXXX196304145019	姓名8	800				
9	XXXXXX197210297483	姓名9	800				
10	XXXXXX196111286115	姓名10	800				
11	XXXXXX196504244016	姓名11	800				
⋮	……	……	……	……	……	……	……

3. 提取性别

18 位身份证号从后面数第二位是性别信息，奇数代表男性，偶数代表女性。SQL 常用的函数里有求余数函数 mod（用 % 表示），用这个函数求出身份证号倒数第二位数字除以 2 的余数，如果不等于 0，那就是奇数，即为男性，否则就是女性。

```
UPDATE 补贴发放表
SET 性别 =
CASE
    WHEN CAST ( SUBSTRING ( 身份证号 , 17, 1 ) AS INT )
% 2 <> 0 THEN '男' ELSE '女'
END;
-- 查询提取性别信息后的表
SELECT * FROM 补贴发放表
```

运行结果：

序号	身份证号	姓名	补贴金额	性别	出生日期	年龄	是否超范围
1	XXXXXX199003034215	姓名1	800	男			
2	XXXXXX194506054223	姓名2	800	女			
3	XXXXXX198409076517	姓名3	800	男			
4	XXXXXX194106125013	姓名4	800	男			
5	XXXXXX196305205011	姓名5	800	男			
6	XXXXXX19690215571X	姓名6	800	男			
7	XXXXXX196503206527	姓名7	800	女			
8	XXXXXX196304145019	姓名8	800	男			
9	XXXXXX197210297483	姓名9	800	女			
10	XXXXXX196111286115	姓名10	800	男			
⋮	……	……	……	……	……	……	……

温馨提示

身份证号导入时的数据类型为 nvarchar，截取从后数第 2 位的字符后要转换成整数类型，否则不能进行除法运算。这里使用 cast 函数进行了数据转换，使用的 case when 语句与 if 函数类似，格式为：

```
case
  when  情况 1 then 结果 1
  when  情况 2 then 结果 2
  else  结果 2
end
```

4. 提取出生日期

对于 18 位身份证号，从第 7 位开始的 4 位数字是出生年份，从第 11 位开始的 2 位数字是出生月份，从第 13 位开始的 2 位数是出生日期，提取的年月日中间用“-”符号分隔。例如，身份证号“XXXXXX199003034215”中提取来的出生日期信息是“1990-03-03”。

```
UPDATE 补贴发放表
SET 出生日期 = SUBSTRING ( 身份证号 , 7, 4 ) + '-' +
SUBSTRING ( 身份证号 , 11, 2 ) + '-' + SUBSTRING ( 身
份证号 , 13, 2 );
-- 查询提取出生日期后的表
SELECT * FROM 补贴发放表
```

运行结果：

序号	身份证号	姓名	补贴金额	性别	出生日期	年龄	是否超范围
1	XXXXXX199003034215	姓名1	800	男	1990-03-03		
2	XXXXXX194506054223	姓名2	800	女	1945-06-05		
3	XXXXXX198409076517	姓名3	800	男	1984-09-07		
4	XXXXXX194106125013	姓名4	800	男	1941-06-12		
5	XXXXXX196305205011	姓名5	800	男	1963-05-20		
6	XXXXXX19690215571X	姓名6	800	男	1969-02-15		
7	XXXXXX196503206527	姓名7	800	女	1965-03-20		
8	XXXXXX196304145019	姓名8	800	男	1963-04-14		
9	XXXXXX197210297483	姓名9	800	女	1972-10-29		
10	XXXXXX196111286115	姓名10	800	男	1961-11-28		
⋮	……	……	……	……	……	……	……

5. 计算年龄

在计算年龄前，首先要使用 ISDATE( ) 函数，查看出生日期列是否有错误日期格式，如果格式错误不能进行年龄计算，应先删除错误数据，后续核实确定后再单独进行分析。

```
SELECT *
FROM 补贴发放表
WHERE ISDATE(出生日期)=0
```

运行结果：

序号	身份证号	姓名	补贴金额	性别	出生日期	年龄	是否超范围
24	XXXXXX195002314414	姓名24	800	男	1950-02-31		
26	XXXXXX195102314416	姓名26	800	男	1951-02-31		

结果显示，有两行数据的出生日期均为“2 月 31 日”，是输入错误，将这两行数据删除后再进行数据分析。

```
DELETE
FROM 补贴发放表
WHERE ISDATE(出生日期)=0
```

温馨提示

检查是否符合日期格式要求的函数为 isdate( )，如果返回 0，表示不是日期格式，否则为日期格式。数字格式检查有 isnumeric( ) 函数，用法与 isdate( ) 函数相同。

删除异常数据行后，用DATEDIFF( )函数计算从出生日期到补贴发放日2023年5月31日的按日计算的间隔数，按日计算的间隔数除以365得出周岁年龄。

```
UPDATE 补贴发放表
SET 年龄 = DATEDIFF( DAY, CAST ( 出生日期 AS DATE ),
'2023-5-31' )/365.00;
SELECT *
FROM 补贴发放表
```

运行结果：

序号	身份证号	姓名	补贴金额	性别	出生日期	年龄	是否超范围
1	XXXXXX199003034215	姓名1	800	男	1990-03-03	33.27	
2	XXXXXX194506054223	姓名2	800	女	1945-06-05	78.04	
3	XXXXXX198409076517	姓名3	800	男	1984-09-07	38.75	
4	XXXXXX194106125013	姓名4	800	男	1941-06-12	82.02	
5	XXXXXX196305205011	姓名5	800	男	1963-05-20	60.07	
6	XXXXXX19690215571X	姓名6	800	男	1969-02-15	54.32	
7	XXXXXX196503206527	姓名7	800	女	1965-03-20	58.24	
8	XXXXXX196304145019	姓名8	800	男	1963-04-14	60.17	
9	XXXXXX197210297483	姓名9	800	女	1972-10-29	50.62	
10	XXXXXX196111286115	姓名10	800	男	1961-11-28	61.55	
⋮	……	……	……	……	……	……	……

温馨提示

求周岁不能直接用datediff(year,开始日期,结束日期)函数，尤其是结束日期在出生日期之前的。

6. 判断是否超龄

用CASE WHEN语句找出男士周岁大于60岁，女士周岁大于55岁的，在是否超范围列里填写“是”，否则填写“否”。

```
UPDATE 补贴发放表
SET 是否超范围 =
CASE
    WHEN 年龄 > 60 AND 性别 = '男' THEN '是'
```

```
    WHEN 年龄 > 55 AND 性别 = '女' THEN '是'
    ELSE '否'  END;
SELECT * FROM 补贴发放表
```

运行结果：

序号	身份证号	姓名	补贴金额	性别	出生日期	年龄	是否超范围
1	XXXXXX199003034215	姓名1	800	男	1990-03-03	33.27	否
2	XXXXXX194506054223	姓名2	800	女	1945-06-05	78.04	是
3	XXXXXX198409076517	姓名3	800	男	1984-09-07	38.75	否
4	XXXXXX194106125013	姓名4	800	男	1941-06-12	82.02	是
5	XXXXXX196305205011	姓名5	800	男	1963-05-20	60.07	是
6	XXXXXX19690215571X	姓名6	800	男	1969-02-15	54.32	否
7	XXXXXX196503206527	姓名7	800	女	1965-03-20	58.24	是
8	XXXXXX196304145019	姓名8	800	男	1963-04-14	60.17	是
9	XXXXXX197210297483	姓名9	800	女	1972-10-29	50.62	否
10	XXXXXX196111286115	姓名10	800	男	1961-11-28	61.55	是
⋮	……	……	……	……	……	……	……

筛选超龄的记录：

```
SELECT *
FROM 补贴发放表
WHERE 是否超范围 ='是'
```

运行结果：

序号	身份证号	姓名	补贴金额	性别	出生日期	年龄	是否超范围
2	XXXXXX194506054223	姓名2	800	女	1945-06-05	78.04	是
4	XXXXXX194106125013	姓名4	800	男	1941-06-12	82.02	是
5	XXXXXX196305205011	姓名5	800	男	1963-05-20	60.07	是
7	XXXXXX196503206527	姓名7	800	女	1965-03-20	58.24	是
8	XXXXXX196304145019	姓名8	800	男	1963-04-14	60.17	是
10	XXXXXX196111286115	姓名10	800	男	1961-11-28	61.55	是
14	XXXXXX194011220015	姓名14	800	男	1940-11-22	82.58	是
16	XXXXXX196509280821	姓名16	800	女	1965-09-28	57.71	是
19	XXXXXX196206014425	姓名19	800	女	1962-06-01	61.04	是
21	XXXXXX196002180036	姓名21	800	男	1960-02-18	63.32	是
41	XXXXXX195904265911	姓名53	800	男	1959-04-26	64.14	是

7. 可视化

将上一步结果形成的“补贴发放表”导出，准备做可视化。

下面使用Python的Plotly Express库做可视化。Plotly Express是Plotly.py的高级封装，它为复杂的图表提供了简单的函数语法，是简洁且易于学习的交互式绘图工具，包括分面绘图、地图、动画和趋势线。此案例使用散点图来呈现可视化效果。如果没有安装Plotly Express，先用pip install安装，然后打开Python输入下列代码：

```
import pandas as pd
import plotly.express as px
df=pd.read_excel(
          'd:\补贴发放表.xlsx',
           dtype={'年龄':float}
           )
fig=px.scatter(
             df,
             x='姓名',
             y='年龄(岁)',
             color='是否超范围',
             size='年龄',
             title="超年龄范围发放补贴"
               )
fig.update_layout(
              autosize=False,
              width=800,
              height=500
              )
fig.show()
```

运行结果如图3-2所示。

二、重复发放补贴的审计

补贴发放的时间频次也是审计重点关注内容之一。如果是按月发放补贴，重点关注同一人在同一月份是否有多次发放记录，按季度、按年度发放的也是如此。重复发放的审计是补贴发放流程中涉及的“补贴对象、补贴标准、补贴时间”三个重要因素中的补贴时间因素。本案例涉及的补贴属于按月发放的补贴，分析的具体步骤如下。

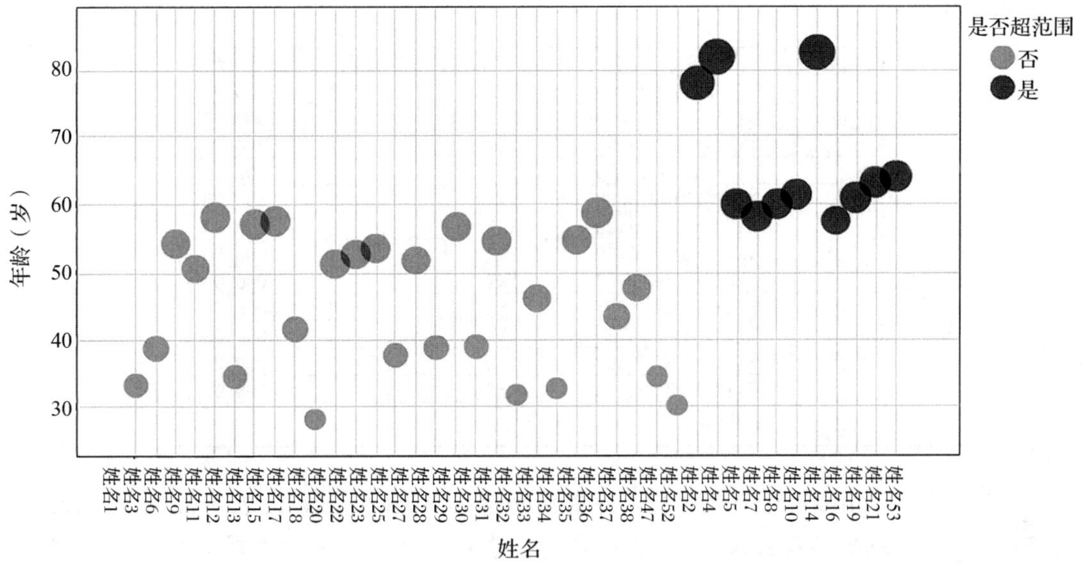

图 3-2　超年龄范围发放补贴图

1. 数据导入

将本案例配套的“补贴信息表”导入到数据库，数据类型按默认的 nvarchar。使用 nvarchar 导入的优点在于导入成功率高，如果数字列中有“合计”二字，按数字类型导入是不成功的，按 nvarchar 导入就成功，导入后再做数据清洗。导入的表结构如下：

月份	账号	户名	金额	摘要
9	XXXXXXX05865797	XXX	3000	补贴
9	XXXXXXX09079473	XXX	1600	补贴
9	XXXXXXX10779608	XXX	2500	补贴
9	XXXXXXX00078693	XXX	2500	补贴
⋮	……	……	……	……

2. 对同一月份有重复发放的进行筛选

```
SELECT 月份，账号，户名，
    COUNT(*)AS 发放次数，
    SUM(CAST(金额 AS DECIMAL(10, 2))) 合计金额
FROM 补贴信息表
GROUP BY 月份，账号，户名
HAVING COUNT (*) > 1
ORDER BY CAST ( 月份 AS INT )
```

运行结果：

月份	账号	户名	发放次数	合计金额
9	XXXXXX012248789	XXX	2	3800.00
9	XXXXXXX00078693	XXX	3	7500.00
9	XXXXXXX01718891	XXX	2	5000.00
9	XXXXXXX10610779	XXX	3	7500.00
9	XXXXXXX10779608	XXX	3	7500.00
9	XXXXXXXX0998129	XXX	2	4200.00
10	XXXXXX012248789	XXX	2	3800.00
10	XXXXXXX00078693	XXX	2	5000.00
10	XXXXXXX01718891	XXX	2	5000.00
10	XXXXXXX10610779	XXX	2	5000.00
10	XXXXXXX10779608	XXX	2	5000.00
10	XXXXXXXX0998129	XXX	2	4000.00

温馨提示

group by 语句中有条件查询的情况下，使用 having 表示条件，本例的条件是记录数大于 1，即有重复发放的记录。如果导入时月份是字符串格式，按月排序时需要转成数字格式。

3. 对不同月份重复发放的进行筛选

将上一步骤分析的结果，再次进行重复分析。将上一步形成的分析结果存放到“# 临时表”，对“# 临时表”进行重复分析，将 9 月和 10 月均有重复的筛选出来。需要注意的是，这两个步骤可在同一查询窗口中进行。

(1) 把同一月有重复的筛选结果存放到临时表中

```
SELECT 月份 , 账号 , 户名 ,
   COUNT ( * ) AS 发放次数 ,
   SUM ( CAST ( 金额 AS DECIMAL ( 10, 2 ) ) ) 合计
金额
INTO # 临时表
FROM 补贴信息表
GROUP BY 月份 , 账号 , 户名
HAVING COUNT ( * ) > 1
ORDER BY CAST ( 月份 AS INT )
```

临时表的表名前有“#”符号，在系统数据库的 tempdb 下存放。关闭本查询窗口和重启系统的时候这个表就被自动清除了。在下一步的查询需要使用上一步查询的结果时，可以把上一步的查询结果存放到临时表中，下一步操作时从临时表中查询即可。

（2）对临时表进行重复分析

```
SELECT 账号，户名，
    COUNT（月份）AS 重复月数，
    SUM（发放次数）AS 发放次数，
    SUM（CAST（合计金额 AS DECIMAL（10，2）））
合计金额
FROM #临时表
GROUP BY 账号，户名
```

运行结果：

```
[42S02] [Microsoft][ODBC Driver 17 for SQL Server][SQL Server]对象名 '#临时表' 无效。 (208)
```

发生错误的原因是生成临时表后关闭了查询窗口。将生成临时表和对临时表进行重复分析的语句再执行一遍，可得到以下运行结果：

账号	户名	重复月数	发放次数	合计金额
XXXXXX012248789	XXX	2	4	7600.00
XXXXXXX00078693	XXX	2	5	12500.00
XXXXXXX01718891	XXX	2	4	10000.00
XXXXXXX10610779	XXX	2	5	12500.00
XXXXXXX10779608	XXX	2	5	12500.00
XXXXXXXX0998129	XXX	2	4	8200.00

温馨提示

金额列按 nvarchar 格式导入，如果不转换成数字格式，则不能求合计数，需要使用 cast 函数或 convert 函数等转换成数字格式。

4. 可视化

这里对 9 月份重复发放补贴的情况进行可视化，将“补贴信息表”的账号多行合并成一行，导出到 txt 文件，使用 Python 的 Wordcloud 词云图对 txt 文本进行可视化，重复发放次数越多相应账户的字体就越大。多行合并成一行的 SQL 语句为：

```
SELECT STRING_AGG( 账号 ,',')
FROM 补贴信息表
WHERE 月份 ='9'
```

运行结果：

field1
XXXXXXX05865797,XXXXXXX09079473,XXXXXXX10779608,XXXXXXX00078693,XXXXXXX10779608,XXXXXXX00078693

将查询结果保存到“重复发放 .txt”文件。

打开 Python 输入以下代码：

```
from wordcloud import WordCloud
import matplotlib.pyplot as plt
plt.rcParams['font.family'] = ['sans-serif']
plt.rcParams['font.sans-serif'] = ['SimHei']
plt.rcParams['axes.unicode_minus']=False
with open('d:\ 重复发放 .txt','r') as file:
      text = file.read()
wordcloud = WordCloud(
      font_path='C:/Windows/Fonts/simsunb.ttf',
      background_color='white',
      width=800,
      height=550,
      margin=40,
      prefer_horizontal=1,
      max_font_size=60,
      min_font_size=14,
      font_step=20).generate(text)
plt.figure(figsize=(10,5))
plt.imshow(wordcloud, interpolation='bilinear')
plt.axis('off')
plt.title(' 重复发放补贴词云图 ',fontsize='xx-large')
plt.show()
```

运行结果如图 3-3 所示。

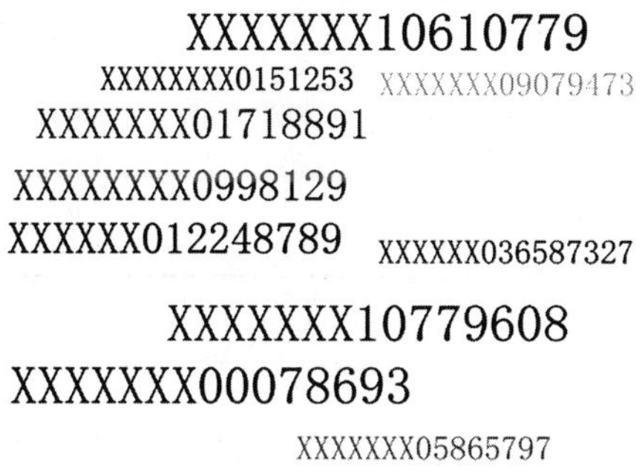

图 3-3　重复发放补贴词云图

三、超标准发放补贴的审计

民生保障补贴资金审计中，除了关注补贴对象、发放时间频次以外，还要关注补贴标准。有些项目的补贴标准是单一值，有些项目的补贴标准是根据补贴对象的情况，分别设置不同的标准。补贴标准的审计是补贴发放流程中涉及的“补贴对象、补贴标准、补贴时间”三个重要因素中的补贴标准因素。本案例涉及的补贴属于按月发放的补贴，分析的具体步骤如下。

1. 导入数据

将本案例配套的“补贴信息表”导入数据库，数据类型按默认的 nvarchar。导入的表如下：

月份	账号	户名	金额	摘要
9	XXXXXXX05865797	XXX	3000	补贴
9	XXXXXXX09079473	XXX	1600	补贴
9	XXXXXXX10779608	XXX	2500	补贴
9	XXXXXXX00078693	XXX	2500	补贴
⋮	……	……	……	……

2. 对超标准发放进行审计

本案例涉及的补贴项目，规定的补贴发放标准有 1000 元、1300 元、1600 元、1900 元、2200 元、2500 元等 6 个档次。下面从总体出发，审查是否存在超标准发放补贴的情况。也就是说实际发放的补贴标准是否在上述的 6 个档次范围内。

```
SELECT *
FROM 补贴信息表
WHERE
    金额 NOT IN ( '1000', '1300', '1600', '1900', '2200',
'2500' )
```

运行结果：

月份	账号	户名	金额	摘要
9	XXXXXXX05865797	XXX	3000	补贴
9	XXXXXXXX0998129	XXX	2000	补贴
10	XXXXXXXX0998129	XXX	2000	补贴
10	XXXXXXXX0998129	XXX	2000	补贴
10	XXXXXXXX0129415	XXX	3500	补贴

温馨提示

补贴信息表导入时的默认数据格式是“nvarchar”，前面的 SQL 语句中（‘1000’，‘1300’，‘1600’，‘1900’，‘2200’，‘2500’），括号内数据的格式要与导入的数据格式保持一致。不能写为（‘1000.00’，‘1300.00’，‘1600.00’，‘1900.00’，‘2200.00’，‘2500.00’）

3. 对同一人有不同补贴标准进行审计

按补贴对象的账号进行分组，在分组的基础上使用 dense_rank 排名函数，对补贴金额进行排名。相同金额的排名相同，如果排名中出现大于 1 的情况，说明存在同一人有不同的发放标准。

（1）使用 DENSE_RANK 函数进行排名

DENSE_RANK 函数的特点是组内排序，相同的值排序号相同，比如同一组内有 2 个 2000，它们的排序号也是相同的。

```
SELECT
    账号，金额，
    DENSE_RANK （ ） OVER （ PARTITION BY 账号，ORDER
BY CAST （金额 AS DECIMAL(10, 2))） AS 排序
FROM
    补贴信息表
```

运行结果：

账号	金额	排序
XXXXXX012248789	1900	1
XXXXXX012248789	1900	1
XXXXXX012248789	1900	1
XXXXXX012248789	1900	1
XXXXXX036587327	1000	1
XXXXXX036587327	1000	1
XXXXXXX00078693	2500	1
XXXXXXX00078693	2500	1
……	……	⋮

(2)筛选出排名大于 1 的记录

将上一步的语句使用通用表的表达式 cte 表示，然后查询通用表 cte 中排名大于 1 的记录，即一人有不同的补贴标准。

```
WITH cte AS (
    SELECT 账号 , 金额 ,
        DENSE_RANK ( ) OVER ( PARTITION BY 账号
ORDER BY CAST ( 金额 AS DECIMAL (10, 2))) AS 排序
    FROM 补贴信息表
    )
SELECT *
FROM cte
WHERE 排序 >1
```

运行结果：

账号	金额	排序
XXXXXXXX0998129	2200	2

查询结果显示，账号为 XXXXXXXX0998129 的人员出现了 2 种补贴金额，所以需要查看此人的所有发放信息。

(3)将上一步的查询结果存放到临时表中

将上一步的查询结果存放到“# table”临时表中，方便从补贴信息表和临时表中联合查询，得到疑点记录的所有信息。

```
WITH cte AS (
    SELECT 账号 , 金额 ,
        DENSE_RANK ( ) OVER ( PARTITION BY 账号 , 户名
ORDER BY CAST ( 金额 AS DECIMAL (10, 2))) AS 排序
    FROM 补贴信息表
    )
    SELECT * INTO #table FROM cte WHERE 排序 >1
```

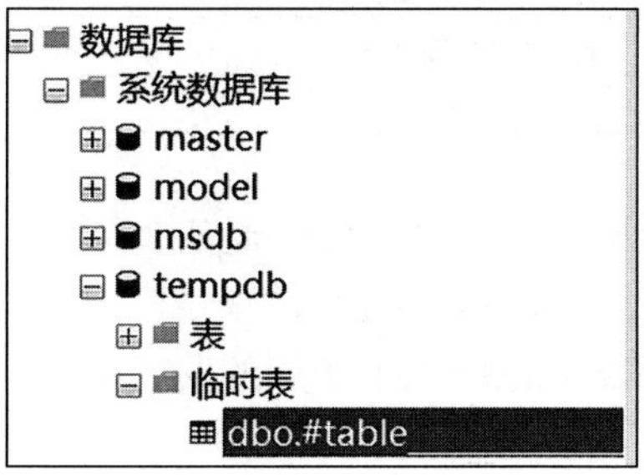

(4)对补贴信息表和临时表联合查询

因为有临时表,所以需要在上一个查询窗口中进行。

```
SELECT *
FROM 补贴信息表
WHERE 账号 IN ( SELECT 账号 FROM #table )
```

运行结果:

月份	账号	户名	金额	摘要
9	XXXXXXXX0998129	XXX	2000	补贴
9	XXXXXXXX0998129	XXX	2200	补贴
10	XXXXXXXX0998129	XXX	2000	补贴
10	XXXXXXXX0998129	XXX	2000	补贴

4. 可视化

将“补贴信息表”的账号和金额两列去重并分组后保存到“补贴标准可视化”表。

```
SELECT
    a.账号,
    COUNT ( * ) AS 标准个数
FROM
    ( SELECT DISTINCT 账号,金额 FROM 补贴信息表 ) a
GROUP BY
    a.账号
```

运行结果:

账号	标准个数
XXXXXX012248789	1
XXXXXX036587327	1
XXXXXXX00078693	1
XXXXXXX01396713	1
XXXXXXX01718891	1
……	⋮

将结果保存到“补贴标准可视化”表。可视化方法与超年龄范围发放补贴的可视化相同,稍有不同的是这次选择使用柱状图。柱状图的 x 轴设置为“账号”,“账号”“金额”组合去重后的账号个数即“标准个数”为 y 轴,y 轴的值超过 1 的账号,有不同的发放标准。打开 Python 输入以下代码:

```
import pandas as pd
import plotly.express as px
df=pd.read_excel(
          'd:\ 补贴标准可视化 .xlsx',
            dtype={'账号':str,'标准个数':int}
            )
fig = px.bar(
            df,
             x='账号',
             y='标准个数(个)',
             color='账号',
             title='超标准范围发放补贴')
fig.update_layout(
            autosize=False,
            width=800,
            height=500
            )
fig.show()
```

运行结果如图 3-4 所示

运行结果显示,账号为 XXXXXXXX0998129 的人员出现了 2 个不同的补贴标准,其他人员只有 1 个补贴标准。

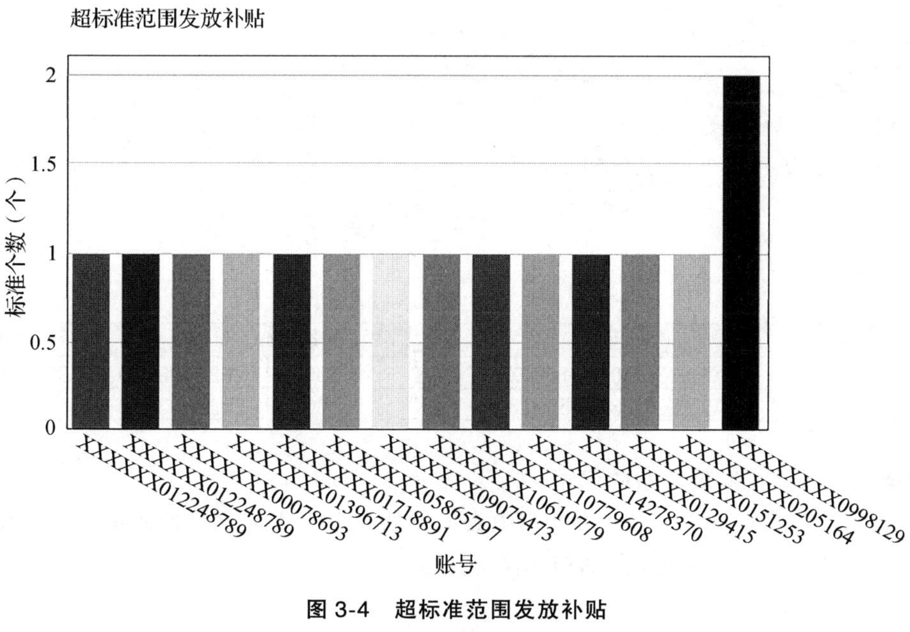

图 3-4 超标准范围发放补贴

四、向死亡人员发放补贴的审计

向死亡人员发放补贴的审计，属于补贴类资金审计中的对象符合性审计。数据分析涉及殡葬部门提供的死亡人员火化信息和被审计单位提供的补贴发放表。具体分析步骤如下。

1. 导入数据

将“补贴发放表”和“火化信息”表导入到数据库，均按 nvarchar 格式。导入的表结构如下。

(1)补贴发放表

账号	证件号码	姓名	金额	发放时间
XXXXXXXX00658538	XXXXXX197211210011	XXX	500	2022-03-30
XXXXXXXX00658661	XXXXXX198409090036	XXX	500	2022-03-30
XXXXXXXX00658668	XXXXXX197810280086	XXX	500	2022-03-30
XXXXXXXX00658888	XXXXXXXXXXXX12	XXX	500	2022-03-30
……	……	……	……	……

(2)火化信息

ID	火化日期	证件类型	证件号码	逝者姓名
1	2021-01-01		XXXXXXXXX2610	XXX
2	2021-01-02		XXXXXXXXX2611	XXX
3	2021-01-03		XXXXXXXXX2612	XXX
4	2021-01-04		XXXXXXXXX2613	XXX
⋮	……	……	……	……

2. 在“补贴发放表”中添加火化信息

用证件号码关联，将火化日期添加到“补贴发放表”中。

```
SELECT a.*,b.火化日期
FROM [补贴发放表]a INNER JOIN [火化信息]b
ON a.证件号码=b.证件号码
```

运行结果：

账号	证件号码	姓名	金额	发放时间	火化日期
XXXXXXXX80038863	XXXXXX19401111004X	XXX	500	2022-03-30	2021-01-06
XXXXXXXX01885967	XXXXXX193806254018	XXX	500	2022-03-30	2021-02-15

3. 筛选火化后仍在发放补贴的记录

将上一步形成的表定义为 c 表，在 c 表中查询发放日期大于火化日期的记录。因为要对 2 个日期进行比较，所以将这两列使用 CAST 函数转换成日期格式。

```
SELECT *
FROM (
SELECT a.*,b.火化日期
FROM [补贴发放表]a INNER JOIN [火化信息]b
ON a.证件号码=b.证件号码)c
WHERE CAST(c.发放时间 AS DATE)>CAST(c.火化日期 AS
DATE)
```

运行结果：

账号	证件号码	姓名	金额	发放时间	火化日期
XXXXXXXX80038863	XXXXXX19401111004X	XXX	500	2022-03-30	2021-01-06
XXXXXXXX01885967	XXXXXX193806254018	XXX	500	2022-03-30	2021-02-15

温馨提示

SQL 语句“select * from table”中的 table 可以是一个查询语句形成的表，如 select * from (select * from 补贴表 where 条件)a，别名 a 一定要加，否则会报错。

4. 可视化

在众多可视化工具中，因为 Python 法便捷高效，所以成了审计可视化中使用较多的工具之一。本案例使用 Python 的韦恩图进行可视化。

将这 2 个可视化用的库安装完成后输入以下代码：

```
from matplotlib_venn import venn2, venn2_unweighted
import matplotlib.pyplot as plt
import pandas as pd
df1=pd.read_excel(
     'd:\补贴发放表.xlsx',
     sheet_name='补贴发放表'
     )
df2=pd.read_excel(
     'd:\火化信息.xlsx',
     sheet_name='火化信息'
     )
```

```
bt= set(df1['证件号码'] )
sw=set(df2['证件号码'] )
venn2_unweighted(
     [bt,sw],
     set_labels=('补贴人员证件号','逝者证件号')
     )
plt.rcParams['font.sans-serif'] = ['simhei']
plt.title('向死亡人员发放补贴疑点韦恩图')
plt.show()
```

运行结果如图 3-5 所示。

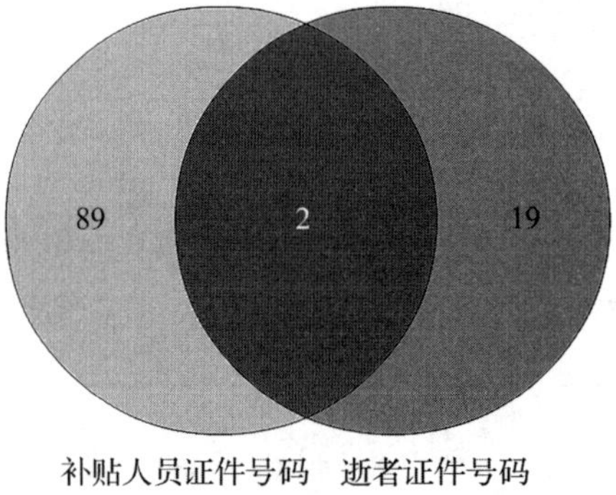

图 3-5　向死亡人员发放补贴疑点韦恩图

结果显示，补贴发放表中有 89 个不同的证件号码，火化信息表中有 19 个不同的证件号码，2 个集合中有 2 个共同的证件号码。

第二节　银行存款数据分析

银行存款审计履行的基本程序包括银行账户清单及征信情况的审查、银行对账单及银行流水核对、银行询证函及回函的控制、分析性程序等。本节主要举例说明对银行存款的数据分析。银行存款数据分析涉及的内容包括但不限于总体分布、资金流向、资金用途、交易时间、交易频次、交易对手等几个方面。

本节主要介绍总体分布方面的本福特分析、共同交易对手的分析。

一、本福特分析

本福特分析基于本福特定律。本福特定律也称首位数定律，在实际生活中以 1 开头的数出现的概率是 30.1%，2 开头的数出现的概率是 17.6%，3 开头的数出现的概率 12.5%……分布规律如下表。

首位数	本福特分布
1	30.10%
2	17.60%
3	12.50%
4	9.70%
5	7.90%
6	6.70%
7	5.80%
8	5.10%
9	4.60%

根据这个数字分布特性，将银行存款交易金额的首位数分布与本福特分布进行对比，发现异常并采取更多的审计措施。

（一）目标

了解银行存款数据整体分布情况，发现审计风险及采取适当的措施。

（二）所需数据

银行存款交易数据。

（三）步骤

1. 导入数据

导入本书案例数据表“银行存款”时所有列均按 nvarchar 格式导入。导入后的数据表如下所示。

月	凭证号	分录号	科目编码	科目名称	金额
01	记账 -0005	2	1002	银行存款	838681.09
01	记账 -0006	3	1002	银行存款	182970
01	记账 -0007	2	1002	银行存款	90052.3
01	记账 -0008	2	1002	银行存款	270000
01	记账 -0012	1	1002	银行存款	323532
⋮	……	……	……	……	……

2. 提取首位数

使用 LEFT 函数，提取银行存款交易金额的首位数字，并存放到临时表“dbo.#benft”中，以便下一个步骤使用。

```
SELECT LEFT ( 金额 , 1 ) AS 首位数
INTO #benft
```

```
FROM 银行存款 ;
SELECT * FROM #benft;
```

运行结果：

首位数
8
1
9
2
3
3
⋮

温馨提示

临时表以 # 开头，临时表的调用须在本回话窗口中进行，关闭后会提示找不到临时表。

3. 求出首位数出现的数量和出现的概率

从“#benft”表中，获取首位数数量汇总和出现的概率。

```
SELECT
        a.*,
        FORMAT ( ROUND( CAST ( a.样本出现数 AS FLOAT ) /
b.合计数 , 3 ), 'p' ) AS 样本概率
FROM
        (SELECT 首位数 , COUNT (*) AS 样本出现数 FROM
#benft GROUP BY 首位数 ) a,
        (SELECT COUNT ( 首位数 ) AS 合计数 FROM #benft) b
ORDER BY
        首位数
```

运行结果：

首位数	样本出现数	样本概率
1	1038	25.50%
2	634	15.60%
3	513	12.60%
4	383	9.40%
5	430	10.60%
6	336	8.30%
7	331	8.10%
8	200	4.90%
9	207	5.10%

4. 使用 CASE WHEN 添加本福特分布

在第二步的基础上添加以下语句：

```
CASE
        WHEN a.首位数 = '1' THEN '30.1%'
        WHEN a.首位数 = '2' THEN '17.6%'
        WHEN a.首位数 = '3' THEN '12.5%'
        WHEN a.首位数 = '4' THEN '9.7%'
        WHEN a.首位数 = '5' THEN '7.9%'
        WHEN a.首位数 = '6' THEN '6.7%'
        WHEN a.首位数 = '7' THEN '5.8%'
        WHEN a.首位数 = '8' THEN '5.1%'
        ELSE '4.6%'
    END AS 本福特分布
```

添加 CASE WHEN 语句后的完整 SQL 语句如下：

```
SELECT
        a.*,
        FORMAT ( ROUND( CAST ( a.样本出现数 AS FLOAT ) /
b.合计数 , 3 ), 'p' ) AS 样本概率 ,
        CASE
            WHEN a.首位数 = '1' THEN '30.1%'
            WHEN a.首位数 = '2' THEN '17.6%'
            WHEN a.首位数 = '3' THEN '12.5%'
            WHEN a.首位数 = '4' THEN '9.7%'
```

```
            WHEN a. 首位数 = '5' THEN '7.9%'
            WHEN a. 首位数 = '6' THEN '6.7%'
            WHEN a. 首位数 = '7' THEN '5.8%'
            WHEN a. 首位数 = '8' THEN '5.1%'
            ELSE '4.6%'
    END AS 本福特分布
INTO 本福特分析
FROM
      ( SELECT 首位数, COUNT ( * ) AS 样本出现数
FROM #benft GROUP BY 首位数 ) a,
      ( SELECT COUNT (首位数) AS 合计数 FROM #benft )b
ORDER BY
      首位数
```

查看 INTO 语句保存的“本福特分析”表:

```
SELECT * FROM 本福特分析
```

运行结果:

首位数	样本出现数	样本概率	本福特分布
1	1038	25.50%	30.10%
2	634	15.60%	17.60%
3	513	12.60%	12.50%
4	383	9.40%	9.70%
5	430	10.60%	7.90%
6	336	8.30%	6.70%
7	331	8.10%	5.80%
8	200	4.90%	5.10%
9	207	5.10%	4.60%

5. 可视化

绘制折线图可视化“本福特分析”表。这里使用 Python 的 Plotly Express 进行分析。Plotly Express 的优点是几行代码就能快捷生成各类图表。导出的“本福特分析”表,首位数排序和数据格式需要重新检查。Python Plotly Express 代码为:

```
import pandas as pd
import plotly.express as px
```

```
df=pd.read_excel('d:\ 本福特分析 .xlsx')
df['样本概率']=df['样本概率']*100
df['本福特分布']=df['本福特分布']*100
fig=px.line(df,x='首位数',y=['样本概率','本福特分布'],
title='银行存款本福特分析',log_y=True)
fig.update_layout(xaxis_title='首位数',yaxis_title='
概率(%)')
fig.show()
```

运行结果如图 3-6 所示。

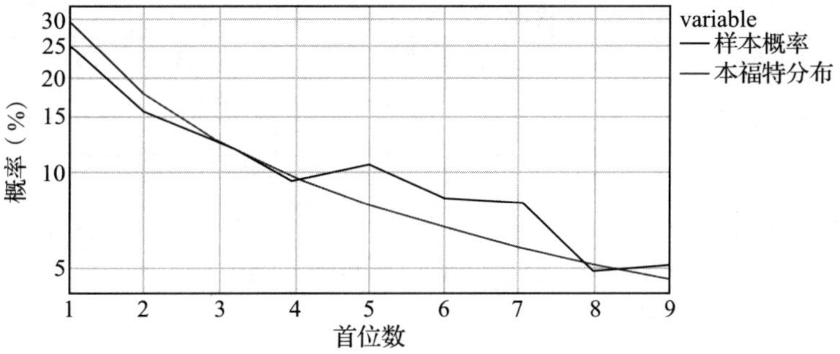

图 3-6 银行存款本福特分析

根据以上的分析可知，样本分布概率与本福特分布相似度不高，因此需要提高风险水平，采取更全面的审计措施和相应的程序。

二、共同交易对手的分析

一般情况下，单位银行存款对账单中单流向的交易较多，因此双流向的资金交易就成为了审计关注点。在这里分析银行对账单中收入的交易对方和支出的交易对方，查找收入和支出共同的交易对方，分析与同一单位存在既付款又收款关系的合理性。资金流向说明见图 3-7。

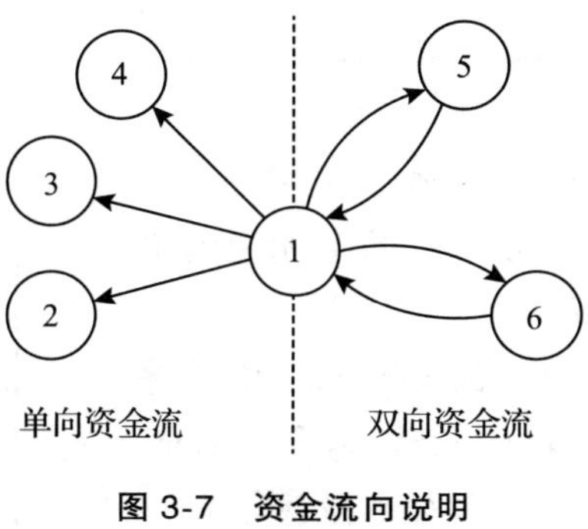

图 3-7 资金流向说明

（一）目标

筛选银行对账单的借方（转出）和贷方（转入）的共同交易对手。

（二）所需数据

银行存款对账单。

（三）步骤

1. 导入数据

导入本书案例数据表“银行对账单”，导入时所有列均按 nvarchar 格式导入。导入后的数据表如下：

交易日期	收入金额	支出金额	对方户名	对方账号	交易方式	交易摘要
2019-01-07	3012.48		XX劳务派遣有限公司	3535353333333335		
2019-01-22		2280000.00	XX建设工程有限公司	3533335330331		
2019-01-23	150000.00		XX建设工程有限公司	3533335330331		
2019-02-01		132011.59	XX媒体策划公司	53333338483433333044	转账	柜台转取
2019-02-03	2799.82		XX劳务派遣有限公司	3535353333333335	转账	转存
2019-02-03	13396.40		XX劳务派遣有限公司	3535353333333335	转账	转存
2019-02-26		10000.00	XX管理中心		现金	柜台取现
2019-02-26		43655.00	XX管理中心		现金	柜台取现
2019-03-08	2885.56		XX劳务派遣有限公司	3535353333333335	转账	转存
2019-04-04	2725.28		XX劳务派遣有限公司	3535353333333335	转账	转存
……	……	……	……	……	……	……

2. 查找共同交易对手

对行数多的查询语句，分步书写，最后嵌套就可以了。

(1) 查询资金转出的交易对手

```
SELECT DISTINCT 对方户名
FROM 银行对账单
WHERE
    CONVERT(NUMERIC(20,2), 支出金额 )>0
    AND 对方户名 IS NOT NULL AND 对方户名 <>''
```

运行结果：

对方户名
XX 网络技术有限公司
XX 莱斯有限公司
董力
XX 韵绿化工程有限公司
黄玉莹
李宁
刘军
穆小菲
……

温馨提示

distinct 的作用是去重，如果对方户名中有两个相同的名称，就留一个。

金额列按 nvarchar 格式导入，做比较运算时，需要用 cast、convert 等函数转成数字格式。

(2)查询资金转入的交易对手

```
SELECT DISTINCT 对方户名
FROM 银行对账单
WHERE
    CONVERT(NUMERIC(20,2),收入金额)>0
    AND 对方户名 IS NOT NULL AND 对方户名<>''
```

运行结果:

对方户名
XX 网络技术有限公司
XX 莱斯有限公司
董力
XX 韵绿化工程有限公司
黄玉莹
李宁
刘军
穆小菲
XX 无线社会调查有限责任公司
XX 建设工程有限公司
XX 界媒体策划公司
XX 会议服务有限公司
XX 邮政集团公司
XX 劳务派遣有限公司

(3)查询结果取交集

两次查询的结果,取其交叉部分,即第一次查询的对方户名与第二次查询的对方户名交叉部分

```
SELECT DISTINCT 对方户名
FROM 银行对账单
WHERE
    CONVERT(NUMERIC(20,2),支出金额)>0
    AND 对方户名 IS NOT NULL
    AND 对方户名<>''
    AND 对方户名 IN
    (SELECT DISTINCT 对方户名
    FROM 银行对账单
    WHERE
        CONVERT(NUMERIC(20,2),收入金额)>0
        AND 对方户名 IS NOT NULL
        AND 对方户名<>'')
```

运行结果：

对方户名
XX 网络技术有限公司
XX 莱斯有限公司
董力
XX 韵绿化工程有限公司
黄玉莹
李宁
刘军
穆小菲
……

(4)从银行对账单中查询对方户名在上一步查询结果中的转账记录，形成完整的查询语句

```
SELECT *
FROM 银行对账单
WHERE 对方户名 IN(
    SELECT DISTINCT 对方户名
    FROM 银行对账单
    WHERE
        CONVERT(NUMERIC(20,2), 支出金额)>0
        AND 对方户名 IS NOT NULL
        AND 对方户名<>''
        AND 对方户名 IN
        (SELECT DISTINCT 对方户名
        FROM 银行对账单
        WHERE
            CONVERT(NUMERIC(20,2), 收入金额)>0
            AND 对方户名 IS NOT NULL
            AND 对方户名<>'')
)
```

运行结果：

交易日期	收入金额	支出金额	对方户名	对方账号	交易方式	交易摘要
2019-01-07	3012.48		XX劳务派遣有限公司	3535353333333335		
2019-01-22		2280000.00	XX建设工程有限公司	3533335330331		
2019-01-23	15000.00		XX建设工程有限公司	3533335330331		
2019-02-01		132011.59	XX界媒体策划公司	53333338483433333044	转账	柜台转取
2019-02-03	2799.82		XX劳务派遣有限公司	3535353333333335	转账	转存
2019-02-03	13396.4		XX劳务派遣有限公司	3535353333333335	转账	转存
……	……	……	……	……	……	……

运行结果形成疑点核实表,需要进一步核实。

温馨提示

为了有助于掌握嵌套查询,本案例中共同交易对手的 SQL 分析语句未使用临时表,如果使用临时表会清晰一些。

3. **可视化**

可视化前整理银行对账单,添加客户名称列,填写“某单位”;添加方向列,对应收入行填写“转入”,对应支出行填写“转出”;添加金额列,将收入和支出金额填进去。

```
ALTER TABLE 银行对账单
ADD 客户名称 VARCHAR ( 100 ), 方向 VARCHAR ( 10 ), 金
额 DECIMAL ( 20, 2 )
```

填写列内容:

```
UPDATE 银行对账单
SET 客户名称 = '某单位';
UPDATE 银行对账单
SET 方向 =
        CASE
            WHEN 收入金额 IS NULL
            OR 收入金额 = '' THEN
                '转出' ELSE '转入'
        END;
UPDATE 银行对账单
SET 金额 =
        CASE
            WHEN 收入金额 IS NULL
            OR 收入金额 = '' THEN
                CAST ( 支出金额 AS DECIMAL ( 20, 2 ))
ELSE CAST ( 收入金额 AS DECIMAL ( 20, 2 ))
        END
```

整理后的银行对账单表结构如下：

交易日期	收入金额	支出金额	对方户名	对方账号	交易方式	交易摘要	客户名称	方向	金额
2019-01-07	3012.48		XX劳务派遣有限公司	3535353333333335			某单位	转入	3012.48
2019-01-22		2280000.00	XX建设工程有限公司	3533335330331			某单位	转出	2280000.00
……	……	……	……	……	……	……	……	……	……

使用 Python NetworkX 来完成资金流向的可视化分析，重点关注双向资金流。Python 代码如下：

```
import networkx as nx
import matplotlib.pyplot as plt
from pylab import mpl
mpl.rcParams['font.sans-serif'] = ['SimHei']
mpl.rcParams['axes.unicode_minus']=False
import pandas as pd
df=pd.read_excel(
      'd:\银行对账单.xlsx',
      sheet_name='银行对账单',
      converters={'交易日期':str}
      )
G1=nx.from_pandas_edgelist(
      df.loc[df['方向']=='转入'],
      source='对方户名',
      target='客户名称',
      edge_attr=['交易日期','金额'],
      create_using=nx.MultiDiGraph()
  )
G2=nx.from_pandas_edgelist(
      df.loc[df['方向']=='转出'],
      source='客户名称',
      target='对方户名',
      edge_attr=['交易日期','金额'],
      create_using=nx.MultiDiGraph()
  )
G= nx.compose(G1,G2)
options = {
      'pos': nx.spring_layout(G),
      'node_size': 800,
```

```
        'node_color': "skyblue",
        'alpha':0.7,
        'edge_color': "gray",
        'width': 1.0,
        'with_labels': True,
        'font_size':7
    }
nx.draw(G,**options)
plt.figure(figsize=(20,20),dpi=150)
plt.show()
```

网络关系可视化工具中除了 Python 的 NetworkX 以外还有 Neo4j、Gephi 等工具,各有各的特点。本书主要介绍 SQL 的应用,所以对可视化工具的使用不做详细介绍。有兴趣的朋友可参考相关资料。

以上代码执行后得到资金流向网络图(图 3-8):

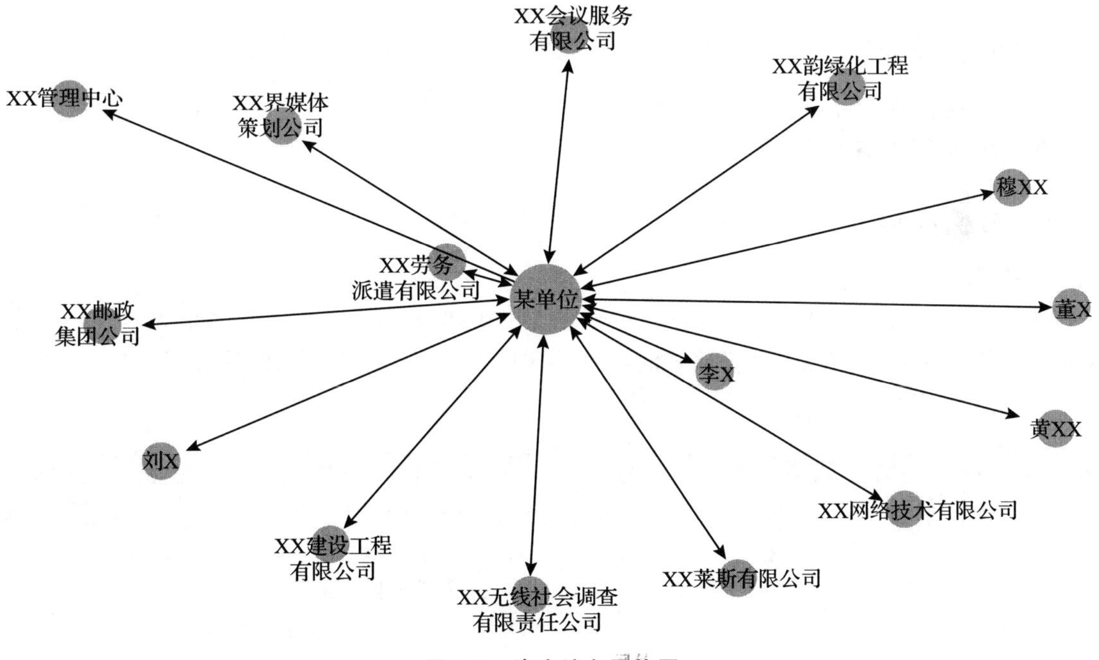

图 3-8 资金流向网络图

图 3-8 显示,某单位和事务管理中心的资金流向是单向,其余均是双向,作为疑点需要进一步核实交易的合规性。

第三节　公务卡使用管理情况分析

公务卡分为个人公务卡和单位公务卡，本节主要介绍个人公务卡管理使用情况数据分析。公务卡审计的主要关注点包括但不限于以下几种情况：①公务卡办卡情况。是否在规定范围内办理公务卡。②公务卡的使用范围。在强制结算目录内结算是否现金结算，是否存在超范围使用公务卡的问题。③公务卡的管理情况。是否实行“一人一卡”，信用额度是否符合规定要求，是否及时报销，离职是否办理注销。审计人员要结合单位的相关财务数据和财政部门的规定及单位内部控制制度要求进行数据分析。

一、审计目标

公务卡的使用管理符合财政部门的规定要求及单位内控制度要求。

二、审计事项

强制结算目录内公务支出是否使用公务卡结算，是否使用工资卡等结算，是否一人一卡，是否超限额结算。

三、所需数据

公务卡强制结算目录、国库集中支付查询、单位人员信息、公务卡办卡信息、现金支出明细表。案例数据均做“脱敏”处理。

四、分析步骤

1. 导入数据

导入人员信息表、公务卡办卡信息表、现金支出明细表、国库集中支付查询表。导入时均按 nvarchar 格式导入，后续需要转换格式时再单独转换。导入的各数据表结构如下：

（1）人员信息表

单位信息	姓名	性别	证件类型	证件号码	民族	学历	资金性质	在职人员来源	人员状态	进入本单位时间
XX事务中心	李 X	女	居民身份证	XXX	汉族	大学本科	一般公共预算资金	招考录用	在职	2020-09-06
XX事务中心	王 XX	男	居民身份证	XXX	汉族	研究生	一般公共预算资金	招考录用	在职	1984-08-01
XX事务中心	王 XX	男	居民身份证	XXX	汉族	大学本科	一般公共预算资金	招考录用	在职	1995-10-10
XX事务中心	党 XX	女	居民身份证	XXX	汉族	大学本科	一般公共预算资金	招考录用	在职	2013-07-10
……	……	……	……	……	……	……	……	……	……	……

（2）公务卡办卡信息表

序号	姓名	卡号	备注
1	王XX	6500155800011861606	
2	党XX	6500155800011861607	
3	李X	6500155800011861612	
4	安XX	6500155800011861611	
⋮	……	……	……

(3) 国库集中支付查询表

预算项目	部门支出经济分类	支出功能分类	收款人全称	实际支付日期	支付交易类型	实际支付金额	事由
XXX-监测工作经费	30213-维修（护）费	2160217-环境监测及信息管理	XX云技术有限公司	2022-12-12	2202-采购支付	126,000.00	云服务
XXX-监测工作经费	30202-印刷费	2160217-环境监测及信息管理	XX达美印刷有限公司	2022-12-12	2202-采购支付	24,480.00	印刷费
XXX-监测工作经费	30227-委托业务费	2160217-环境监测及信息管理	XX环境调查中心	2022-11-24	2202-采购支付	95,000.00	环境调查委托费
XXX-通用公用经费	30209-物业管理费	2013850-事业运行	XX物业管理有限公司	2022-11-09	2202-采购支付	35,785.88	物业管理费
……	……	……	……	……	……	……	……

(4) 现金支出明细表

日期	凭证号	摘要	科目编码	科目名称	贷方
2022-01-15	记账-0003	误餐费	1001	1001\库存现金	120.00
2022-01-15	记账-0004	误餐费	1001	1001\库存现金	68.00
2022-01-15	记账-0005	误餐费	1001	1001\库存现金	95.00
2022-01-15	记账-0006	误餐费	1001	1001\库存现金	135.00
……	……	……	……	……	……

2. 审查使用非公务卡结算的公务支出

利用国库集中支付信息，检查是否存在应使用公务卡结算而未使用公务卡结算的问题，比如使用工资卡结算等。

(1) 首先从国库集中支付中查询收款人是个人的记录

```
SELECT *
FROM 支付查询
WHERE LEN(收款人全称)<6
```

运行结果：

支付业务类型	收款人账号	收款人全称	实际支付日期	实际支付金额	事由
1-普通业务	XXX0300002055568801	李×	2022-12-20	2598	办公用品
2-公务卡业务	XXX0155800011861606	王××	2022-11-17	9866.5	征订报刊
1-普通业务	XXX0300002055568802	王××	2022-11-04	360	数字证书服务费
2-公务卡业务	XXX0155800011861607	党××	2022-08-19	6875	XX差旅费
……	……	……	……	……	……

(2) 查询收款人是单位在职人员的记录

人员信息表中李 X、李 X 等人的名字中有空格，会影响比对。所以需要把姓名中间的空格去掉。

```
UPDATE 人员信息
SET 姓名=REPLACE(姓名,' ','');
SELECT * FROM 人员信息
```

运行结果：

单位信息	姓名	性别	证件类型	证件号码	民族	学历	资金性质	在职人员来源	人员状态	进入本单位时间
XX事务中心	李X	女	居民身份证	XXX	汉族	大学本科	一般公共预算资金	招考录用	在职	2020-09-06
XX事务中心	王XX	男	居民身份证	XXX	汉族	研究生	一般公共预算资金	招考录用	在职	1984-08-01
XX事务中心	王XX	男	居民身份证	XXX	汉族	大学本科	一般公共预算资金	招考录用	在职	1995-10-10
XX事务中心	党XX	女	居民身份证	XXX	汉族	大学本科	一般公共预算资金	招考录用	在职	2013-07-10
……	……	……	……	……	……	……	……	……	……	……

收款人是单位职工的国库集中支付记录：

```
SELECT *
FROM 支付查询
WHERE LEN(收款人全称)<6
    AND 收款人全称 IN (SELECT 姓名 FROM 人员信息)
```

运行结果：

部门支出经济分类	收款人账号	收款人全称	实际支付日期	实际支付金额	事由
30201-办公费	XXX0300002055568801	李X	2022-12-20	2598	办公用品
30201-办公费	XXX0155800011861606	王XX	2022-11-17	9866.5	征订报刊
30201-办公费	XXX0300002055568802	王XX	2022-11-04	360	数字证书服务费
30211-差旅费	XXX0155800011861607	党XX	2022-08-19	6875	慰问援藏干部差旅费
……	……	……	……	……	……

(3)查找收款人账号为非公务卡账号的记录

```
SELECT *
FROM 支付查询
WHERE
    LEN( 收款人全称 ) < 6
    AND 收款人全称 IN ( SELECT 姓名 FROM 人员信息 )
    AND 收款人账号 NOT IN ( SELECT 卡号 FROM 公务卡办
卡信息 )
```

运行结果：

收款人账号	收款人全称	实际支付日期	实际支付金额	事由
XXX0300002055568801	李X	2022-12-20	2598	办公用品
XXX0300002055568802	王XX	2022-11-04	360	数字证书服务费
XXX0300002055568802	王XX	2022-06-22	1200	搬运费
XXX0300002055568802	王XX	2022-01-27	1200	搬运费
……	……	……	……	……

(4)查询预算项目为非人员支出的记录

主要排除预算项目为人员经费类的记录和部门支出经济分类中其他交通费用(公务交通补贴)等信息。本案例不涉及其他交通费用。

```
SELECT *
FROM 支付查询
WHERE
    LEN( 收款人全称 ) < 6
    AND 收款人全称 IN ( SELECT 姓名 FROM 人员信息 )
    AND 收款人账号 NOT IN ( SELECT 卡号 FROM 公务卡办
卡信息 )
    AND 预算项目 NOT LIKE '%人员经费%'
```

运行结果:

收款人账号	收款人全称	实际支付日期	实际支付金额	事由
XXX0300002055568801	李X	2022-12-20	2598	办公用品
XXX0300002055568802	王XX	2022-11-04	360	数字证书服务费
XXX0300002055568802	王XX	2022-06-22	1200	搬运费
XXX0300002055568802	王XX	2022-01-27	1200	搬运费
......	......	......	......	......

以上是对国库集中支付查询进行数据分析后得出的未使用公务卡结算的疑点核实表。

3. 审查使用现金结算的公务支出

利用序时账的现金支付信息检查是否存在应使用公务卡结算而使用现金支付的问题。

公务卡管理制度中有“在不具备刷卡条件的场所发生的单笔消费在500元以下的公务支出,暂时可不用公务卡结算”的规定。因此500元以下的现金支出暂时忽略,筛选出金额大于500元的支出,检查结算事项是否在公务卡强制结算目录内。本案例只是从公务卡结算的角度做分析,现金支出的合规性不在这里分析。

```
SELECT *
FROM 现金支出明细表
WHERE
    科目编码 = '1001'
    AND CAST ( 贷方 AS NUMERIC ( 12, 2 ) ) > 500
```

运行结果：

日期	凭证号	摘要	科目编码	科目名称	贷方
2022-01-22	记账-0014	差旅费	1001	1001\库存现金	3895
2022-01-29	记账-0061	差旅费	1001	1001\库存现金	4809
2022-03-31	记账-0068	办公用品	1001	1001\库存现金	1289
2022-06-29	记账-0007	维修电脑	1001	1001\库存现金	1200
2022-06-29	记账-0025	文件柜	1001	1001\库存现金	720
2022-10-31	记账-0028	办公用品	1001	1001\库存现金	670

运行结果显示，这些支出均在公务卡强制结算目录内，属于应使用公务卡结算而未使用公务卡结算的问题。

4. 审查超额度报销

根据单位公务卡管理制度中“公务卡的适用范围，XX 市财政部门发布的相关强制结算目录内，3 万元以下的零星商品和服务支出等原则上应使用公务卡结算”的规定，检查公务卡结算的金额是否超额度。

```
SELECT *
FROM 支付查询
WHERE
    支付业务类型 LIKE '% 公务卡 %'
    AND CAST ( 实际支付金额 AS NUMERIC ( 12, 2 )) >
30000.00
```

运行结果：

支付业务类型	收款人账号	收款人全称	实际支付日期	实际支付金额	事由
2-公务卡业务	XXX0155800011861611	安××	2022-05-12	35660	车辆维修

根据运行结果，进行进一步的核实。

5. 可视化

(1)非公务卡结算的可视化

对国库集中支付查询、人员信息、公务卡办卡信息联合查询，筛选出报销个人的公务支出，使用和未使用公务卡结算的支付信息。SQL 语句如下：

```
SELECT
    收款人全称 AS 姓名,
  CASE
        WHEN 收款人账号 IN ( SELECT 卡号 FROM 公务卡办
卡信息 ) THEN
```

```
        '公务卡' ELSE '非公务卡'
      END AS 结算方式,
    实际支付金额 AS 金额
FROM
    支付查询
WHERE
    LEN( 收款人全称 ) < 6
    AND 收款人全称 IN ( SELECT REPLACE( 姓名, ' ', '' )
FROM 人员信息 )
    AND 预算项目 NOT LIKE '%人员经费%'
```

运行结果：

姓名	结算方式	金额
李X	非公务卡	2598
王XX	公务卡	9866.5
王XX	非公务卡	360
党XX	公务卡	6875
……	……	……

将运行结果保存到“非公务卡结算可视化”表中。导入 Python 后进行可视化，Python 可视化代码如下：

```
import pandas as pd
import plotly.express as px
df=pd.read_excel(
     'd:\非公务卡结算可视化.xlsx',
     dtype={'金额':float}
     )
fig = px.parallel_categories(
     df,
     color='金额',
      dimensions=['姓名','结算方式','金额'],
     color_continuous_scale=px.colors.sequential.
Emrld,
     title='非公务卡结算可视化'
     )
fig.update_layout(
```

```
        autosize=False,
        width=800,
        height=500,
        margin=dict( l=50,r=50,b=100,t=100 )
        )
fig.show()
```

运行结果见图 3-9。

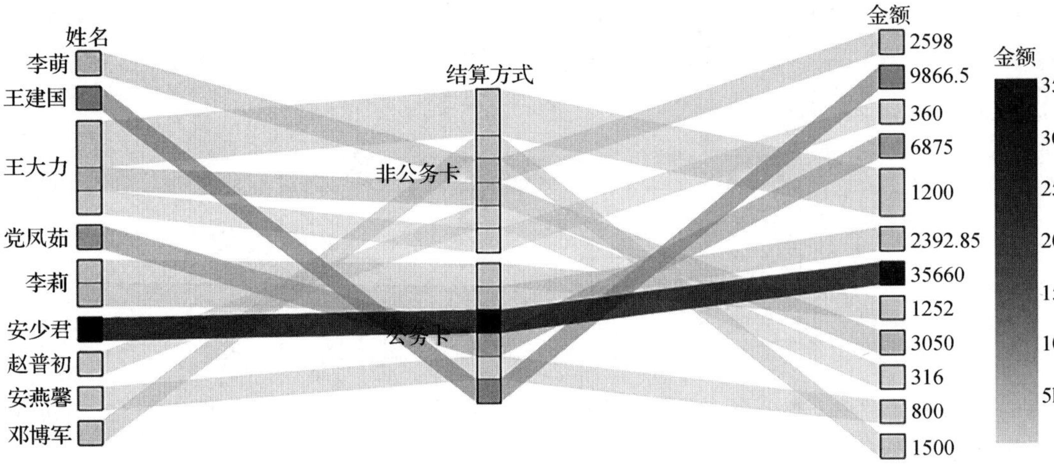

图 3-9　非公务卡结算可视化

(2)公务卡超额度报销的可视化

使用国库集中支付凭证查询表进行可视化。导入 Python 后将“实际支付金额”列改为数字格式，“实际支付日期”列改为日期格式，支付业务类型中筛选公务卡业务，设置 30000 元的参考线，按实际支付日期进行升序排序并替换原有数据排列。打开 Python，输入以下代码：

```
import pandas as pd
import plotly.express as px
df=pd.read_excel(
      'd:\ 国库集中支付凭证查询 .xlsx',
      sheet_name='支付查询',
      dtype={'实际支付金额':float},
      parse_dates=['实际支付日期']
      )
df=df[df['支付业务类型']=='2- 公务卡业务']
```

```
df['参考线']=30000.00
df.sort_values(
    by=['实际支付日期'],
    ascending=True,
    inplace=True
    )
fig=px.line(
    df,
    x='实际支付日期',
    y=['实际支付金额','参考线'],
    title='公务卡超额报销',markers='x'
    )
fig.update_layout(
xaxis_tickformat='%Y-%m-%d',
xaxis_title='支付时间',
yaxis_title='金额(元)',
autosize=False,width=800,height=500,
margin=dict( l=50,r=50,b=100,t=100 )
    )
fig.write_html("超额报销 .html")
fig.show()
```

运行结果见图 3-10。

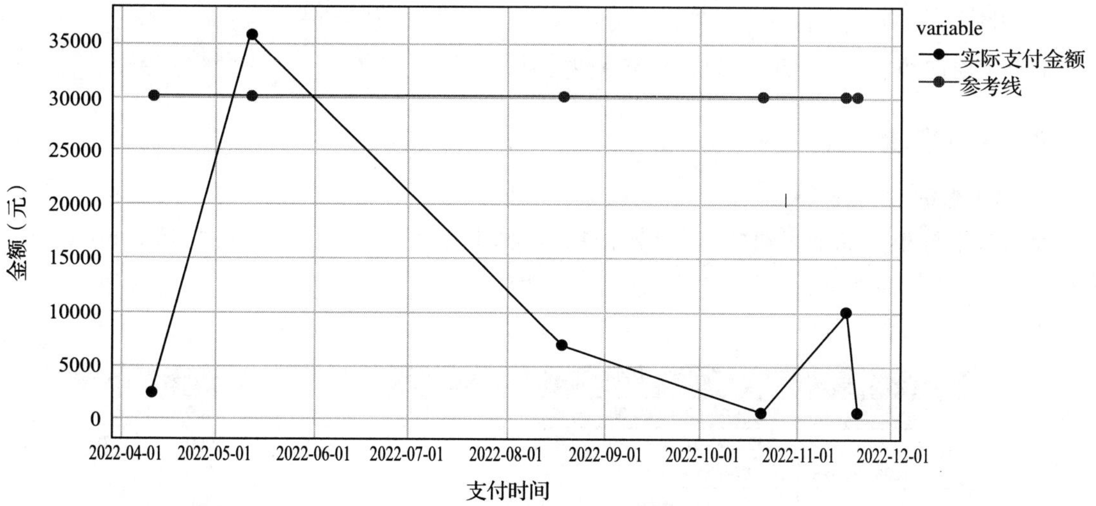

图 3-10　公务卡超额报销情况

第四节 “三公”经费审计数据分析

“三公”经费指的是因公出国(境)经费、公务车辆购置及运行费、公务接待费这三项经费。具体要求有《因公临时出国经费管理办法》《党政机关公务用车预算决算管理办法》《党政机关公务用车管理办法》《党政机关国内公务接待管理规定》等适用法规。“三公”经费是行政事业单位审计重点关注事项。本节重点对公务用车运行维护费相关的加油卡对账单进行分析。加油卡对账单的数据分析包括但不限于图 3-11 中所示的内容。

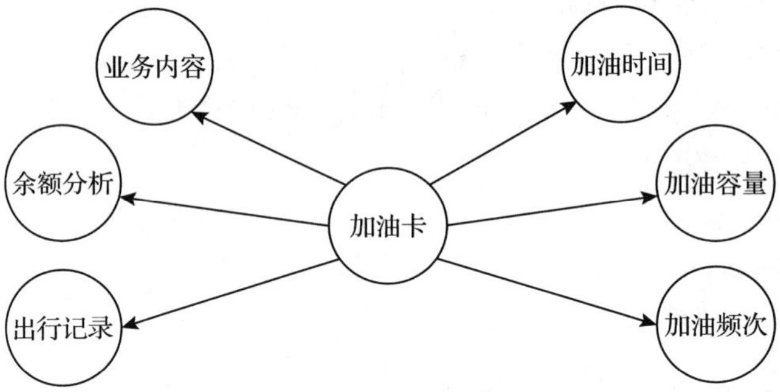

图 3-11 加油卡分析主要内容图

一、审计目标

车辆加油管理应符合《党政机关公务用车管理办法》等规定及单位内部控制制度的要求。

二、审计事项

节假日、八小时外加油,频繁加油,超油箱容量加油,加油出行审批。

三、所需数据

加油卡对账单、车辆信息、车辆出行登记表。

四、分析步骤

1. 导入数据

导入被审计单位加油卡对账单、车辆信息、车辆出行登记表等。导入时均按 nvarchar 格式导入,导入的各表如下:

(1)加油卡对账单

卡号	时间	业务类型	品种	数量	单价	金额(分值)	余额
	2022-06-07 15:30:38	圈存	*	0	0	5000	5000
	2022-06-07 15:44:20	圈提	*	0	0	5000	0
卡号：XXX0211105520308265	累计圈存XX累计圈提XX						
	2021-01-11 10:56:07	圈存	*	0	0	2500	2500
	2021-01-26 15:26:14	加油	92号汽油	51.77	6.1	315.79	2184.21
......	......	......	......	......	......	......	......

(2)车辆出行登记表

车牌号	用车人	事由	申请日期	目的地	出发时间	返回时间	里程	油耗
京XXX101	XXX	XXX	XXX	XXX	2021-02-23 09:20:00.000	2021-02-23 12:10:00.000	XXX	XXX
京XXX101	XXX	XXX	XXX	XXX	2021-04-16 09:12:00.000	2021-04-16 11:15:00.000	XXX	XXX
京XXX101	XXX	XXX	XXX	XXX	2021-05-19 09:00:00.000	2021-05-19 12:30:00.000	XXX	XXX
京XXX101	XXX	XXX	XXX	XXX	2021-07-16 13:30:00.000	2021-07-16 16:50:00.000	XXX	XXX
……	……	……	……	……	……	……	……	……

(3)车辆信息

序号	车辆类型	车牌号	加油卡号	购置日期	油箱容积
1	奥迪	京XXX609	XXX0211105520308569	2013-02-23	70
2	帕萨特	京XXX737	XXX0211105520308574	2010-03-04	60
3	雅阁	京XXX891	XXX0211105520308582	2012-05-06	60
4	帕萨特	京XXX895	XXX0211105520308581	2012-08-15	60
5	帕萨特	京XXXZ23	XXX0211105520308580	2010-03-04	60
⋮	……	……	……	……	……

导入“加油卡对账单”时,字段名从第二行开始,数据从第三行开始,第一行是加油公司的LOGO和表格名称,不需要导入。

字段名行:	2
第一个数据行:	3
最后一个数据行:	

2. 加油记录填充卡号

导入的“加油卡对账单”中,每个加油卡的记录末尾都显示加油卡号,需要将加油卡号填写到每一行,以便进行数据分析。

(1)清洗数据

在卡号列删除“卡号:”,SQL语句为:

```
UPDATE 加油卡对账单
SET 卡号 =REPLACE(卡号,'卡号:','');
SELECT * FROM 加油卡对账单
```

运行结果:

卡号	时间	业务类型	品种	数量	单价	金额(分值)	余额
	2022-06-07 15:30:38	圈存	*	0	0	5000	5000
	2022-06-07 15:44:20	圈提	*	0	0	5000	0
XXX0211105520308265	累计圈存XX累计圈提XX						
	2021-01-11 10:56:07	圈存	*	0	0	2500	2500
……	……	……	……	……	……	……	……

(2)添加自动序号

使用 IDENTITY 添加从 1 开始的自动增长序号,下面的步骤中将使用该序号。

```
ALTER TABLE 加油卡对账单
ADD 序号 INT IDENTITY;
SELECT * FROM 加油卡对账单
```

温馨提示

identity 语句的基本格式是 identity(m,n),m 表示初始值,n 表示每次自动增加的值;如果 m 和 n 的值都没有指定,默认为(1,1)。例如,identity(1,1) 表示从 1 开始,每次增长 1,得到的结果是 1,2,3,4,5……

运行结果:

卡号	时间	业务类型	品种	数量	单价	金额(分值)	余额	序号
	2022-06-07 15:30:38	圈存	*	0	0	5000	5000	1
	2022-06-07 15:44:20	圈提	*	0	0	5000	0	2
XXX0211105520308265	累计圈存XX累计圈提XX							3
	2021-01-11 10:56:07	圈存	*	0	0	2500	2500	4
……	……	……	……	……	……	……	……	⋮

(3)向上填充的准备

ID	NUM
1	4
2	NULL
3	NULL
4	3
5	NULL
6	5

如果上表需要使用向上填充方法,填充 NULL 值,那么填充的逻辑是 ID5 对应的 NUM 是空值,所以用 ID6 对应的 NUM 值向上填充,ID3 对应的 NUM 也是空值,所以要用 ID4 对应的 NUM 值去填充 ID3,如此循环下去。以下是向上循环填充的逻辑示意。

第一次循环的结果：

ID	NUM
1	4
2	NULL
3	NULL
4	3
5	NULL
6	5

⇨

ID	NUM
1	4
2	NULL
3	3
4	3
5	5
6	5

第二次循环的结果：

ID	NUM
1	4
2	NULL
3	3
4	3
5	5
6	5

⇨

ID	NUM
1	4
2	3
3	3
4	3
5	5
6	5

使用 SQL 实现向上填充、向下填充的语句中比较常用的是 cte 递归查询语句。递归语句常见的格式为：

```
WITH CTE AS (
SELECT column1,column2... FROM tablename WHERE
conditions
UNION ALL
SELECT column1,column2... FROM tablename
INNER JOIN CTE ON conditions
)
```

①递归查询原理。SQL Server 中的递归查询至少包含 2 个查询，第一个查询为定点成员，它只是一个返回有效表的查询，用于递归的基础或定位点；第二个查询被称为递归成员，该查询被称为递归成员是因为对 cte 名称的递归引用是触发。

②递归迭代。递归是 UNION ALL 下面的查询语句。在查询语句中调用 cte，而查询语句就是 cte 的组成部分，即“自己调用自己”。指每一次递归都要调用上一次查询的结果集，UNION ALL 是指每次都把结果集并在一起。

③递归查询的终止条件。递归查询没有显式的递归终止条件，只有当第二个递归查询返回

空结果集或是超出了递归次数的最大限制时才停止递归。

(4)使用递归查询向上填充

下面使用递归查询显示序号及卡号,SQL 语句为:

```
WITH t AS
(SELECT t1.序号,t1.卡号 FROM [加油卡对账单]t1 WHERE
t1.卡号 IS NOt NULL
UNION ALL
SELECT t1.序号,t.卡号
FROM t INNER JOIN [加油卡对账单]t1
ON t.序号=t1.序号+1
WHERE t1.卡号 IS NULL
)
SELECT *
INTO 填充
FROM t
ORDER BY 序号
```

查看以上 SQL 语句保存的"填充"表。

```
SELECT *
FROM 填充
ORDER BY 序号
```

运行结果:

序号	卡号
1	XXX0211105520308265
2	XXX0211105520308265
3	XXX0211105520308265
4	XXX0211105520308266
5	XXX0211105520308266
6	XXX0211105520308266
⋮	……

温馨提示

注意:向上填充是 t.序号 =t1.序号 +1,向下填充是 t.序号 =t1.序号 -1。

(5)形成加油记录表

按序号关联“加油卡对账单”和“填充”表,过滤掉时间列上含有“累计圈存 XX 累计圈提 XX”文字的行,形成“加油记录”。

```
SELECT a.序号,b.卡号,a.时间,a.业务类型,a.品种,a.数量,a.单价,a.[金额(分值)],a.余额
INTO 加油记录
FROM [加油卡对账单] a INNER JOIN [填充] b
ON a.序号=b.序号
WHERE a.时间 NOT LIKE '%累计%';
SELECT *
FROM 加油记录
```

运行结果:

序号	卡号	时间	业务类型	品种	数量	单价	金额(分值)	余额
1	XXX0211105520308265	2022-06-07 15:30:38	圈存	*	0	0	5000	5000
2	XXX0211105520308265	2022-06-07 15:44:20	圈提	*	0	0	5000	0
4	XXX0211105520308266	2021-01-11 10:56:07	圈存	*	0	0	2500	2500
5	XXX0211105520308266	2021-01-26 15:26:14	加油	92号汽油	51.77	6.1	315.79	2184.21
⋮	……	……	……	……	……	……	……	……

运行结果显示序号不是连续的,可以重新设置一下,并保存为“加油记录新”表。

```
SELECT
    ROW_NUMBER() OVER (ORDER BY 序号) AS 序号,
    卡号,时间,业务类型,品种,数量,单价,[金额(分值)],
余额
INTO 加油记录新
FROM 加油记录
```

查看“加油记录新”表结果:

序号	卡号	时间	业务类型	品种	数量	单价	金额(分值)	余额
1	XXX0211105520308265	2022-06-07 15:30:38	圈存	*	0	0	5000	5000
2	XXX0211105520308265	2022-06-07 15:44:20	圈提	*	0	0	5000	0
3	XXX0211105520308266	2021-01-11 10:56:07	圈存	*	0	0	2500	2500
4	XXX0211105520308266	2021-01-26 15:26:14	加油	92号汽油	51.77	6.1	315.79	2184.21
⋮	……	……	……	……	……	……	……	……

下面的分析将要使用已保存的“加油记录新”表。

3. 有加油记录，无出行记录的数据分析

公务用车使用情况审计中，审查是否存在有加油记录，但无出行登记的问题，需要做加油记录与出行记录的关联分析。具体步骤和方法如下。

(1)“加油记录新”表里添加车牌号信息

```
SELECT
    a.序号,a.卡号,b.车牌号,a.业务类型,
    CAST(a.时间 AS DATETIME) AS 加油时间
INTO 加油信息
FROM [加油记录]a LEFT JOIN [车辆信息]b
ON a.卡号=b.加油卡号
WHERE a.业务类型='加油'
ORDER BY a.序号 ASC;
SELECT *
FROM 加油信息
ORDER BY 序号
```

运行结果：

序号	卡号	车牌号	业务类型	加油时间
5	XXX0211105520308266	京XXX234	加油	2021-01-26 15:26:14.000
6	XXX0211105520308266	京XXX234	加油	2021-03-17 10:54:48.000
7	XXX0211105520308266	京XXX234	加油	2021-06-08 16:19:34.000
⋮	……	……	……	……

(2)转换“车辆出行登记”表中的时间

将“车辆出行登记”表中的出发时间与返回时间转换为日期时间格式，下一步要关联分析“加油记录新”表和“车辆出行登记”表的相关时间。因此，数据格式要保证一致，而且都是日期时间格式。

```
SELECT 车牌号,
    CAST ( 出发时间 AS DATETIME ) AS 出发时间,
    CAST ( 返回时间 AS DATETIME ) AS 返回时间
INTO 出行信息
FROM 车辆出行登记
```

下面查看时间格式是否已经转换，在 Navicat 的表对象窗口中鼠标右击“出行信息”表，选择“设计表”后可以查看数据的类型。

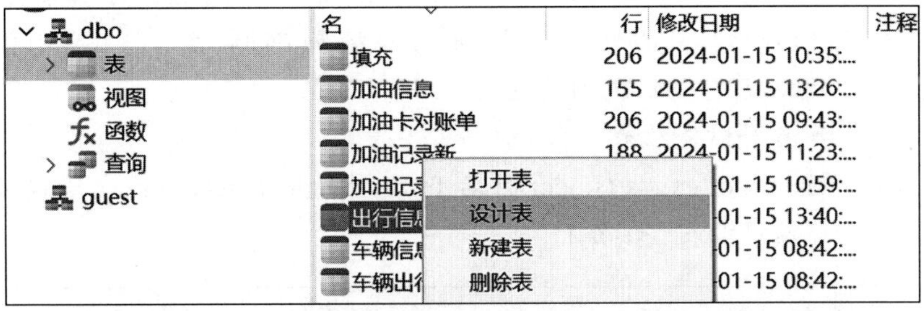

名	类型	大小	比例	不是 null	键
车牌号	nvarchar	255		✓	
出发时间	datetime				
返回时间	datetime				

(3)查找无出行登记的加油记录

“出行信息”和“加油信息”两个表关联查询车牌号相同且加油时间未在出行登记区间的加油记录。

```
SELECT J.序号,J.车牌号,
    CAST(加油时间 AS DATETIME)AS 加油时间
FROM [加油信息] J
WHERE NOT EXISTS (SELECT 1 FROM [出行信息]C WHERE
J.车牌号=C.车牌号
    AND CAST(J.加油时间 AS DATETIME)
    BETWEEN CAST(C.出发时间 AS DATETIME) AND CAST
(返回时间 AS DATETIME))
ORDER BY CAST(序号 AS INT) ASC
```

运行结果：

序号	车牌号	加油时间
43	京 XXX609	2021-07-02 10:58:44.000
72	京 XXX620	2021-05-17 18:22:52.000
99	京 XXXSD8	2022-10-14 18:56:28.000
115	京 XXX737	2022-05-20 10:09:48.000
117	京 XXX737	2022-05-20 10:13:49.000
⋮	……	……

根据查询结果，进一步核实出行审批情况，如果核实无误，填写审计取证单。

温馨提示

exists 用于检查子查询是否至少会返回一行数据，该子查询实际上并不返回任何数据，而是返回值 true 或 false。例如，选择存在于补贴发放表中，但补贴对象的姓名不同于补贴审批表中的记录：

select 序号，姓名，补贴金额

from 补贴发放表

where not exists (select 姓名 from 补贴审批表 where 补贴发放表 . 姓名 = 补贴审批表 . 姓名)

4. 频繁加油的分析

公务用车使用情况审计中，审查是否存在频繁加油且合计加油数量超过油箱容量的问题，需要做相邻加油记录的时间间隔分析。

(1) 向上移动时间列和数量列

使用 lead 窗口函数，按卡号分组，时间列和数量列向前移动一行，产生的空白用 NULL 值填充，形成相邻时间列和相邻数量列。时间列和相邻时间列代表前后两次加油时间，数量列和相邻数量列代表两次加油的数量。

```
SELECT CAST( 序号 AS INT)AS 序号 , 卡号 , 时间 ,
    LEAD( 时间 ,1,NULL)OVER(PARTITION BY 卡号 ORDER BY
    CAST( 序号 AS INT))AS 相邻时间 ,
    CAST( 数量 AS NUMERIC(6,2)) AS 数量 ,
    LEAD(CAST( 数量 AS NUMERIC(6,2)) ,1,NULL)OVER
(PARTITION BY 卡号 ORDER BY  CAST( 序号 AS INT))AS
相邻数量
INTO 中间表 1
FROM 加油记录新
WHERE 业务类型 =' 加油 '
ORDER BY CAST( 序号 AS INT);
SELECT *
FROM 中间表 1
```

运行结果：

序号	卡号	时间	相邻时间	数量	相邻数量
4	XXX0211105520308266	2021-01-26 15:26:14	2021-03-17 10:54:48	51.77	32.52
5	XXX0211105520308266	2021-03-17 10:54:48	2021-06-08 16:19:34	32.52	51.66
6	XXX0211105520308266	2021-06-08 16:19:34	2021-08-16 08:42:28	51.66	46.94
7	XXX0211105520308266	2021-08-16 08:42:28	2021-09-22 09:51:47	46.94	43.66
8	XXX0211105520308266	2021-09-22 09:51:47	2021-10-29 14:30:18	43.66	47.86
⋮	……	……	……	……	……

(2)求出前后两次加油时间间隔

用 DATEDIFF( )函数求出前后两次加油间隔天数,根据单位实际情况,疑点定在小于3天的记录。

```
SELECT
    序号,卡号,时间,相邻时间,
    DATEDIFF(DAY,CAST(时间 AS DATETIME),CAST(相邻时间
AS DATETIME)) AS 相隔时间,数量,相邻数量
INTO 中间表2
FROM 中间表1
WHERE DATEDIFF(DAY,CAST(时间 AS DATETIME),CAST(相邻
时间 AS DATETIME))<3
ORDER BY 序号;
SELECT *
FROM 中间表2
```

运行结果:

序号	卡号	时间	相邻时间	相隔时间	数量	相邻数量
15	XXX0211105520308266	2022-06-21 13:19:08	2022-06-21 13:22:03	0	44.93	2.49
48	XXX0211105520308569	2022-05-23 10:04:17	2022-05-23 10:06:28	0	0	64.7
83	XXX0211105520308572	2022-03-22 09:51:02	2022-03-22 09:53:06	0	0	44.1
106	XXX0211105520308574	2022-05-20 10:09:48	2022-05-20 10:13:49	0	26.76	21.24
147	XXX0211105520308578	2021-03-10 09:44:04	2021-03-11 16:13:11	1	33.33	34.27
149	XXX0211105520308578	2021-05-11 11:05:28	2021-05-12 14:24:29	1	33.67	43.45
181	XXX0211105520308582	2021-01-26 13:49:59	2021-01-26 13:57:20	0	43.04	40.56

(3)在"中间表2"添加车牌号

使用 LEFT JOIN 语句,以加油卡号作为关联条件,关联"车辆信息"和"中间表2",将车牌号添加到"中间表2"中,形成频繁加油疑点核实表,结合车辆出行记录及车辆信息核实疑点。

```
SELECT a.序号,a.卡号,b.车牌号,a.时间,a.相邻时间,
a.相隔时间,a.数量,a.相邻数量
INTO 频繁加油
FROM [中间表2]a LEFT JOIN [车辆信息]b
ON a.卡号=b.加油卡号;
SELECT *
FROM 频繁加油
```

运行结果：

序号	卡号	车牌号	时间	相邻时间	相隔时间	数量	相邻数量
15	XXX0211105520308266	京XXX234	2022-06-21 13:19:08	2022-06-21 13:22:03	0	44.93	2.49
48	XXX0211105520308569	京XXX609	2022-05-23 10:04:17	2022-05-23 10:06:28	0	0	64.7
83	XXX0211105520308572	京XXX666	2022-03-22 09:51:02	2022-03-22 09:53:06	0	0	44.1
106	XXX0211105520308574	京XXX737	2022-05-20 10:09:48	2022-05-20 10:13:49	0	26.76	21.24
147	XXX0211105520308578	京XXX709	2021-03-10 09:44:04	2021-03-11 16:13:11	1	33.33	34.27
149	XXX0211105520308578	京XXX709	2021-05-11 11:05:28	2021-05-12 14:24:29	1	33.67	43.45
181	XXX0211105520308582	京XXX891	2021-01-26 13:49:59	2021-01-26 13:57:20	0	43.04	40.56

(4)检查加油总量超过油箱容量的问题

①筛选近日内多次加油，且总量超过油箱容量的加油记录。将前面形成的“频繁加油”表与“车辆信息”表关联，提取油箱容量信息，筛选出一日内加油合计超过油箱容量的加油记录。

```
SELECT a.*,b.油箱容积
FROM [频繁加油]a LEFT JOIN [车辆信息]b
ON a.卡号=b.加油卡号
WHERE a.数量+a.相邻数量>CAST(b.油箱容积 AS NUMERIC
(6,2));
SELECT *
FROM 频繁加油
```

运行结果：

序号	卡号	车牌号	时间	相邻时间	相隔时间	数量	相邻数量	油箱容积
147	XXX0211105520308578	京XXX709	2021-03-10 09:44:04	2021-03-11 16:13:11	1	33.33	34.27	45
149	XXX0211105520308578	京XXX709	2021-05-11 11:05:28	2021-05-12 14:24:29	1	33.67	43.45	45
181	XXX0211105520308582	京XXX891	2021-01-26 13:49:59	2021-01-26 13:57:20	0	43.04	40.56	60

②单次加油超过油箱容量的分析。利用前面形成的“中间表 1”，用加油卡号关联“车辆信息”表，提取车辆油箱容量到“中间表 1”。

```
SELECT a.序号,a.卡号,b.车牌号,a.时间,a.数量,b.油箱
容积
FROM [中间表1]a LEFT JOIN [车辆信息]b
ON a.卡号=b.加油卡号
WHERE CAST(数量 AS NUMERIC(6,2))>=CAST(油箱容积 AS
NUMERIC(6,2))
ORDER BY CAST(a.序号 AS INT)
```

运行结果：

序号	卡号	车牌号	时间	数量	油箱容积
86	XXX0211105520308572	京XXX666	2022-09-09 11:43:04	45.01	45

5. 周末和八小时外加油的分析

公务用车使用情况审计，还需要关注周末和八小时外加油是否有审批，审批事项是否合理，是否有出行登记等。下面介绍数据分析方法和步骤。

(1)在“加油记录新”表里添加车牌号

以车牌号为关联字段，关联“加油记录新”和“车辆信息”两个表，在“加油记录新”表里添加车牌号信息，将时间列转换为日期时间类型。

```
SELECT
    a.序号,a.卡号,b.车牌号,a.业务类型,
    CAST(a.时间 AS DATETIME) AS 加油时间
INTO #加油信息
FROM [加油记录新]a LEFT JOIN [车辆信息]b
ON a.卡号=b.加油卡号
WHERE a.业务类型='加油'
ORDER BY a.序号 ASC;
SELECT *
FROM #加油信息
```

运行结果：

序号	卡号	车牌号	业务类型	加油时间
4	XXX0211105520308266	京XXX234	加油	2021-01-26 15:26:14.000
5	XXX0211105520308266	京XXX234	加油	2021-03-17 10:54:48.000
6	XXX0211105520308266	京XXX234	加油	2021-06-08 16:19:34.000
7	XXX0211105520308266	京XXX234	加油	2021-08-16 08:42:28.000
8	XXX0211105520308266	京XXX234	加油	2021-09-22 09:51:47.000
⋮	……	……	……	……

(2)八小时外加油的分析

```
SELECT *
FROM #加油信息
WHERE
    CAST(CONVERT(VARCHAR(20),加油时间,108) AS TIME)
```

```
    NOT BETWEEN '09:00:00' AND '18:00:00'
ORDER BY 序号
```

运行结果：

序号	卡号	车牌号	业务类型	加油时间
7	XXX0211105520308266	京XXX234	加油	2021-08-16 08:42:28.000
66	XXX0211105520308571	京XXX620	加油	2021-05-17 18:22:52.000
91	XXX0211105520308573	京XXXSD8	加油	2022-10-14 18:56:28.000
142	XXX0211105520308576	京XXX101	加油	2022-12-28 18:00:53.000

(3)周六日加油的分析

使用DATENAME( )函数提取加油日期的星期名称。

温馨提示

select datename(weekday,'2024-01-15')的结果是星期一。

```
SELECT *,DATENAME(WEEKDAY,加油时间)AS 星期
FROM #加油信息
WHERE
    DATENAME(WEEKDAY,加油时间)='星期日' OR
    DATENAME(WEEKDAY,加油时间)='星期六'
ORDER BY 序号
```

运行结果：

序号	卡号	车牌号	业务类型	加油时间	星期
38	XXX0211105520308569	京XXX609	加油	2021-04-25 13:37:16.000	星期日
56	XXX0211105520308569	京XXX609	加油	2022-12-11 15:47:35.000	星期日
64	XXX0211105520308571	京XXX620	加油	2021-02-20 12:50:14.000	星期六

下一步要结合出行审批等信息核实其真实性和合理性。

6. 周末加油可视化

将上一步形成的"#加油信息"临时表保存到"周末加油"表中。如果临时表被删除了,重新关联"加油记录新"表和"车辆信息"表,将车牌号添加到"加油记录新"表,保存到"周末加油"表中。

```
SELECT *
INTO 周末加油
FROM #加油信息
```

周末加油表里添加星期列和星期数列。在星期列填写中文的星期信息,如星期一、星期二;在星期数列填写数字星期信息,如1,2。

```
ALTER TABLE 周末加油
ADD 星期 varchar(20),星期数 INT
```

```
UPDATE 周末加油
SET 星期=DATENAME(WEEKDAY,加油时间);
UPDATE 周末加油
SET 星期数=CASE 星期
    WHEN '星期一' THEN 1
    WHEN '星期二' THEN 2
    WHEN '星期三' THEN 3
    WHEN '星期四' THEN 4
    WHEN '星期五' THEN 5
    WHEN '星期六' THEN 6
    ELSE 7
    END;
SELECT *
FROM 周末加油
```

运行结果:

序号	卡号	车牌号	业务类型	加油时间	星期	星期数
4	XXX0211105520308266	京XXX234	加油	2021-01-26 15:26:14.000	星期二	2
5	XXX0211105520308266	京XXX234	加油	2021-03-17 10:54:48.000	星期三	3
6	XXX0211105520308266	京XXX234	加油	2021-06-08 16:19:34.000	星期二	2
7	XXX0211105520308266	京XXX234	加油	2021-08-16 08:42:28.000	星期一	1
8	XXX0211105520308266	京XXX234	加油	2021-09-22 09:51:47.000	星期三	3
⋮	……	……	……	……	……	……

按车牌号和星期数分组统计加油次数,将查询结果导出,进行“周末加油”可视化。

```
SELECT 车牌号,星期数,COUNT(*) AS 加油次数
FROM 周末加油
GROUP BY 车牌号,星期数
```

运行结果：

车牌号	星期数	加油次数
京XXX101	1	1
京XXX234	1	2
京XXX609	1	4
京XXX620	1	4
……	……	……

点击导出结果，将结果进行“周末加油”可视化。

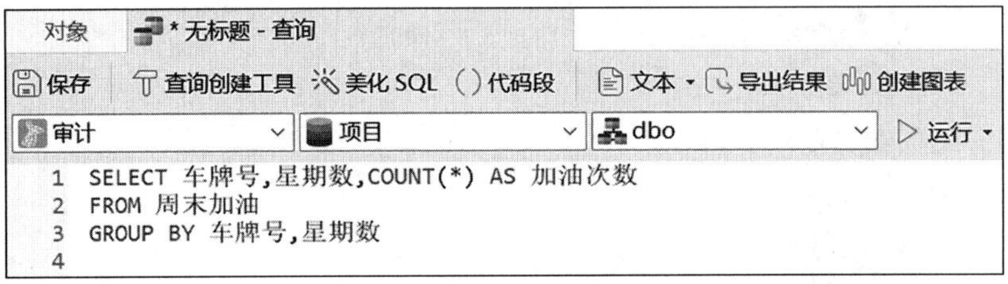

使用 Plotly Express 里的极坐标柱状图进行可视化。打开 Python，输入以下代码：

```
import pandas as pd
import plotly.express as px
df=pd.read_excel(
         'd:\ 周末加油可视化 .xlsx',
          dtype={'加油次数':int,'星期数':int}
      )
fig = px.bar_polar(
          df, r='加油次数', theta='车牌号',
          color='星期数',
          color_discrete_sequence= px.colors.
sequential.Blugrn,
          title='加油星期分布图'
          )
fig.update_layout(
          autosize=False,
          width=800,
          height=500,
          margin=dict( l=50,r=50,b=100,t=100 )
          )
fig.write_html("周末加油可视化 .html")
fig.show()
```

运行结果，形成加油星期分布图(图 3-12、图 3-13)。

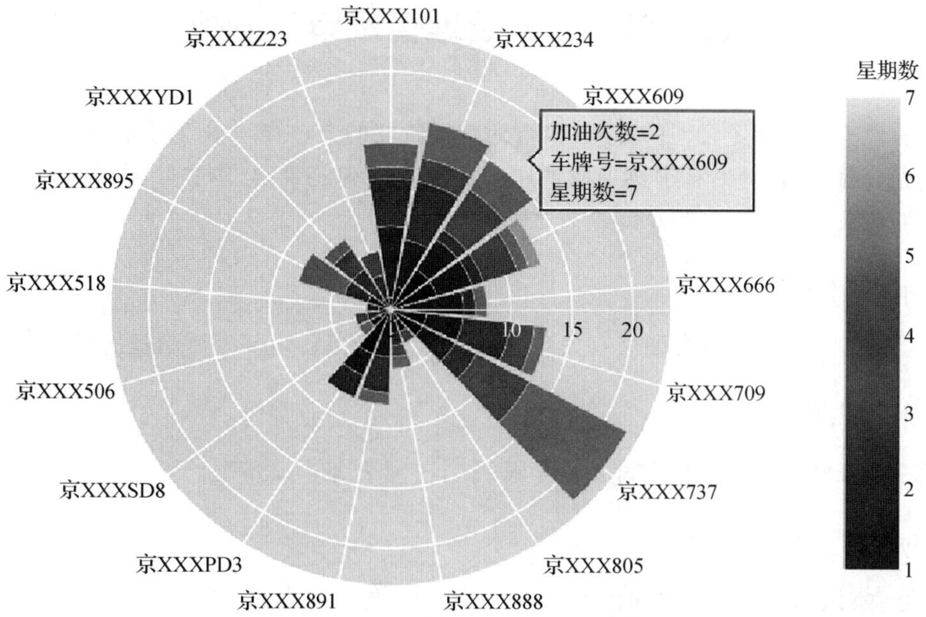

图 3-12 车牌号京 XXX609 加油星期分布图

图 3-12 显示，京 XXX609 星期日加油 2 次。

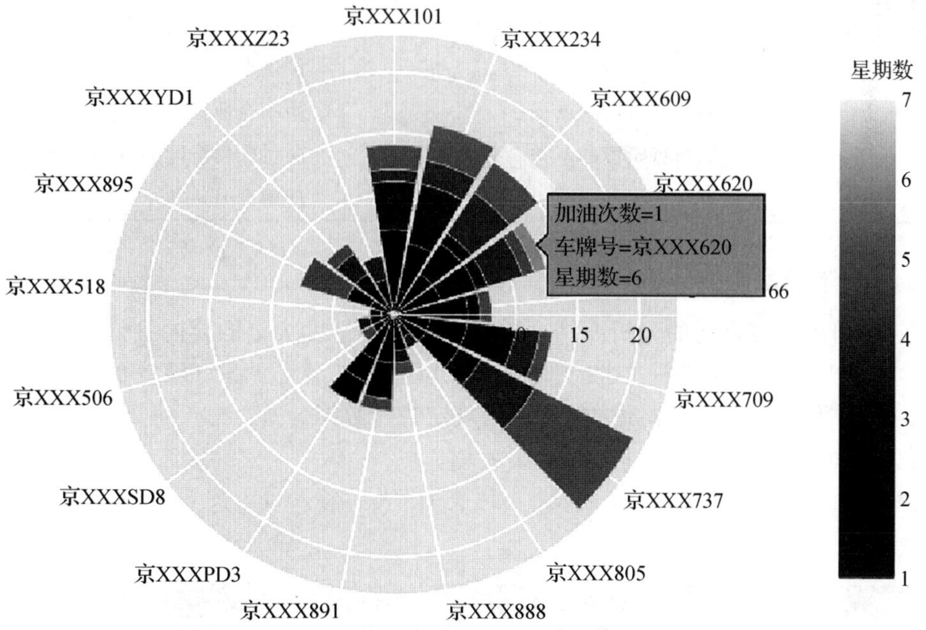

图 3-13 车牌号京 XXX620 加油星期分布图

图 3-13 显示，京 XXX620 星期六加油 1 次。

第五节　合同管理情况审计分析

合同管理审计贯穿于合同的订立、执行到归档阶段的全过程。本节对合同签订和执行阶段的审计数据分析做简单介绍,举例说明使用 SQL 对应签未签合同、倒签合同、合同支付情况、中小企业政策落实情况进行数据分析。

一、审计目标

确保合同订立及执行符合国家有关政策及规定,符合单位内部控制制度的要求。

二、审计事项

应签未签合同、倒签合同、应付未付合同、中小企业政策落实情况。

三、所需数据

合同台账、国库集中支付查询信息。

四、分析步骤

序号	步骤	内容
1	合同订立环节的审查	应签未签合同的数据分析
2	合同订立环节的审查	倒签合同的数据分析
3	合同执行阶段的审查	中小企业延迟付款的数据分析
4	合同执行阶段的审查	应付未付合同的数据分析
5	可视化	使用 Python 进行可视化

(一)应签未签合同的分析

应签订合同未签订合同的分析要结合单位合同管理制度规定的合同签订范围和条件进行。此案例中,单位内控制度规定:一次性支付 2 万元以上的支出需要签订经济合同。下面结合“合同台账”表、“支付查询”表和单位内控制度的规定进行数据分析。

1. 导入数据

导入本案例配套的“合同台账”表及“支付查询”表。导入时均按 nvarchar 格式导入。

合同台账:

序号	合同名称	供应商名称	企业类型	签订日期	合同期限	合同金额
1	IT服务合同	XXX计算机技术有限责任公司	小微	2022.1.20	2022.1.1-2022.12.31	50000
2	市场调查项目	XXX大数据技术有限责任公司	小微	2022.2.7	2022.2.15-2022.5.15	588900
3	信息运维基础服务项目	XXX文化传播有限公司	小微	2022.2.15	2022.1.1-2022.12.31	309500
4	信息运维扩展服务项目	XXX文化传播有限公司	小微	2022.8.5	2022.1.1-2022.12.31	725000
5	内部审计合同	XXX信会计师事务所有限公司	小微	2022.2.17	2022.2.20-2022.10.30	60000
⋮	……	……	……	……	……	……

支付查询：

预算项目	申请日期	部门支出经济分类	收款人全称	实际支付日期	实际支付金额	事由
	2022-12-08	30202-印刷费	XXX印刷有限公司	2022-12-12	26500.00	刊物印刷费
	2022-11-29	30227-委托业务费	XXX文化传播有限公司	2022-11-29	507500.00	信息运维扩展服务尾款
	2022-11-24	30227-委托业务费	XXX大数据技术有限责任公司	2022-11-24	200000.00	市场调查尾款
	2022-11-09	30209-物业管理费	XXX大厦物业管理有限公司	2022-11-09	39145.00	2021年第四季度物业费
……	……	……	……	……	……	……

2. 按收款人汇总支付查询数据

要按“收款人全称”汇总“支付查询”数据，数据汇总要排除收款人全称为空值的记录。

```
SELECT
    收款人全称，
    SUM ( CONVERT ( NUMERIC ( 12, 2 ),实际支付金额 ) )
AS 实际支付金额
FROM 支付查询
GROUP BY 收款人全称
HAVING 收款人全称 IS NOT NULL
```

运行结果：

收款人全称	实际支付金额
XXX文化传播有限公司	1034500.00
XXX信会计师事务所有限公司	60000.00
XXX大数据技术有限责任公司	553880.00
XXX康复专科医院	34680.00
……	……

3. 查询供应商名称为非空值的合同记录

```
SELECT 供应商名称
FROM 合同台账
WHERE 供应商名称 IS NOT NULL
```

运行结果：

供应商名称
XXX达计算机技术有限责任公司
XXX大数据技术有限责任公司
XXX文化传播有限公司
XXX文化传播有限公司
……

4. 查询“支付查询”表中的收款人是否在合同台账供应商名单中

用收款人全称及供应商名称关联“支付查询”表和“合同台账”表，筛选支付查询表的收款人未在合同台账供应商名单中，且支付金额大于 2 万元的记录。

```
SELECT a.收款人全称 ,a.实际支付金额
FROM(SELECT 收款人全称 ,
         SUM ( CONVERT ( NUMERIC ( 12, 2 ), 实际支付
金额 ) ) AS 实际支付金额
      FROM 支付查询
      GROUP BY 收款人全称
      HAVING 收款人全称 IS NOT NULL ) a
WHERE
    a.收款人全称 NOT IN ( SELECT 供应商名称 FROM 合同
台账 WHERE 供应商名称 IS NOT NULL )
    AND a.实际支付金额 > 20000
```

运行结果：

收款人全称	实际支付金额
XXX康复专科医院	34680.00

支付 XXX 康复专科医院 34680 元，支付金额超过 2 万元，属于应签未签合同。

5. 查询实际支付金额大于合同金额的记录

筛选“支付查询”表中“实际支付金额”大于“合同台账”中“合同金额”的记录。

```
SELECT a.*,b.*
FROM
    (SELECT
        收款人全称 ,
        SUM ( CONVERT ( NUMERIC ( 12, 2 ), 实际支付
金额 ) ) AS 实际支付金额
    FROM 支付查询
    GROUP BY 收款人全称
    HAVING 收款人全称 IS NOT NULL
    ) a
    LEFT JOIN (
    SELECT 供应商名称 ,
        SUM ( CONVERT ( NUMERIC ( 12, 2 ), 合同金额 ))
AS 合同金额
```

```
    FROM 合同台账
    GROUP BY 供应商名称
    HAVING 供应商名称 IS NOT NULL
    ) b
ON a.收款人全称 = b.供应商名称
WHERE a.实际支付金额 - b.合同金额 >0
```

运行结果：

收款人全称	实际支付金额	供应商名称	合同金额
XXX达计算机技术有限责任公司	75468.00	XXX达计算机技术有限责任公司	50000.00
XXX印刷有限公司	127560.00	XXX印刷有限公司	106000.00
XXX大厦物业管理有限公司	188580.00	XXX大厦物业管理有限公司	156580.00

通过以上的数据分析，快速锁定了疑点。但查询结果不是最终的结果，还需要进一步核实。

（二）倒签合同的数据分析

“倒签合同”是指在合同执行之后签订合同。“倒签合同”也是审计发现的常见问题。

1. 合同台账内部数据分析

(1) 导入数据

导入本案例配套的“合同台账”，导入时按 nvarchar 格式导入。导入的数据表如下。

序号	合同名称	合同分类	供应商	签订日期	合同期限	合同总金额
1	政府采购电子卖场合同	货物	XXX科技发展有限公司	2022.1.25	2022.1.25	2850
2	办公设备外包服务协议	服务	XXX高新技术有限公司	2021.4.26	2021.4.26-2022.4.25	200000
3	政府采购电子卖场合同	服务	XXX财产保险股份有限公司分公司	2022.2.18	2022.2.18-2023.2.17	8855
4	政府采购电子卖场合同	货物	XXX科技发展有限公司	2022.2.21	2022.2.21-双方义务履行完毕后自然终止	1200
5	政府采购电子卖场合同	货物	XXX科技发展有限公司	2022.2.21	2022.2.21-双方义务履行完毕后自然终止	12870
⋮	……	……	……	……	……	……

导入的合同台账数据为文本格式，需要将“签订日期”转换为日期格式，“合同期限”列中提取合同服务（义务）开始时间，提取的开始服务（义务）时间也需要转换成日期格式，两个日期比较后得出倒签合同疑点核实表，核实后确认为审计发现问题。

(2) 将合同签订日期转换成日期格式

导入的“合同台账”中“签订日期”格式为“202X.XX.XX”，nvarchar 字符串格式，需要用 CONVERT( ) 函数转换成日期格式。

```
UPDATE 合同台账
SET 签订日期 = CONVERT ( DATE, 签订日期 , 111 );
SELECT *
FROM 合同台账
```

运行结果：

序号	合同名称	合同分类	供应商	签订日期	合同期限	合同总金额
1	政府采购电子卖场合同	货物	XXX科技发展有限公司	2022-01-25	2022.1.25	2850
2	办公设备外包服务协议	服务	XXX高新技术有限公司	2021-04-26	2021.4.26-2022.4.25	200000
3	政府采购电子卖场合同	服务	XXX财产保险股份有限公司分公司	2022-02-18	2022.2.18-2023.2.17	8855
4	政府采购电子卖场合同	货物	XXX科技发展有限公司	2022-02-21	2022.2.21-双方义务履行完毕后自然终止	1200
5	政府采购电子卖场合同	货物	XXX科技发展有限公司	2022-02-21	2022.2.21-双方义务履行完毕后自然终止	12870
⋮	……	……	……	……	……	……

(3)新建一列“合同开始日期”

创建的新字段“合同开始日期”是从“合同期限”字段里提取的开始日期。

```
ALTER TABLE 合同台账 ADD 合同开始日期 DATE;
SELECT * FROM 合同台账
```

运行结果：

序号	合同名称	合同分类	供应商	签订日期	合同期限	合同总金额	合同开始日期
1	政府采购电子卖场合同	货物	XXX科技发展有限公司	2022-01-25	2022.1.25	2850	
2	办公设备外包服务协议	服务	XXX高新技术有限公司	2021-04-26	2021.4.26-2022.4.25	200000	
3	政府采购电子卖场合同	服务	XXX财产保险股份有限公司分公司	2022-02-18	2022.2.18-2023.2.17	8855	
4	政府采购电子卖场合同	货物	XXX科技发展有限公司	2022-02-21	2022.2.21-双方义务履行完毕后自然终止	1200	
5	政府采购电子卖场合同	货物	XXX科技发展有限公司	2022-02-21	2022.2.21-双方义务履行完毕后自然终止	12870	
⋮	……	……	……	……	……	……	

(4)合同开始日期的提取

“合同期限”字段里大部分数据都是20xx.xx.xx-20xx.xx.xx的格式，除此之外，还有空白的和20xx.xx.xx格式的。如果中间没有“-”符号，或者空值，就取原值，否则取值“-”之前的日期，即开始日期。使用CASE WHEN语句和UPDATE SET语句完成合同开始日期的提取。

```
UPDATE 合同台账
SET 合同开始日期 =
CASE
   WHEN CHARINDEX( '-', 合同期限 ) = 0 THEN 合同期限
   ELSE SUBSTRING ( 合同期限, 1, charindex( '-', 合
同期限 ) -1 )
END;
SELECT * FROM 合同台账
```

运行结果：

序号	合同名称	合同分类	供应商	签订日期	合同期限	合同总金额	合同开始日期
1	政府采购电子卖场合同	货物	XXX科技发展有限公司	2022-01-25	2022.1.25	2850	2022-01-25
2	办公设备外包服务协议	服务	XXX高新技术有限公司	2021-04-26	2021.4.26-2022.4.25	200000	2021-04-26
3	政府采购电子卖场合同	服务	XXX财产保险股份有限公司分公司	2022-02-18	2022.2.18-2023.2.17	8855	2022-02-18
4	政府采购电子卖场合同	货物	XXX科技发展有限公司	2022-02-21	2022.2.21-双方义务履行完毕后自然终止	1200	2022-02-21
5	政府采购电子卖场合同	货物	XXX科技发展有限公司	2022-02-21	2022.2.21-双方义务履行完毕后自然终止	12870	2022-02-21
⋮	……	……	……	……	……	……	……

(5)合同签订日期与合同开始日期比较

有了“签订日期”和“合同开始日期”两个日期格式的数据，就可以进行比较了。筛选签订日期晚于合同开始日期的所有合同信息，并生成“合同倒签疑点”表。

```
SELECT *
INTO 合同倒签疑点表
FROM 合同台账
WHERE 签订日期 > 合同开始日期
SELECT * FROM 合同倒签疑点表
```

运行结果：

序号	合同名称	合同分类	供应商	签订日期	合同期限	合同总金额	合同开始日期
30	平台值守外包服务协议	服务	XXX网络通信有限公司分公司	2022-10-09	2022.6.25-2023.6.24	262560	2022-06-25
41	承制宣传片项目协议书	服务	XXX教育科技有限公司	2022-11-07	2022.10.30-2022.11.30	98000	2022-10-30

2. 合同台账与国库集中支付数据关联分析

国库集中支付查询数据包括收款人全称和实际支付时间，合同台账中包括供应商名称和合同签订时间，用供应商名称将两个表关联，筛查合同签订时间晚于最早支付时间的合同。这在与一家供应商只签订一份合同的情况下，比较适用；签订多份合同的情况下需要结合预算项目、支付事由等其他信息进行进一步分析。

(1)导入数据

导入本案例配套的“合同台账”与“支付查询”表，导入时均按 nvarchar 格式导入。导入的数据表结构如下。

①合同台账：

序号	合同名称	供应商名称	签订日期	合同期限	合同金额
1	IT服务合同	XXX计算机技术有限责任公司	2022.1.20	2022.1.1-2022.12.31	50000
2	市场调查项目	XXX大数据技术有限责任公司	2022.2.7	2022.2.15-2022.5.15	588900
3	信息运维基础服务项目	XXX文化传播有限公司	2022.2.15	2022.1.1-2022.12.31	309500
4	信息运维扩展服务项目	XXX文化传播有限公司	2022.8.5	2022.1.1-2022.12.31	725000
⋮	……	……	……	……	……

②支付查询：

预算项目	申请日期	部门支出经济分类	收款人全称	实际支付日期	实际支付金额	事由
	2022-12-08	30202-印刷费	XXX印刷有限公司	2022-12-12	26500.00	刊物印刷费
	2022-11-29	30227-委托业务费	XXX文化传播有限公司	2022-11-29	507500.00	信息运维扩展服务尾款
	2022-11-24	30227-委托业务费	XXX大数据技术有限责任公司	2022-11-24	200000.00	市场调查尾款
	2022-11-09	30209-物业管理费	XXX大厦物业管理有限公司	2022-11-09	39145.00	2021年第四季度物业费
……	……	……	……	……	……	……

(2)支付查询按收款人全称分组，按最早支付日期汇总

国库集中支付查询在按收款人全称分组的基础上，找出组内最小值即最早支付日期，形成“中间表1”。

```
SELECT
    收款人全称 ,
    MIN ( CONVERT ( DATE, 实际支付日期 ) ) AS 首款支付
日期
INTO 中间表 1
FROM 支付查询
GROUP BY 收款人全称 ;
SELECT * FROM 中间表 1
```

运行结果：

收款人全称	首款支付日期
XXX文化传播有限公司	2022-04-15
XXX信会计师事务所有限公司	2022-11-29
XXX大数据技术有限责任公司	2022-03-28
……	……

(3)合同台账中“签订日期”转换为日期格式

```
UPDATE [ 合同台账 ]
SET 签订日期 = CONVERT ( DATE, 签订日期 , 111 )
```

(4)关联合同台账和支付查询

用合同台账中的“供应商名称”表和“中间表1”的收款人全称关联2个表，找出签订日期晚于最早支付日期的合同。

```
SELECT
    a.供应商名称,
    a.签订日期,
    b.收款人全称,
    b.首款支付日期
FROM [合同台账] a LEFT JOIN [中间表1] b
    ON a.供应商名称 = b.收款人全称
```

运行结果：

供应商名称	签订日期	收款人全称	首款支付日期
XXX达计算机技术有限责任公司	2022-01-20	XXX达计算机技术有限责任公司	2022-03-08
XXX大数据技术有限责任公司	2022-02-07	XXX大数据技术有限责任公司	2022-03-28
XXX文化传播有限公司	2022-02-15	XXX文化传播有限公司	2022-04-15
XXX文化传播有限公司	2022-08-05	XXX文化传播有限公司	2022-04-15
XXX信会计师事务所有限公司	2022-02-17	XXX信会计师事务所有限公司	2022-11-29
XXX赢律师事务所	2022-03-04	XXX赢律师事务所	2022-03-08
XXX印刷有限公司	2022-04-14	XXX印刷有限公司	2022-04-24
XXX云技术有限公司	2022-04-25	XXX云技术有限公司	2022-04-28
XXX大厦物业管理有限公司	2022-12-28	XXX大厦物业管理有限公司	2022-03-29

运行结果显示,有一家供应商签订了两份合同,而国库集中支付查询汇总的数据是对应供应商,没有对应合同,所以需要进行进一步分析。

```
SELECT
    a.供应商名称,
    a.签订日期,
    b.收款人全称,
    b.首款支付日期
FROM [合同台账] a LEFT JOIN [中间表1] b
    ON a.供应商名称 = b.收款人全称
WHERE a.签订日期>b.首款支付日期
```

运行结果：

供应商名称	签订日期	收款人全称	首款支付日期
XXX文化传播有限公司	2022-08-05	XXX文化传播有限公司	2022-04-15
XXX大厦物业管理有限公司	2022-12-28	XXX大厦物业管理有限公司	2022-03-29

(5)对上一步的查询结果进行进一步分析

对两家供应商再次进行关联,关联合同台账和支付查询两个表,关联信息中包括支付事由。

```
SELECT
    a.合同名称,
    a.供应商名称,
    a.签订日期,
    b.收款人全称,
    b.实际支付日期,
    b.事由
FROM [合同台账] a
    LEFT JOIN [支付查询] b
    ON a.供应商名称 = b.收款人全称
WHERE
    a.供应商名称
    IN ('XXX文化传播有限公司','XXX大厦物业管理有限公司')
```

运行结果:

合同名称	供应商名称	签订日期	收款人全称	实际支付日期	事由
信息运维基础服务项目	XXX文化传播有限公司	2022-02-15	XXX文化传播有限公司	2022-11-29	信息运维扩展服务尾款
信息运维基础服务项目	XXX文化传播有限公司	2022-02-15	XXX文化传播有限公司	2022-06-08	信息运维扩展服务首款
信息运维基础服务项目	XXX文化传播有限公司	2022-02-15	XXX文化传播有限公司	2022-04-15	信息运维基础服务
信息运维扩展服务项目	XXX文化传播有限公司	2022-08-05	XXX文化传播有限公司	2022-11-29	信息运维扩展服务尾款
信息运维扩展服务项目	XXX文化传播有限公司	2022-08-05	XXX文化传播有限公司	2022-06-08	信息运维扩展服务首款
信息运维扩展服务项目	XXX文化传播有限公司	2022-08-05	XXX文化传播有限公司	2022-04-15	信息运维基础服务
物业服务合同	XXX大厦物业管理有限公司	2022-12-28	XXX大厦物业管理有限公司	2022-11-09	2021年第四季度物业费
物业服务合同	XXX大厦物业管理有限公司	2022-12-28	XXX大厦物业管理有限公司	2022-11-03	2022年第四季度保安服务费
物业服务合同	XXX大厦物业管理有限公司	2022-12-28	XXX大厦物业管理有限公司	2022-08-01	支付2022年度三个季度物业费
物业服务合同	XXX大厦物业管理有限公司	2022-12-28	XXX大厦物业管理有限公司	2022-03-29	2022年第一季度保安服务费
物业服务合同	XXX大厦物业管理有限公司	2022-12-28	XXX大厦物业管理有限公司	2022-09-29	2022年第二、三季度保安服务费

经核对,与 XXX 文化传播有限公司签订的信息运维扩展服务项目的支付时间早于合同签订时间,属于“倒签合同”。另外,支付的保安服务费未签订合同,属于“无合同支付”。

合同名称	供应商名称	签订日期	收款人全称	实际支付日期	事由
信息运维基础服务项目	XXX文化传播有限公司	2022-02-15	XXX文化传播有限公司	2022-11-29	信息运维扩展服务尾款
信息运维基础服务项目	XXX文化传播有限公司	2022-02-15	XXX文化传播有限公司	2022-06-08	信息运维扩展服务首款
信息运维基础服务项目	XXX文化传播有限公司	2022-02-15	XXX文化传播有限公司	2022-04-15	信息运维基础服务
信息运维扩展服务项目	XXX文化传播有限公司	2022-08-05	XXX文化传播有限公司	2022-11-29	信息运维扩展服务尾款
信息运维扩展服务项目	XXX文化传播有限公司	2022-08-05	XXX文化传播有限公司	2022-06-08	信息运维扩展服务首款
信息运维扩展服务项目	XXX文化传播有限公司	2022-08-05	XXX文化传播有限公司	2022-04-15	信息运维基础服务
物业服务合同	XXX大厦物业管理有限公司	2022-12-28	XXX大厦物业管理有限公司	2022-11-09	2021年第四季度物业费
物业服务合同	XXX大厦物业管理有限公司	2022-12-28	XXX大厦物业管理有限公司	2022-11-03	2022年第四季度保安服务费
物业服务合同	XXX大厦物业管理有限公司	2022-12-28	XXX大厦物业管理有限公司	2022-08-01	支付2022年度三个季度物业费
物业服务合同	XXX大厦物业管理有限公司	2022-12-28	XXX大厦物业管理有限公司	2022-03-29	2022年第一季度保安服务费
物业服务合同	XXX大厦物业管理有限公司	2022-12-28	XXX大厦物业管理有限公司	2022-09-29	2022年第二、三季度保安服务费

（三）中小企业延迟付款的分析

审查单位是否存在违反《保障中小企业款项支付条例》(中华人民共和国国务院令第728号)第八条“机关、事业单位从中小企业采购货物、工程、服务，应当自货物、工程、服务交付之日起30日内支付款项;合同另有约定的，付款期限最长不得超过60日”的规定。下面就中小企业延迟付款情况进行数据分析。

1. 导入数据

导入本案例配套数据表“合同台账”表与“支付查询”表，导入时均按nvarchar格式导入。导入的数据表结构如下。

合同台账:

序号	合同名称	供应商名称	企业类型	签订日期	合同期限	合同金额
1	IT服务合同	XXX计算机技术有限责任公司	小微	2022.1.20	2022.1.1-2022.12.31	50000
2	市场调查项目	XXX大数据技术有限责任公司	小微	2022.2.7	2022.2.15-2022.5.15	588900
3	信息运维基础服务项目	XXX文化传播有限公司	小微	2022.2.15	2022.1.1-2022.12.31	309500
4	信息运维扩展服务项目	XXX文化传播有限公司	小微	2022.8.5	2022.1.1-2022.12.31	725000
⋮	……	……	……	……	……	……

支付查询:

预算项目	申请日期	部门支出经济分类	收款人全称	实际支付日期	实际支付金额	事由
	2022-12-08	30202-印刷费	XXX印刷有限公司	2022-12-12	26500.00	刊物印刷费
	2022-11-29	30227-委托业务费	XXX文化传播有限公司	2022-11-29	507500.00	信息运维扩展服务尾款
	2022-11-24	30227-委托业务费	XXX大数据技术有限责任公司	2022-11-24	200000.00	市场调查尾款
	2022-11-09	30209-物业管理费	XXX大厦物业管理有限公司	2022-11-09	39145.00	2021年第四季度物业费
……	……	……	……	……	……	……

2. 合同台账添加“合同终止时间”字段

“合同台账”表中新建一列“合同终止时间”，从合同期限列提取终止时间。

```
ALTER TABLE 合同台账 ADD 合同终止时间 DATE;
SELECT * FROM 合同台账
```

运行结果:

序号	合同名称	供应商名称	企业类型	签订日期	合同期限	合同金额	合同终止时间
1	IT服务合同	XXX计算机技术有限责任公司	小微	2022.1.20	2022.1.1-2022.12.31	50000	
2	市场调查项目	XXX大数据技术有限责任公司	小微	2022.2.7	2022.2.15-2022.5.15	588900	
3	信息运维基础服务项目	XXX文化传播有限公司	小微	2022.2.15	2022.1.1-2022.12.31	309500	
4	信息运维扩展服务项目	XXX文化传播有限公司	小微	2022.8.5	2022.1.1-2022.12.31	725000	
⋮	……	……	……	……	……	……	……

3. “合同终止时间”赋值

使用CHARINDEX( )函数和SUBSTRING( )函数从“合同期限”列提取“-”字符后的字符串，

赋值给“合同终止时间”。例如“2022.1.1-2022.12.31”中提取“-”后字符串的结果是“2022.12.31”。

```
UPDATE 合同台账
SET 合同终止时间 =
SUBSTRING (
合同期限,
CHARINDEX( '-', 合同期限 ) + 1,
LEN( 合同期限 ) - CHARINDEX( '-', 合同期限 )
);
SELECT *
 FROM 合同台账
```

运行结果：

序号	合同名称	供应商名称	企业类型	签订日期	合同期限	合同金额	合同终止时间
1	IT服务合同	XXX计算机技术有限责任公司	小微	2022.1.20	2022.1.1-2022.12.31	50000	2022-12-31
2	市场调查项目	XXX大数据技术有限责任公司	小微	2022.2.7	2022.2.15-2022.5.15	588900	2022-05-15
3	信息运维基础服务项目	XXX文化传播有限公司	小微	2022.2.15	2022.1.1-2022.12.31	309500	2022-12-31
4	信息运维扩展服务项目	XXX文化传播有限公司	小微	2022.8.5	2022.1.1-2022.12.31	725000	2022-12-31
⋮	……	……	……	……	……	……	……

4. 查询“最后一笔付款”记录

“支付查询”表按收款人分组，汇总“最晚付款时间”，生成“最后一笔付款”表。将国库集中支付查询表按“收款人全称”分组，找出组内实际最后一笔付款的记录。

```
SELECT
    收款人全称,
    MAX ( CONVERT ( DATE, 实际支付日期 ) ) AS 最后一笔
付款
INTO 最后一笔付款
FROM 支付查询
GROUP BY 收款人全称;
SELECT * FROM 最后一笔付款
```

运行结果：

收款人全称	最后一笔付款
XXX文化传播有限公司	2022-11-29
XXX信会计师事务所有限公司	2022-11-29
XXX大数据技术有限责任公司	2022-11-24
XXXX达计算机技术有限责任公司	2022-11-17
……	……

5. 筛选目标企业信息

关联“合同台账”和“最后一笔付款”,比对“合同终止时间”和“最后一笔付款”两个日期,筛选出延迟30天付款且该供应商类型为“小微”企业的数据。

```
SELECT
    a.合同名称,
    a.供应商名称,
    a.合同终止时间,
    b.收款人全称,
    b.最后一笔付款,
    DATEDIFF( DAY, a.合同终止时间, b.最后一笔付款 )
AS 延期天数
FROM [合同台账] a
    LEFT JOIN [最后一笔付款] b
    ON a.供应商名称 = b.收款人全称
WHERE
    DATEDIFF( DAY, a.合同终止时间, b.最后一笔付款 )
> 30
    AND a.企业类型 = '小微'
```

运行结果:

合同名称	供应商名称	合同终止时间	收款人全称	最后一笔付款	延期天数
市场调查项目	XXX大数据技术有限责任公司	2022-05-15	北京比格大数据技术有限责任公司	2022-11-24	193

结合与供应商签订的合同内容,做进一步的核实取证。

(四)未付合同款分析

做完“倒签合同”分析、“应签未签合同”分析和“延迟付款”分析后,“未付合同金额”的分析就比较容易了。

根据国库集中支付查询表,按收款人全称分类汇总,合同台账按供应商名称分类汇总,对两个表进行关联比对,筛选出未支付供应商的合同金额。这种关联比对方法适合一家供应商签订一份合同的“一对一”情况。而对于一家供应商签订多份合同的情况还需要结合其他信息进行数据分析。这里重点介绍“一对一”的情况。

1. 导入数据

导入本案例配套的数据表“合同台账”表和“支付查询”表,导入时均按nvarchar格式导入。导入的数据表结构如下。

合同台账：

序号	合同名称	供应商名称	企业类型	签订日期	合同期限	合同金额
1	IT服务合同	XXX计算机技术有限责任公司	小微	2022.1.20	2022.1.1-2022.12.31	50000
2	市场调查项目	XXX大数据技术有限责任公司	小微	2022.2.7	2022.2.15-2022.5.15	588900
3	信息运维基础服务项目	XXX文化传播有限公司	小微	2022.2.15	2022.1.1-2022.12.31	309500
4	信息运维扩展服务项目	XXX文化传播有限公司	小微	2022.8.5	2022.1.1-2022.12.31	725000
⋮	……	……	……	……	……	……

支付查询：

预算项目	申请日期	部门支出经济分类	收款人全称	实际支付日期	实际支付金额	事由
	2022-12-08	30202-印刷费	XXX印刷有限公司	2022-12-12	26500.00	刊物印刷费
	2022-11-29	30227-委托业务费	XXX文化传播有限公司	2022-11-29	507500.00	信息运维扩展服务尾款
	2022-11-24	30227-委托业务费	XXX大数据技术有限责任公司	2022-11-24	200000.00	市场调查尾款
	2022-11-09	30209-物业管理费	XXX大厦物业管理有限公司	2022-11-09	39145.00	2021年第四季度物业费
……	……	……	……	……	……	……

2. **筛选出未支付供应商的合同金额**

国库集中支付查询表按收款人全称分类汇总，合同台账按供应商名称分类汇总，用供应商名称关联两个表，筛选出未支付供应商的合同金额。

```
SELECT a.*,b.*
FROM
    ( SELECT 合同名称，供应商名称，
             SUM ( CONVERT ( NUMERIC( 20, 2 ), 合同金额 ))
AS 合同金额
           FROM [合同台账]
           GROUP BY 合同名称，供应商名称 ) a
FULL JOIN
    ( SELECT 收款人全称，
             SUM ( CONVERT ( NUMERIC ( 20, 2 ), 实际支
付金额 ) ) AS 实际支付
           FROM [支付查询]
           GROUP BY 收款人全称 ) b
ON a.供应商名称 = b.收款人全称
```

运行结果：

合同名称	供应商名称	合同金额	收款人全称	实际支付
信息运维基础服务项目	XXX文化传播有限公司	309500.00	XXX文化传播有限公司	1034500.00
信息运维扩展服务项目	XXX文化传播有限公司	725000.00	XXX文化传播有限公司	1034500.00
内部审计合同	XXX信会计师事务所有限公司	60000.00	XXX信会计师事务所有限公司	60000.00
市场调查项目	XXX大数据技术有限责任公司	588900.00	XXX大数据技术有限责任公司	553880.00
IT服务合同	XXX达计算机技术有限责任公司	50000.00	XXX达计算机技术有限责任公司	75468.00
……	……	……	……	……

对于一个供应商签订多份合同的情况，须结合其他信息做进一步分析。

（五）可视化

倒签合同分析中以合同台账内部数据分析为例，呈现合同期限及签订日期的可视化。在进行倒签合同分析时，合同台账里已经添加了合同开始日期列，现在添加合同结束日期列，并从合同期限列里提取合同结束日期。有了签订日期、合同开始日期和结束日期，就可以导入 Python 中，制作甘特图和散点图的组合图形了。

1. 合同期限的修改

考虑到合同期限列的个别合同终止日期含有中文字符，因此对于这些合同期限只保留合同开始日期。

```
UPDATE 合同台账
SET 合同期限 =CAST( 合同开始日期 AS VARCHAR(20))
WHERE 合同期限 LIKE '%[ 吖 - 座 ]%';
SELECT *
FROM 合同台账
```

执行之后合同期限列中无中文字符。Like '%[吖 - 座]%' 的作用是查找字段中的中文字符。

2. 新建合同结束日期列

```
ALTER TABLE 合同台账
ADD 合同结束日期 VARCHAR(30);
SELECT * FROM 合同台账
```

3. 合同结束日期的提取

```
UPDATE 合同台账
SET 合同结束日期 =
    CAST(SUBSTRING ( 合同期限, charindex( '-',合同期限 )+
1,10 ) AS DATE)
WHERE LEN( 合同期限 )>10;
SELECT *
FROM 合同台账
```

运行结果：

序号	合同名称	合同分类	供应商	签订日期	合同期限	合同总金额	合同开始日期	合同结束日期
1	政府采购电子卖场合同	货物	XXX科技发展有限公司	2022-01-25	2022.1.25	2850	2022-01-25	
2	办公设备外包服务协议	服务	XXX高新技术有限公司	2021-04-26	2021.4.26-2022.4.25	200000	2021-04-26	2022-04-25
3	政府采购电子卖场合同	服务	XXX财产保险股份有限公司分公司	2022-02-18	2022.2.18-2023.2.17	8855	2022-02-18	2023-02-17
⋮	……	……	……	……	……	……	……	……

将运行结果保存到“倒签合同可视化”表，导入到 Python 中进行可视化呈现。Python 代码如下：

```
import pandas as pd
import plotly.express as px
df=pd.read_excel('d:\倒签合同可视化.xlsx',
          dtype={'合同总金额':float,'序号':str},
          parse_dates=['签订日期','合同开始日期','合同结束日期']
       )
fig1 = px.timeline(
          df,
          x_start='合同开始日期',
          x_end='合同结束日期',
          y='序号',
          range_x=['2021-03-01','2023-10-31'],
          title='倒签合同甘特图')
fig1.update_layout(
          xaxis_tickformat='%Y-%m',
          yaxis_title='合同序号',
          autosize=False,
          width=800,
          height=500,
          margin=dict( l=50,r=50,b=100,t=100 ),
          title={'y':0.85})
fig2=px.scatter(df,x='签订日期',y='序号',color='序号')
fig2.update_traces(marker={'size':8})
fig1.add_traces(fig2.data)
fig1.show()
```

执行后，得到合同倒签甘特图(图 3-14)。

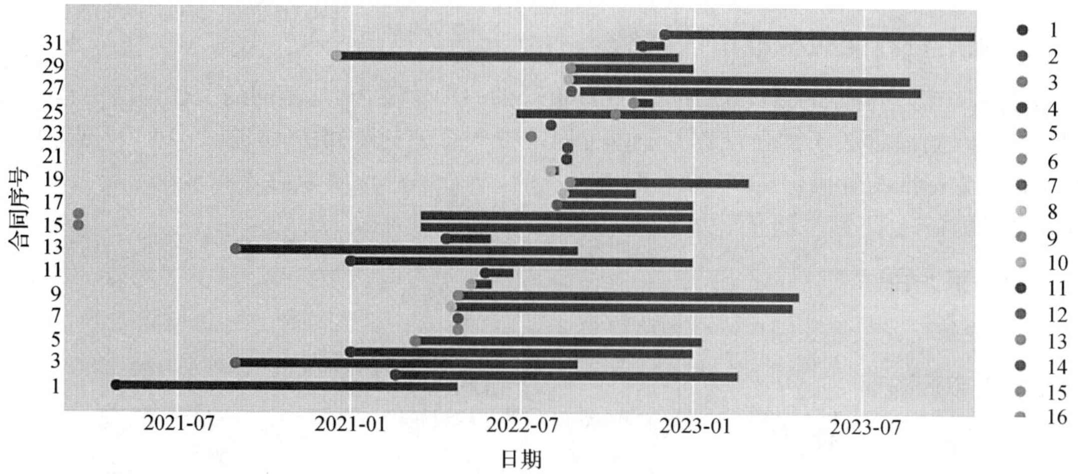

图 3-14　合同倒签甘特图

柱状线条为合同开始日期至结束日期的甘特图，散点为合同签订日期的散点图。对于同一个合同，散点如果位于合同开始日期之后，则是倒签合同。25 号合同和 31 号合同放大后分别如图 3-15 和图 3-16 所示。

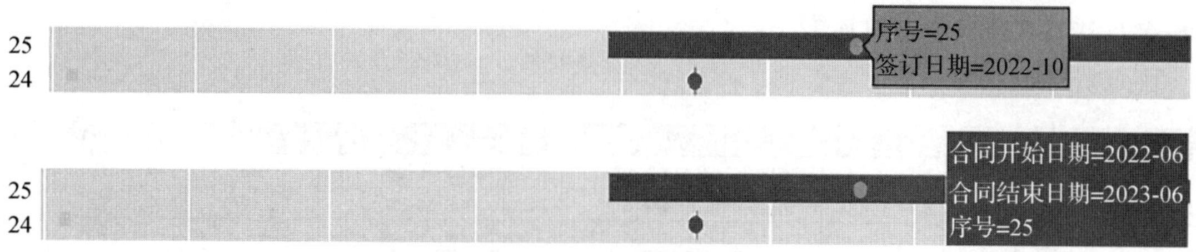

图 3-15　25 号合同放大图

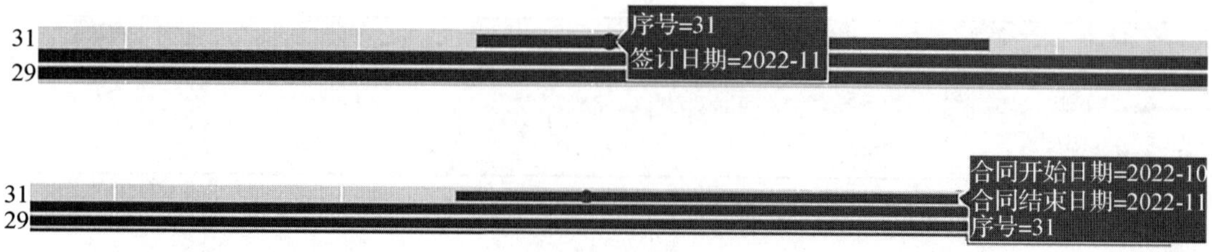

图 3-16　31 号合同放大图

第六节　固定资产审计数据分析

固定资产的审计主要包括：固定资产管理制度建设情况、固定资产的配置、固定资产的使用、固定资产的处置、固定资产的动态管理等。本节例举固定资产配置标准和固定资产盘点设计的数据分析，介绍 SQL 在固定资产审计中的几点应用。

一、固定资产配置标准审计案例

固定资产配置情况的审计也是固定资产审计的一项重要内容，不同的文件制度中也有相关的要求。如《财政部关于加强行政事业单位固定资产管理的通知》(财资〔2020〕97 号)中要求“严格按规定标准配置固定资产，没有配置标准的，结合本单位履职需要和事业发展需求，厉行节约，合理配备”。下面举例介绍办公设备配置标准审计的数据分析。

(一)审计目标

办公设备配置数量及标准符合相关规定。

(二)审计事项

办公设备数量、单价。

(三)所需数据

固定资产卡片列表、编制内实有人数、固定资产配置标准。

(四)分析步骤

1. 导入数据

导入“固定资产卡片列表”到数据库中，导入时数据格式均按 nvarchar 格式导入。导入的数据表及其他审计所需资料如下。

固定资产卡片列表：

资产编号	资产国标大类	资产分类名称	资产分类	资产名称	价值	取得日期	数量	累计折旧	净值	提折旧月	规格型号
TY2006000001	通用设备	激光A4	激光A4	激光A4打印机	1350	2006-10-20	1	1350	0	72	XXX
TY2006000002	通用设备	激光A4	激光A4	激光A4打印机	1350	2006-10-20	1	1350	0	72	XXX
……	……	……	……	……	……	……	……	……	……	……	……

人员情况表：

项目	公务员人数	参公事业编	全额拨款事业编	合计
人员编制	45	25		70
实有人数	40	25		65

配置标准：

项目名称	实物量上限标准	价格上限标准
复印机	不超过编制内实有人员 5%；单位不足 20 人的，按 20 人计算	35000 元 / 台(不含配件)
激光 A3 打印机	单位可根据需要选择配备 A3\A4 打印机，但配置总数不超过编制内实有人数的 80%(其中：打印幅面为 A3 纸的激光打印机、一体机不超过编制内实有人数的 15%)	20000 元 / 台
激光 A4 打印机		3000 元 / 台
喷墨 A3 打印机		5000 元 / 台
喷墨 A4 打印机		2500 元 / 台
针式 A3 打印机		5000 元 / 台

续表

项目名称	实物量上限标准	价格上限标准
针式 A4 打印机		3000 元 / 台
打印一体机		A3：30000 元 / 台，A4：4000 元 / 台（均不含配件）
传真机	不超过编制内实有人员的 30%	2500 元 / 台
照相机	按照不超过编制内实有人员的 10% 控制总量，其中单反套机 1 台 / 单位	普通相机 5000 元 / 台，单反套机 30000 元 / 台
摄像机	1 台 / 单位	30000 元 / 台
电视机	不超过编制内实有人员的 10%	6000 元 / 台
便携式投影仪	不超过编制内实有人员的 3%	30000 元 / 台
台式计算机	编制内实有人员 1 台 / 人，按不超过编制内实有人数的 130% 控制总数	6000 元 / 台
便携式计算机	不超过编制内实有人员的 50%	10000 元 / 台
空调	房间使用面积≤ 20 m^2 配制冷量 1.5 P 以下（含）1 台； 20~40 m^2（含）配制冷量 2 P 以下（含）1 台； 40 m^2 以上，按实际需求配置	1.5 P 挂式 5000 元 / 台 2.0 P 挂式 6000 元 / 台 2.0 P 柜式 10000 元 / 台

2. 数量超标的分析

办公设备的配置包括数量和单价，先从数量进行分析，主要审查办公用电子设备及电器是否存在数量超标的情况。使用 NOT LIKE 'JJ%' 排除筛选家具、用具、装具及动植物类的固定资产。其他类型的固定资产也可以使用此方法排除筛选。

```
SELECT
    资产分类名称 ,
    SUM ( CAST ( 数量 AS INT ) ) AS 配置数量
FROM 卡片列表
WHERE 资产编号 NOT LIKE 'JJ%'
GROUP BY 资产分类名称
ORDER BY SUM ( CAST ( 数量 AS INT ) ) DESC
```

运行结果如下：

资产分类名称	配置数量
台式机	303
空调	139
其他打印机	57
……	……

进一步分类。首先看 A3\A4 型打印机的数量,将上一步查询结果命名为 a 表,在此基础上筛选打印机相关的分类。

```
SELECT a.*
FROM (
        SELECT 资产分类名称，
                    SUM ( CAST ( 数量 AS INT ) ) AS
配置数量
         FROM 卡片列表
         WHERE 资产编号 NOT LIKE 'JJ%'
         GROUP BY 资产分类名称
         ) a
WHERE
        a.资产分类名称 LIKE '激光%'
        OR a.资产分类名称 LIKE '%一体机%'
        OR a.资产分类名称 LIKE '%打印机%'
        OR a.资产分类名称 LIKE '%喷墨%'
        OR a.资产分类名称 LIKE '%A3%'
        OR a.资产分类名称 LIKE '%A4%'
```

运行结果:

资产分类名称	配置数量
触控一体机	1
激光A3	3
激光A4	46
激光仪器	4
喷墨A3	1
喷墨A4	2
其他打印机	57
其他一体机	2
条码打印机	4
针式A4	1

从查询结果可以看到,被审计单位资产分类名称中“激光 A3、激光 A4、喷墨 A3、喷墨 A4、针式 A4”合计数量为 53 台。查询结果中的“其他打印机”为 57 台,需要根据资产的名称进一步分析是否为 A3\A4 打印机。

```
SELECT *
FROM 卡片列表
WHERE
    资产分类名称 IN ( '其他打印机', '其他一体机', '触控一
体机' )
    AND ( 资产名称 LIKE '%A3%' OR 资产名称 LIKE '%A4%' )
```

运行结果：

资产编号	资产国标大类	资产分类名称	资产分类	资产名称	价值	取得日期	数量	累计折旧	净值	提折旧月	规格型号
TY2013000239	通用设备	其他打印机	其他打印机	A4激光打印机	6900	2013-04-25	1	6900	0	72	XXX
TY2013000241	通用设备	其他打印机	其他打印机	A4激光打印机	3900	2013-04-25	1	3900	0	72	XXX
TY2013000246	通用设备	其他打印机	其他打印机	A4激光打印机	1450	2013-06-20	1	1450	0	72	XXX
TY2013000260	通用设备	其他打印机	其他打印机	A4激光打印机	2800	2013-12-30	1	2800	0	72	XXX
……	……	……	……	……	……	……	……	……	……	……	……

很明显，“其他打印机”中也包括 A3\A4 打印机，上面语句没有统计数量，如果统计数量，SQL 语句为：

```
SELECT
    SUM( CAST ( a.数量 AS INT ) ) AS 其他打印机中 A3
或 A4 打印机数量
FROM (
    SELECT *
    FROM [卡片列表]
    WHERE 资产分类名称
            IN ( '其他打印机', '其他一体机', '触控一体机' )
            AND ( 资产名称 LIKE '%A3%' OR 资产名称 LIKE
'%A4%' )
        ) a
```

运行结果：

其他打印机中A3\A4打印机数量
39

被审计单位资产分类名称中“激光 A3、激光 A4、喷墨 A3、喷墨 A4、针式 A4”合计数量为 53 台，分类名称“其他打印机”中包括 A3\A4 打印机 39 台，合计 92 台。该单位期末实有编制内人数为 65 人，按配置标准不应超过 65*0.8=52 台。实际配置 92 台，属于超标准数量配置固定资产。“其他一体机”“触控一体机”的进一步分析在此不赘述。

3. 单价标准的分析

下面分析办公设备购置单价是否超标，以 A4 激光打印机为例进行数据分析，A4 激光打印机配置单价标准为 3000 元 / 台。

```
SELECT *
FROM 卡片列表
WHERE
    CAST ( 价值 AS NUMERIC ( 12, 2 ) ) / CAST ( 数量
AS INT ) > 3000
    AND ( 资产分类名称 LIKE '%激光A4%' OR 资产名称 LIKE
'%A4%' )
    AND 资产名称 NOT LIKE '%喷墨%'
```

运行结果：

资产编号	资产国标大类	资产分类名称	资产分类	资产名称	价值	取得日期	数量	累计折旧	净值	已提折旧月数	规格型号
TY2011000197	通用设备	激光A4	激光A4	激光A4打印机	4000	2011-12-31	1	4000	0	72	XXX
TY2011000219	通用设备	激光A4	激光A4	激光A4打印机	5500	2011-12-31	1	5500	0	72	XXX
TY2013000239	通用设备	其他打印机	其他打印机	A4激光打印机	6900	2013-04-25	1	6900	0	72	XXX
……	……	……	……	……	……	……	……	……	……	……	……

本案例中的办公设备配置标准是从 2011 年 8 月开始执行的，所以要筛选出 2011 年 8 月以后购买的价值超过 3000 元的 A4 激光打印机。在上一步的基础上加上日期条件 CAST(取得日期 AS DATE) > '2011-08-31'，SQL 语句为：

```
SELECT *
FROM 卡片列表
WHERE
      CAST ( 价值 AS NUMERIC ( 12, 2 ) ) / CAST
( 数量 AS INT ) > 3000
      AND ( 资产分类名称 LIKE '%激光A4%' OR 资产名称
LIKE '%A4%' )
      AND 资产名称 NOT LIKE '%喷墨%'
      AND CAST ( 取得日期 AS DATE ) > '2011-8-31'
```

运行结果为：

资产编号	资产国标大类	资产分类名称	资产分类	资产名称	价值	取得日期	数量	累计折旧	净值	已提折旧月数	规格型号
TY2011000197	通用设备	激光A4	激光A4	激光A4打印机	4000	2011-12-31	1	4000	0	72	XXX
TY2011000219	通用设备	激光A4	激光A4	激光A4打印机	5500	2011-12-31	1	5500	0	72	XXX
TY2013000239	通用设备	其他打印机	其他打印机	A4激光打印机	6900	2013-04-25	1	6900	0	72	XXX
……	……	……	……	……	……	……	……	……	……	……	……

下面查询一下超单价标准的 A4 激光打印机数量：

```
SELECT SUM(CAST ( a.数量 AS INT )) AS 超标准单价A4
激光打印机数量合计
FROM(
        SELECT *
        FROM 卡片列表
        WHERE
                CAST ( 价值 AS NUMERIC ( 12, 2 ))/ CAST
( 数量 AS INT ) > 3000
                AND ( 资产分类名称 LIKE '%激光A4%' OR
资产名称 LIKE '%A4%' )
                AND 资产名称 NOT LIKE '%喷墨%'
                AND CAST ( 取得日期 AS DATE ) > '2011-
8-31'
            )a
```

运行结果：

超标准单价A4激光打印机数量合计
13

4. 可视化

在这里做 A4 激光打印机单价超标的可视化分析，查询 A4 激光打印机卡片记录后导出结果。

```
SELECT
        资产编号,
        资产分类,
        资产名称,
        ROUND(CAST ( 价值 AS FLOAT ) / CAST ( 数量 AS
FLOAT ),2) AS 单价
FROM 卡片列表
WHERE
        ( 资产分类名称 LIKE '%激光A4%' OR 资产名称 LIKE
'%A4%' )
        AND 资产名称 NOT LIKE '%喷墨%'
        AND CAST ( 取得日期 AS DATE ) > '2011-8-31'
```

点击“导出结果”,将查询导出到“单价标准分析”表。

打开 Python 输入以下代码:

```
import pandas as pd
import plotly.express as px
df=pd.read_excel(
        'd:\ 单价标准分析 .xlsx',
         dtype={'单价':float}
    )
df['标准单价']=3000.00
fig1 = px.bar(
         df, x='资产编号', y='单价(元)',
         color='资产编号',
         title='A4 激光打印机单价标准分析'
         )
fig2=px.scatter(df,x='资产编号',y='标准单价')
fig1.add_traces(fig2.data)
fig1.show()
```

执行结果见图 3-17,柱状图表示购置固定资产的单价,散点图代表 3000 元的参考线,超出参考线的是单价超标准的固定资产。

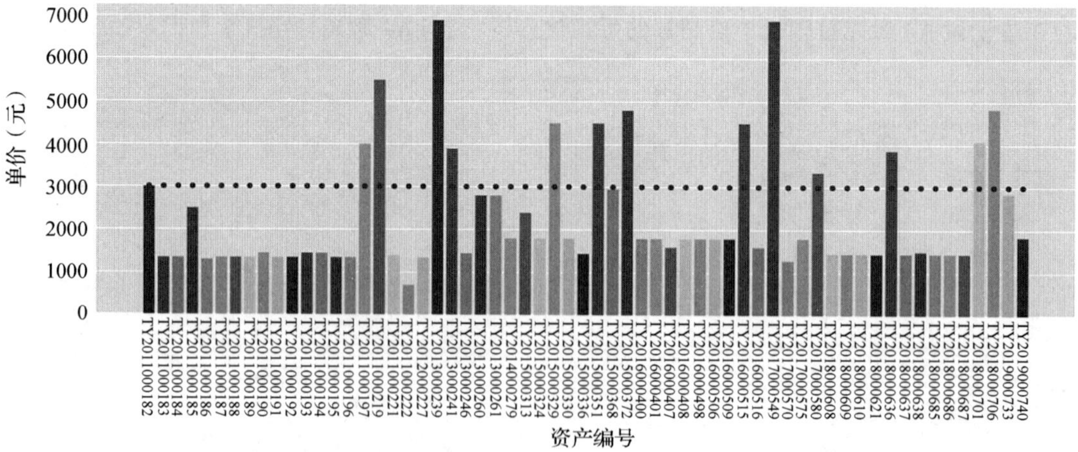

图 3-17　A4 激光打印机单价标准分析图

二、固定资产盘点设计

盘点是一项重要的审计程序,分为全盘和抽盘两种盘点方式,通常情况下按金额或按数量的一定比例或结合分层抽盘、随机抽盘等抽盘方法进行盘点。这一节主要通过两种方式固定资产抽盘设计，介绍 SQL 在审计抽盘中的应用。

（一）审计目标

审查固定资产是否账实相符。

（二）审计任务

固定资产抽盘设计。

（三）所需数据

固定资产卡片列表。

（四）设计步骤

1. 导入数据

导入“固定资产卡片列表”到数据库，导入时数据格式均按 nvarchar 格式导入。导入的数据表结构如下：

资产编号	资产国标大类	资产分类名称	资产分类	资产名称	价值	取得日期	数量	累计折旧	净值	提折旧月	规格型号
TY2006000001	通用设备	激光A4	激光A4	激光A4打印机	1350	2006-10-20	1	1350	0	72	XXX
TY2006000002	通用设备	激光A4	激光A4	激光A4打印机	1350	2006-10-20	1	1350	0	72	XXX
……	……	……	……	……	……	……	……	……	……	……	……

2. 抽盘方案（一）的设计

某个审计项目实施方案中确定“固定资产抽盘资金比例达到总额的 70%”，下面针对这一要求进行抽盘设计。依据重要性原则，在将资产价值从高到低降序排序的基础上，求出累计金额，累计金额达到全部固定资产金额 70% 时停止抽取，具体步骤如下。

（1）将资产原值降序排列，生成序号列

将固定资产按金额进行降序排序，用 ROW_NUMBER（ ）增加升序排序的序号列，形成“中间表 1”。

```
SELECT
    ROW_NUMBER ( ) OVER ( ORDER BY CAST ( 价值 AS
NUMERIC ( 12, 2 )) DESC ) AS 序号,
    资产编号,
    资产名称,
    价值
INTO 中间表 1
FROM 卡片列表
ORDER BY CAST ( 价值 AS NUMERIC ( 12, 2 ) ) DESC;
SELECT *
FROM 中间表 1
```

运行结果：

序号	资产编号	资产名称	价值
1	TY2008000044	灯光音响设备	209161.54
2	TY2021000876	LED显示屏	132986.7
3	TY2015000386	音响电视组合机	113220
4	CL2007000001	轿车	94745.29
5	TY2018000704	灯光设备	93350
⋮	……	……	……

这里是抽盘设计方法的示意，实际盘点时应将资产的规格型号、取得日期、存放地点等信息添加进去。

(2) SUM( )开窗函数求价值的累加值

使用 SUM( )开窗函数，对“中间表 1”的固定资产价值求累加值。

```
SELECT *,
    SUM ( CAST ( 价值 AS NUMERIC ( 12, 2 ) ) )
OVER ( ORDER BY 序号 ) AS 累加
FROM 中间表 1
```

运行结果：

序号	资产编号	资产名称	价值	累加
1	TY2008000044	灯光音响设备	209161.54	209161.54
2	TY2021000876	LED显示屏	132986.7	342148.24
3	TY2015000386	音响电视组合机	113220	455368.24
4	CL2007000001	轿车	94745.29	550113.53
5	TY2018000704	灯光设备	93350	643463.53
⋮	……	……	……	……

累加值达到固定资产价值总额 70% 的时候，抽取该行所对应序号之前的固定资产即可。

(3) 求总价值的 70%

查询价值列合计的 70%：

```
SELECT SUM( CAST ( 价值 AS NUMERIC ( 12, 2 ))) * 0.7
固定资产总额
FROM 中间表 1
```

运行结果：

固定资产总额
4081943.72

(4)求累加值大于总价值 70% 的记录所对应的最小序号

查询累加大于 4081943.72 的最小累加值对应的序号：

```
WITH a AS (
    SELECT
        *,
        SUM ( CAST ( 价值 AS NUMERIC ( 12, 2 ))) OVER
( ORDER BY 序号 ) AS 累加
    FROM 中间表1
    )
SELECT MIN( 序号 ) AS 抽盘截止序号
FROM a
WHERE
    CAST ( a.累加 AS NUMERIC ( 12, 2 )) > 4081943.72
```

运行结果：

抽盘截止序号
381

结果显示，抽选序号范围在 1～381 的固定资产就能满足盘点量达到总价值 70% 的要求。

(5)生成盘点表

```
SELECT *
INTO 方案一盘点表
FROM 中间表1
WHERE 序号 BETWEEN 1 AND 381;
SELECT TOP 5 *
FROM 方案一盘点表
```

运行结果：

序号	资产编号	资产名称	价值
1	TY2008000044	灯光音响设备	209161.54
2	TY2021000876	LED显示屏	132986.7
3	TY2015000386	音响电视组合机	113220
4	CL2007000001	轿车	94745.29
5	TY2018000704	灯光设备	93350

需要说明的是，在实际工作中抽盘表里一定要添加资产的规格型号、存放地点等信息。

3. 抽盘方案(二)的设计

房屋、车辆等重要资产全盘,价值在 3 万元以上的资产全盘,取得日期在 15 年以上且价值在 2000 元以上的资产全盘,其他资产按数量 5% 的比例随机抽盘。

这个方案比较复杂,涉及按固定资产分类抽取,也涉及按价值筛选,还有取得时间要求和随机抽选的要求,步骤如下。

(1)查询房屋类资产

先检查一下,被审计单位的资产分类。

①按资产编号分类

```
SELECT DISTINCT LEFT( 资产编号 , 2 ) AS 资产编号分类
FROM 卡片列表
```

运行结果:

资产编号分类
CL
JJ
TY
ZY

以上查询结果中,CL 表示车辆,JJ 表示家具、用具,TY 表示通用设备,ZY 表示专用设备,显然没有房屋类的资产。

②按国标大类检查分类

```
SELECT DISTINCT 资产国标大类 AS 国标大类分类
FROM 卡片列表
```

运行结果:

国标大类分类
通用设备
家具、用具、装具及动植物
专用设备

结果显示,没有查询到车辆和房屋的分类,被审计单位的“卡片列表”里没有房屋类资产。

(2)筛选全部车辆

上一步的查询中发现有车辆资产,查看被审计单位车辆国标分类。

```
SELECT TOP 3 *
FROM 卡片列表
WHERE 资产编号 LIKE 'CL%'
```

运行结果:

资产编号	资产国标大类	资产分类名称	资产分类	资产名称	价值	取得日期	数量	累计折旧	净值	已提折旧月数	规格型号
CL2007000001	通用设备	排气量1.6L轿车	排气量1.6L轿车	轿车	94745.29	2007-04-23	1	94745.29	0	96	XXX
CL2009000002	通用设备	排气量1.6L轿车	排气量1.6L轿车	轿车	79760.31	2009-04-02	1	79760.31	0	96	XXX
CL2009000003	通用设备	排气量1.6L轿车	排气量1.6L轿车	轿车	79674.78	2009-07-05	1	79674.78	0	96	XXX

从查询结果可以看到车辆在通用设备里。做了以上准备工作后就可以抽选所有车辆了。

```
SELECT *
FROM 卡片列表
WHERE 资产编号 LIKE 'CL%'
```

运行结果:

资产编号	资产国标大类	资产分类名称	资产分类	资产名称	价值	取得日期	数量	累计折旧	净值	已提折旧月数	规格型号
CL2007000001	通用设备	排气量1.6L轿车	排气量1.6L轿车	轿车	94745.29	2007-04-23	1	94745.29	0	96	XXX
CL2009000002	通用设备	排气量1.6L轿车	排气量1.6L轿车	轿车	79760.31	2009-04-02	1	79760.31	0	96	XXX
CL2009000003	通用设备	排气量1.6L轿车	排气量1.6L轿车	轿车	79674.78	2009-07-05	1	79674.78	0	96	XXX
……	……	……	……	……	……	……	……	……	……	……	……

(3)抽选原值在3万元以上的资产

原值除以数量得到单位价值,查找单位价值高于3万元的资产。

```
SELECT *
FROM 卡片列表
WHERE CAST ( 价值 AS NUMERIC ( 12, 2 ) ) / CAST ( 数量
AS INT ) > 30000
ORDER BY CAST ( 价值 AS NUMERIC ( 12, 2 ) ) DESC
```

运行结果:

资产编号	资产国标大类	资产分类名称	资产分类	资产名称	价值	取得日期	数量	累计折旧	净值	已提折旧月数	规格型号
TY2008000044	通用设备	其他组合音像设备	其他组合音像设备	灯光音响设备	209161.54	2008-01-20	1	209161.54	0	60	XXX
TY2021000876	通用设备	LED显示屏	LED显示屏	LED显示屏	132986.7	2021-10-19	1	9235.2	123751.5	5	XXX
TY2015000386	通用设备	音响电视组合机	音响电视组合机	音响电视组合机	113220	2015-12-22	1	113220	0	60	XXX
CL2007000001	通用设备	排气量1.6L轿车	排气量1.6L轿车	轿车	94745.29	2007-04-23	1	94745.29	0	96	XXX
……	……	……	……	……	……	……	……	……	……	……	……

(4)抽选取得时间在 15 年以上且价值在 2000 元以上的资产

```
SELECT *
FROM 卡片列表
WHERE
    DATEDIFF( YEAR, CAST ( 取得日期 AS DATE ), '2023/
12/31' ) > 15
    AND CAST ( 价值 AS NUMERIC ( 12, 2 ) ) / CAST
( 数量 AS INT ) > 2000
```

运行结果：

资产编号	资产国标大类	资产分类名称	资产分类	资产名称	价值	取得日期	数量	累计折旧	净值	提折旧月	规格型号
TY2006000004	通用设备	台式机	台式机	台式电脑	6400	2006-12-20	1	6400	0	72	XXX
TY2006000005	通用设备	台式机	台式机	台式电脑	6148	2006-12-20	1	6148	0	72	XXX
TY2006000006	通用设备	激光A4	激光A4	激光A4打印机	2524	2006-12-24	1	2524	0	72	XXX
TY2007000007	通用设备	台式机	台式机	台式电脑	6820	2007-02-25	1	6820	0	72	XXX
……	……	……	……	……	……	……	……	……	……	……	……

(5)用 UNION 语句去重合并以上查询结果，形成“中间表 1”

```
SELECT *
INTO 中间表1
FROM 卡片列表
WHERE 资产编号 LIKE 'CL%'
UNION
SELECT *
FROM 卡片列表
WHERE CAST ( 价值 AS NUMERIC ( 12, 2 )) / CAST ( 数
量 AS INT ) > 30000
UNION
SELECT *
FROM 卡片列表
WHERE
    DATEDIFF( YEAR, CAST ( 取得日期 AS DATE ), '2023/
12/31' ) > 15
    AND CAST ( 价值 AS NUMERIC ( 12, 2 )) / CAST ( 数量
AS INT ) > 2000;
SELECT *
```

```
FROM 中间表 1
ORDER BY CAST ( 价值 AS NUMERIC ( 12, 2 )) DESC
```

运行结果：

资产编号	资产国标大类	资产分类名称	资产分类	资产名称	价值	取得日期	数量	累计折旧	净值	已提折旧月数	规格型号
TY2008000044	通用设备	其他组合音像设备	其他组合音像设备	灯光音响设备	209161.54	2008-01-20	1	209161.54	0	60	XXX
TY2021000876	通用设备	LED显示屏	LED显示屏	LED显示屏	132986.7	2021-10-19	1	9235.2	123751.5	5	XXX
TY2015000386	通用设备	音响电视组合机	音响电视组合机	音响电视组合机	113220	2015-12-22	1	113220	0	60	XXX
CL2007000001	通用设备	排气量1.6L轿车	排气量1.6L轿车	轿车	94745.29	2007-04-23	1	94745.29	0	96	XXX
······	······	······	······	······	······	······	······	······	······	······	······

（6）随机抽选其他资产的 5%

卡片列表筛除“中间表 1”后剩余的记录形成“中间表 2”，对“中间表 2”进行 5% 的随机抽选。

```
SELECT *
INTO 中间表 2
FROM 卡片列表
WHERE 资产编号 NOT IN ( SELECT 资产编号 FROM 中间表 1 );
SELECT *
FROM 中间表 2
```

运行结果：

资产编号	资产国标大类	资产分类名称	资产分类	资产名称	价值	取得日期	数量	累计折旧	净值	已提折旧月数	规格型号
TY2006000001	通用设备	激光A4	激光A4	激光A4打印机	1350	2006-10-20	1	1350	0	72	XXX
TY2006000002	通用设备	激光A4	激光A4	激光A4打印机	1350	2006-10-20	1	1350	0	72	XXX
TY2006000003	通用设备	普通电视设备（电视机）	普通电视设备（电视机）	电视机	875	2006-11-20	1	875	0	60	XXX
TY2007000012	通用设备	激光A4	激光A4	激光A4打印机	1350	2007-03-15	1	1350	0	72	XXX
······	······	······	······	······	······	······	······	······	······	······	······

接着完成 5% 的随机抽选。

```
SELECT TOP 5 PERCENT *
INTO 中间表 3
FROM 中间表 2
ORDER BY NEWID();
SELECT *
FROM 中间表 3
```

运行结果：

资产编号	资产国标大类	资产分类名称	资产分类	资产名称	价值	取得日期	数量	累计折旧	净值	提折旧月	规格型号
TY2017000536	通用设备	台式机	台式机	台式机	3500	2017-01-04	1	3013.82	486.18	62	XXX
TY2015000326	通用设备	扫描仪	扫描仪	扫描仪	1100	2015-03-23	1	1100	0	72	XXX
JJ2013000388	家具、用具、装具及动植物	椅凳类	椅凳类	椅子	180	2013-12-30	1	99	81	99	XXX
……	……	……	……	……	……	……	……	……	……	……	……

上述两个查询语句也可以合并编写代码。为了操作更加简单清晰，审计人员可以多制作几个“中间表”。下面是两个查询语句合并的 SQL 语句：

```
SELECT TOP 5 PERCENT *
FROM (
        SELECT *
        FROM 卡片列表
        WHERE 资产编号 NOT IN (SELECT 资产编号 FROM 中
间表 1)
    )a
ORDER BY NEWID()
```

(7)生成盘点表

随机查询结果与“中间表 1”合并，生成盘点表。

```
SELECT *
FROM
(SELECT *
FROM 中间表 1
UNION ALL
SELECT *
FROM 中间表 3)a
ORDER BY 资产编号
```

运行结果：

资产编号	资产国标大类	资产分类名称	资产分类	资产名称	价值	取得日期	数量	累计折旧	净值	已提折旧月数	规格型号
CL2007000001	通用设备	排气量1.6L轿车	排气量1.6L轿车	轿车	94745.29	2007-04-23	1	94745.29	0	96	XXX
CL2009000002	通用设备	排气量1.6L轿车	排气量1.6L轿车	轿车	79760.31	2009-04-02	1	79760.31	0	96	XXX
CL2009000003	通用设备	排气量1.6L轿车	排气量1.6L轿车	轿车	79674.78	2009-07-05	1	79674.78	0	96	XXX
……	……	……	……	……	……	……	……	……	……	……	……

根据以上运行结果，编制盘点表。

第七节　预算执行情况审计分析

部门预算执行情况审计是审计全覆盖的重要组成部分，通过对部门预算执行情况的审计，可以发现财政资金使用中存在的问题和风险，提高财政资金的安全性及其使用效益，促进单位预算管理的规范化。下面通过几个案例说明 SQL 在部门预算执行情况审计中的应用。

一、年底突击支出的审计

审查预算项目在年底支出情况，通过筛选年初预算批复项目在 202X 年 12 月当月支出占全年支出 50% 以上的项目，结合合同执行情况，检查是否存在突击支付或预存、转移财政资金等问题。

（一）审计目标

落实“过年紧日子”政策，防止年底突击花钱。

（二）审计事项

年底突击花钱。

（三）所需数据

序时账、合同、国库集中支付凭证查询。

（四）分析步骤

1. 导入数据

导入本案例配套的序时账，导入时各列均按 nvarchar 数据类型导入。导入的数据表结构如下：

凭证日期	凭证号	摘要	科目代码	科目名称	借方	贷方	项目
2022-02-28	记账65	数字化转换服务费	7101010202	事业支出-财政拨款支出-项目支出	400000		行业数据电子化处理
2022-03-31	记账120	劳务费	7101010201	事业支出-财政拨款支出-项目支出	23000		媒体宣传经费
2022-03-30	记账105	业务委托费	7101010201	事业支出-财政拨款支出-项目支出	775000		标准执行检查经费
……	……	……	……	……	……	……	……

2. 求出 12 月支出占全年支出的比例

(1) 使用 PIVOT 透视语句实现。

①运行 PIVOT 语句，得到月度支出透视表。

```
SELECT *
FROM (
    SELECT
            CAST ( MONTH ( CAST ( 凭证日期 AS DATE ) )
AS NVARCHAR ( 3 ) ) + '月' AS 月,
```

```
            项目,
            CAST ( 借方 AS NUMERIC ( 10, 2 ) ) AS 借方
    FROM 序时账 ) a
PIVOT (
            SUM (借方) FOR 月 IN ([1月],[2月],[3月],
[4月], [5月], [6月], [7月], [8月], [9月], [10月],
[11月], [12月] ) ) b
```

运行结果：

项目	1月	2月	3月	4月	5月	6月	7月	8月	9月	10月	11月	12月
办公系统升级改造						1024000.00	1610000.00					
标准执行检查经费			775000.00	75000.00			75000.00					267500.00
媒体宣传经费			23000.00	48000.00	54000.00	6820.00	45666.00	280000.00	78300.00			1238850.00
行业数据电子化处理		400000.00										1347800.00

②求出 12 月支出占比。

```
SELECT
    c.*,
    d.合计 AS 合计,
    FORMAT ( c.[12月] / d.合计, 'p' ) AS '12月支出占比'
FROM
    (
    SELECT *
    FROM (
        SELECT
                CAST( MONTH ( CAST ( 凭证日期 AS DATE ))
AS nvarchar ( 3 )) + '月' AS 月,
                项目,
                CAST ( 借方 AS NUMERIC ( 10, 2 )) AS
借方
        FROM 序时账
            ) a
    PIVOT (
            SUM ( 借方 ) FOR 月 IN ( [1月], [2月],
[3月], [4月], [5月], [6月], [7月], [8月], [9月],
[10月], [11月], [12月] ) ) b
    ) c
```

```
INNER JOIN
( SELECT 项目 , SUM ( CAST ( 借方 AS NUMERIC ( 10,
2 ))) AS 合计 FROM 序时账 GROUP BY 项目 ) d
ON c.项目 = d.项目
```

运行结果：

项目	1月	2月	3月	4月	5月	6月	7月	8月	9月	10月	11月	12月	合计	12月支出占比
办公系统升级改造						1024000.00	1610000.00						2634000.00	
标准执行检查经费			775000.00	75000.00			75000.00					267500.00	1192500.00	22.43%
媒体宣传经费			23000.00	48000.00	54000.00	6820.00	45666.00	280000.00	78300.00			1238850.00	1774636.00	69.81%
行业数据电子化处理		400000.00										1347800.00	1747800.00	77.11%

(2)使用CASE WHEN语句和GROUP BY语句实现。

①首先按项目、按月分类汇总。

```
SELECT
项目,
SUM(CASE WHEN MONTH(CAST(凭证日期 AS DATE))='1' THEN
CAST(借方 AS NUMERIC(10,2)) ELSE 0 END) AS '1月',
SUM(CASE WHEN MONTH(CAST(凭证日期 AS DATE))='2' THEN
CAST(借方 AS NUMERIC(10,2)) ELSE 0 END) AS '2月',
SUM(CASE WHEN MONTH(CAST(凭证日期 AS DATE))='3' THEN
CAST(借方 AS NUMERIC(10,2)) ELSE 0 END) AS '3月',
SUM(CASE WHEN MONTH(CAST(凭证日期 AS DATE))='4' THEN
CAST(借方 AS NUMERIC(10,2)) ELSE 0 END) AS '4月',
SUM(CASE WHEN MONTH(CAST(凭证日期 AS DATE))='5' THEN
CAST(借方 AS NUMERIC(10,2)) ELSE 0 END) AS '5月',
SUM(CASE WHEN MONTH(CAST(凭证日期 AS DATE))='6' THEN
CAST(借方 AS NUMERIC(10,2)) ELSE 0 END) AS '6月',
SUM(CASE WHEN MONTH(CAST(凭证日期 AS DATE))='7' THEN
CAST(借方 AS NUMERIC(10,2)) ELSE 0 END) AS '7月',
SUM(CASE WHEN MONTH(CAST(凭证日期 AS DATE))='8' THEN
CAST(借方 AS NUMERIC(10,2)) ELSE 0 END) AS '8月',
SUM(CASE WHEN MONTH(CAST(凭证日期 AS DATE))='9' THEN
CAST(借方 AS NUMERIC(10,2)) ELSE 0 END) AS '9月',
SUM(CASE WHEN MONTH(CAST(凭证日期 AS DATE))='10' THEN
CAST(借方 AS NUMERIC(10,2)) ELSE 0 END) AS '10月',
```

```
SUM(CASE WHEN MONTH(CAST(凭证日期 AS DATE))='11' THEN
CAST(借方 AS NUMERIC(10,2)) ELSE 0 END) AS '11月',
SUM(CASE WHEN MONTH(CAST(凭证日期 AS DATE))='12' THEN
CAST(借方 AS NUMERIC(10,2)) ELSE 0 END) AS '12月'
INTO #临时表
FROM 序时账
GROUP BY 项目
```

运行结果：

项目	1月	2月	3月	4月	5月	6月	7月	8月	9月	10月	11月	12月
办公系统升级改造						1024000.00	1610000.00					
标准执行检查经费			775000.00	75000.00			75000.00					267500.00
媒体宣传经费			23000.00	48000.00	54000.00	6820.00	45666.00	280000.00	78300.00			1238850.00
行业数据电子化处理		400000.00										1347800.00

以上的运行结果，没有合计数，需要求出合计数。

```
SELECT 项目 ,SUM(CAST(借方 AS NUMERIC(10,2)))AS 合计
FROM 序时账
GROUP BY 项目
```

运行结果：

项目	合计
办公系统升级改造	2634000.00
标准执行检查经费	1192500.00
媒体宣传经费	1774636.00
行业数据电子化处理	1747800.00

②通过内连接将“合计”添加到透视表里。第一次的查询定义为 a 表，第二次查询定义为 b 表。

```
SELECT a.*,b.合计
FROM #临时表 a INNER JOIN
( SELECT 项目 , SUM ( CAST ( 借方 AS NUMERIC ( 10, 2 )))
AS 合计 FROM 序时账 GROUP BY 项目 ) AS b
ON a.项目 = b.项目
```

运行结果：

项目	1月	2月	3月	4月	5月	6月	7月	8月	9月	10月	11月	12月	合计
办公系统升级改造						1024000.00	1610000.00						2634000.00
标准执行检查经费			775000.00	75000.00			75000.00					267500.00	1192500.00
媒体宣传经费			23000.00	48000.00	54000.00	6820.00	45666.00	280000.00	78300.00			1238850.00	1774636.00
行业数据电子化处理		400000.00										1347800.00	1747800.00

③求出 12 月份支出的全年占比，添加到查询里。

```
SELECT a.*,b.合计,
    FORMAT ( a.[12 月 ] / b.合计 , 'p' ) AS '12 月支出占比'
FROM #临时表 a INNER JOIN
( SELECT 项目 , SUM ( CAST ( 借方 AS NUMERIC ( 10, 2 )))
AS 合计 FROM 序时账 GROUP BY 项目 ) AS b
ON a.项目 = b.项目
```

运行结果：

项目	1月	2月	3月	4月	5月	6月	7月	8月	9月	10月	11月	12月	合计	12月支出占比
办公系统升级改造						1024000.00	1610000.00						2634000.00	
标准执行检查经费			775000.00	75000.00			75000.00					267500.00	1192500.00	22.43%
媒体宣传经费			23000.00	48000.00	54000.00	6820.00	45666.00	280000.00	78300.00			1238850.00	1774636.00	69.81%
行业数据电子化处理		400000.00										1347800.00	1747800.00	77.11%

3. 可视化

项目支出按月分类汇总保存到项目支出统计表中。

```
SELECT
        项目,
        CAST ( MONTH ( CAST ( 凭证日期 AS DATE ) )
AS VARCHAR(3) )+'月' AS 月份,
        CAST ( 借方 AS NUMERIC ( 10, 2 ) ) AS 支出金额
FROM 序时账
ORDER BY 项目
```

项目支出统计表结构如下：

项目	月份	支出金额
办公系统升级改造	6月	256000.00
办公系统升级改造	6月	256000.00
办公系统升级改造	6月	256000.00
办公系统升级改造	6月	256000.00
……	……	……

通过 Navicat 导出向导将项目支出统计表保存到一个位置，接下来使用 Python 进行可视化。打开 Python，输入以下代码：

```
import pandas as pd
import plotly.express as px
df=pd.read_excel(
            'd:\ 项目支出统计表 .xlsx',
            dtype={'支出金额':float}
    )
fig = px.pie(
            df,
            names='月份',
            values='支出金额',
            title='媒体宣传经费月度支出饼图',
            facet_col='项目'
            )
fig.update_traces(textinfo='percent+label',textposition
='inside', pull=[0.1,0.1,0.1,0,0.1,0.1,0.1,0.1])
fig.update_layout(
            autosize=False,
            width=1000,
            height=500,
            margin=dict( l=50,r=50,b=100,t=100 ),
            title={'x':0.5,'y':0.95}
            )
fig.show()
```

执行后得到项目月度支出饼图(图 3-18)。

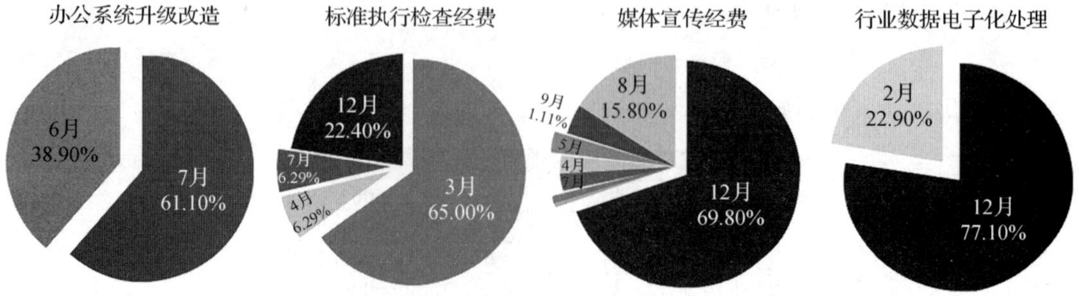

图 3-18　项目月度支出饼图

以上是使用 Plotly Express pie 函数实现的多子图可视化结果。

温馨提示

pivot 和 unpivot 语句能实现行列转换和透视表的功能。

pivot 基本格式：

```
table_source
pivot(聚合函数(value_column)for pivot_column
in(<column_list>))
```

unpivot 基本格式：

```
table_source
unpivot(value_column  for  pivot_column
in(<column_list>))
```

二、收入在往来科目核算的分析

《行政单位财务规则》和《事业单位财务规则》中均要求单位应当将各项收入全部纳入单位预算，统一核算，统一管理，未纳入预算的收入不得安排支出。因此，收入在往来科目核算的审查中是预算编制完整性审查的一项重要内容。下面从序时账的摘要和科目入手，筛查收入在往来科目核算中的疑点。

（一）审计目标

预算编制完整性。

（二）审计事项

收入在往来科目中的核算。

（三）所需数据

序时账。

（四）分析步骤

1. 导入数据

导入本案例配套的序时账，导入时各列数据均按 nvarchar 格式导入，导入后的数据结构如下：

年	月	凭证号	摘要	科目编码	科目名称	借方	贷方
2020	1	记-0003	个税返还	1002	1002\基本户存款	6765.38	
2020	1	记-0003	个税返还	230799	230799\其他应付款\其他		6765.38
……	……	……	……	……	……	……	……

2. 收入在往来科目核算中的查询

按摘要和科目筛选收入在往来科目核算中的疑点，筛选摘要里包含“奖励”“补助”“返还”“退”“补贴”等文字，且计入往来科目贷方的凭证。

```
SELECT *
FROM 序时账
WHERE(
        摘要 LIKE '%捐%'
        OR 摘要 LIKE '%奖励%'
        OR 摘要 LIKE '收%'
        OR 摘要 LIKE '%拨款%'
        OR 摘要 LIKE '%赔偿%'
        OR 摘要 LIKE '%违约%'
        OR 摘要 LIKE '%资助%'
        OR 摘要 LIKE '%经费'
        OR 摘要 LIKE '%管理费'
        OR 摘要 LIKE '%拍卖款%'
        OR 摘要 LIKE '%罚%'
        OR 摘要 LIKE '%滞纳%'
        OR 摘要 LIKE '%利息%'
        OR 摘要 LIKE '%补偿费%'
        OR 摘要 LIKE '%服务%'
        OR 摘要 LIKE '%咨询%'
        OR 摘要 LIKE '%中央%'
        OR 摘要 LIKE '%国家%'
        OR 摘要 LIKE '%局%'
        OR 摘要 LIKE '%返还%'
        OR 摘要 LIKE '%缴款%'
        OR 摘要 LIKE '%处置%'
        OR 摘要 LIKE '%补贴%'
        OR 摘要 LIKE '%补助%'
        OR 摘要 LIKE '%协会%'
        OR 摘要 LIKE '%退%' )
    AND 科目编码 LIKE '2307%'
    AND CAST ( 贷方 AS NUMERIC ( 12, 2 ) ) >0
```

运行结果：

年	月	凭证号	摘要	科目编码	科目名称	借方	贷方
2020	1	记-0003	个税返还	230799	230799\其他应付款\其他		6765.38
2020	11	记-0003	安置就业奖励	230799	230799\其他应付款\其他		25698.25

根据运行结果，进一步核实个税返还和安置就业奖励是否计入了单位的收入。

三、财务会计和预算会计未平行记账的分析

《政府会计制度》中要求："单位对于纳入部门预算管理的现金收支业务，在采用财务会计核算的同时应当进行预算会计核算；对于其他业务，仅需进行财务会计核算"。

实际工作中存在年初预算没有安排，且未调整预算的一些支出只计入财务会计科目，不计入预算会计科目，决算报表也不体现这部分支出的现象。也就是财务会计和预算会计没有平行记账。下面针对这种情况，做审计数据分析。

（一）审计目标

预算编制完整性。

（二）审计事项

财务会计、预算会计平行记账。

（三）所需数据

序时账。

（四）分析步骤

1. 导入数据

导入本案例配套的序时账，导入时各列的格式均按 nvarchar 格式导入。导入的序时账结构如下：

年	月	凭证号	摘要	科目编码	科目名称	借方	贷方
2020	1	记-0003	个税返还	1002	1002\基本户存款	6765.38	
2020	1	记-0003	个税返还	230799	230799\其他应付款\其他		6765.38
2020	1	记-0004	交通补贴	5001021101	5001021101\业务活动费用\商品和服务费用\差旅费\差旅费	160.00	
2020	1	记-0004	交通补贴	1011	1011\零余额账户用款额度		80.00
……	……	……	……	……	……	……	……

2. 添加唯一凭证号列

凭证号列所表示的凭证号，在同一月份内是唯一的，不同月份会有相同的凭证号，所以唯一凭证号是月份和凭证号的组合。

（1）序时账添加"唯一凭证号"列

```
ALTER TABLE 序时账
ADD   唯一凭证号 VARCHAR(80)
```

运行结果：

年	月	凭证号	摘要	科目编码	科目名称	借方	贷方	唯一凭证号
2020	1	记-0003	个税返还	1002	1002\基本户存款	6765.38		
2020	1	记-0003	个税返还	230799	230799\其他应付款\其他		6765.38	
2020	1	记-0004	交通补贴	5001021101	5001021101\业务活动费用\商品和服务费用\差旅费\差旅费	160.00		
2020	1	记-0004	交通补贴	1011	1011\零余额账户用款额度		80.00	
……	……	……	……	……	……	……	……	……

(2)唯一凭证号列赋值

```
UPDATE 序时账
SET 唯一凭证号 = 年 +'-'+ 月 +'-'+ 凭证号 ;
SELECT *
FROM 序时账
```

运行结果:

年	月	凭证号	摘要	科目编码	科目名称	借方	贷方	唯一凭证号
2020	1	记-0003	个税返还	1002	1002\基本户存款	6765.38		2020-1-记-0003
2020	1	记-0003	个税返还	230799	230799\其他应付款\其他		6765.38	2020-1-记-0003
……	……	……	……	……	……	……	……	……

3. 未平行记账的筛选

```
SELECT *
FROM 序时账
WHERE
    (
        科目编码 LIKE '5%'
        AND CAST ( 借方 AS NUMERIC ( 12, 2 )) > 0
        OR 科目编码 LIKE '1601%'
        AND CAST ( 借方 AS NUMERIC ( 12, 2 )) > 0
    )
    AND 唯一凭证号 NOT IN
    ( SELECT 唯一凭证号 FROM 序时账 WHERE 科目编码 LIKE
'7%' AND CAST ( 借方 AS NUMERIC ( 12, 2 ) ) > 0 )
    AND 摘要 NOT LIKE'% 折旧 %'
```

运行结果:

年	月	凭证号	摘要	科目编码	科目名称	借方	贷方	唯一凭证号
2020	3	记-0001	职工工作餐	50010229	50010229\业务活动费用\商品和服务费用\福利费	27540		2020-3-记-0001
2020	6	记-0010	职工工作餐	50010229	50010229\业务活动费用\商品和服务费用\福利费	23358		2020-6-记-0010
2020	9	记-0013	职工工作餐	50010229	50010229\业务活动费用\商品和服务费用\福利费	23358		2020-9-记-0013
2020	12	记-0003	培训费	50010216	50010216\业务活动费用\商品和服务费用\培训费	8500		2020-12-记-0003
2020	12	记-0004	笔记本电脑	160103	160103\固定资产\通用设备	5999		2020-12-记-0004

运行结果显示,以上凭证计入财务会计科目,但未计入预算会计科目,需要结合检查凭证等进一步核实取证。

四、培训费中列支固定资产支出的数据分析

《中央和国家机关培训费管理办法》中规定，严禁使用培训费购置电脑、复印机、打印机、传真机等固定资产以及支付与培训无关的其他费用。下面就培训费预算支出安排购置固定资产的情况进行数据分析。

（一）审计目标

预算支出的合规性。

（二）审计事项

培训费购置固定资产。

（三）所需数据

序时账、固定资产卡片列表。

（四）分析步骤

1. 导入数据

导入本案例配套的序时账、固定资产卡片列表，导入时数据均按 nvarchar 数据类型导入，导入的数据表结构如下。

序时账：

年	月	凭证号	摘要	科目编码	科目名称	借方	贷方
2020	1	记-0004	交通补贴	5001021101	5001021101\业务活动费用\商品和服务费用\差旅费\差旅费	160.00	
2020	1	记-0004	交通补贴	1011	1011\零余额账户用款额度		80.00
2020	1	记-0004	交通补贴	1011	1011\零余额账户用款额度		80.00
……	……	……	……	……	……	……	……

固定资产卡片列表：

资产编号	资产国标大类	资产分类	资产名称	价值类型	价值	数量	财政性资金	非财政性资金	取得方式	财务入账日期	会计凭证号	取得日期	使用状况	累计折旧	净值	折旧月数	已提折旧月数
TY2020000001	通用设备	便携式计算机	笔记本电脑	原值	6785	1	6785	0	新购	2020-07-25	2020-07-0007	2020-07-01	在用	3486.74	3298.26	72	37
JJ2020000001	家具、用具、装具及动植物	椅凳类	椅凳类	原值	568	1	568	0	新购	2020-12-26	2020-12-0059	2020-12-18	在用	116.92	451.08	180	37
……	……	……	……	……	……	⋮	……	……	……	……	……	……	……	……	……	……	……

2. 科目和摘要联合查询

筛选科目名称是“培训费”，且摘要含有“电脑、复印机、打印机、传真机”的凭证。

```
SELECT *
FROM 序时账
WHERE 科目名称 LIKE '%培训费%' AND
       ( 摘要 LIKE '%电脑%'
           OR 摘要 LIKE '%复印机%'
           OR 摘要 LIKE '%打印机%'
           OR 摘要 LIKE '%传真机%' )
```

运行结果：

年	月	凭证号	摘要	科目编码	科目名称	借方	贷方
(N/A)	(N/A)	(N/A)	(N/A)	(N/A)	(N/A)	(N/A)	(N/A)

结果显示，未找到所查询条件的凭证。

3. **科目与科目的联合查询**

筛选科目名称是“培训费”，且本凭证号中含有固定资产科目的凭证。

因为每月都有相同的凭证号，想要凭证号唯一就需要添加一个唯一凭证号列。

（1）添加唯一凭证号列

```
ALTER TABLE 序时账
ADD 唯一凭证号 NVARCHAR(50)
```

（2）唯一凭证号赋值

```
UPDATE 序时账
SET 唯一凭证号 = 年 +'-'+ 月 +'-'+ 凭证号 ;
SELECT *
FROM 序时账
```

运行结果：

年	月	凭证号	摘要	科目编码	科目名称	借方	贷方	唯一凭证号
2020	1	记-0004	交通补贴	5001021101	5001021101\业务活动费用\商品和服务费用\差旅费\差旅费	160.00		2020-1-记-0004
2020	1	记-0004	交通补贴	1011	1011\零余额账户用款额度		80.00	2020-1-记-0004
2020	1	记-0004	交通补贴	1011	1011\零余额账户用款额度		80.00	2020-1-记-0004
⋮	⋮	……	……	……	……	……	……	……

（3）筛选科目名称是“培训费”，且本凭证号中含有固定资产科目的凭证。

```
SELECT *
FROM 序时账
WHERE
    科目名称 LIKE '%固定资产%'
    AND 唯一凭证号 IN
    ( SELECT 唯一凭证号 FROM 序时账 WHERE 科目名称 LIKE
'%培训费%' )
```

运行结果：

年	月	凭证号	摘要	科目编码	科目名称	借方	贷方	唯一凭证号
2020	7	记-0007	培训费	160103	160103\固定资产\通用设备	6785		2020-7-记-0007

4. 序时账与固定资产系统联合查询

筛选固定资产卡片的会计凭证号与培训费凭证号一致的凭证。序时账和固定资产卡片列表的凭证号格式不一致的，需要调整格式，统一格式。

```
UPDATE 序时账
SET 唯一凭证号 =REPLACE( 唯一凭证号 ,'记 -','');
SELECT *
FROM 序时账
```

运行结果：

年	月	凭证号	摘要	科目编码	科目名称	借方	贷方	唯一凭证号
2020	1	记-0004	交通补贴	5001021101	5001021101\业务活动费用\商品和服务费用\差旅费\差旅费	160.00		2020-1-0004
2020	1	记-0004	交通补贴	1011	1011\零余额账户用款额度		80.00	2020-1-0004
2020	1	记-0004	交通补贴	1011	1011\零余额账户用款额度		80.00	2020-1-0004
……	……	……	……	……	……	……	……	……

接着调整固定资产卡片列表的会计凭证号格式。

```
UPDATE 固定资产卡片
SET 会计凭证号 =
CASE
        WHEN SUBSTRING ( 会计凭证号 ,6,1 ) = '0' THEN
                SUBSTRING ( 会计凭证号 ,1,5 ) +
SUBSTRING ( 会计凭证号 ,7,6 )
    ELSE 会计凭证号
END;
SELECT *
FROM 固定资产卡片
```

运行结果：

资产编号	资产国标大类	资产分类	资产名称	价值类型	价值	数量	财政性资金	非财政性资金	取得方式	财务入账日期	会计凭证号	取得日期	使用状况	累计折旧	净值	折旧月数	已提折旧月数
TY2020000001	通用设备	便携式计算机	笔记本电脑	原值	6785	1	6785	0	新购	2020-07-25	2020-7-0007	2020-07-01	在用	3486.74	3298.26	72	37
JJ2020000001	家具、用具、装具及动植物	椅凳类	椅凳类	原值	568	1	568	0	新购	2020-12-26	2020-12-0059	2020-12-18	在用	116.92	451.08	180	37
……	……	……	……	……	……	⋮	……	……	……	……	……	……	……	……	……	……	……

调整后两个表的会计凭证号格式就统一了。接着筛选固定资产卡片的会计凭证号与培训

费凭证号一致的凭证。

```
SELECT *
FROM 序时账
WHERE
    科目名称 LIKE '%培训费%'
    AND 唯一凭证号 IN ( SELECT 会计凭证号 FROM 固定资产
卡片 )
```

运行结果：

年	月	凭证号	摘要	科目编码	科目名称	借方	贷方	唯一凭证号
2020	7	记-0007	培训费	50010216	50010216\业务活动费用\商品和服务费用\培训费	58695		2020-7-0007
2020	7	记-0007	培训费	72010216	72010216\事业支出\商品和服务支出\培训费	65480		2020-7-0007

结果显示，固定资产卡片中有此凭证号。需要检查凭证，进一步核实取证。

第八节　政府采购分析

政府采购审计中，需要审查涉及集中采购目录内的采购事项是否执行政府采购，是否做到"应采尽采"。关于政府采购集中采购目录及标准，财政部门会定期发布，并做具体的要求。例如，《XX 市财政局关于印发 XX 市 202X—202X 年政府采购集中采购目录及标准的通知》中要求："市属各预算单位要以《目录及标准》作为编制和执行 202X—202X 年政府采购预算的依据"。

一、政府采购抽凭

集采目录内的采购是否做到了"应采尽采"，需要结合抽凭进行。下面主要对抽凭方面做分析。

（一）审计目标

政府集中采购目录内的采购"应采尽采"。

（二）审计任务

集采目录内的采购抽凭。

（三）所需数据

序时账、国库集中支付凭证查询。

（四）分析步骤

1. 导入数据

导入本案例配套的序时账和支付查询表，导入时均按 nvarchar 格式导入。导入的表结构如下。

序时账：

年	月	凭证号	摘要	科目编码	科目名称	借方	贷方
2020	1	记-0004	交通补贴	5001021101	5001021101\业务活动费用\商品和服务费用\差旅费\差旅费	160.00	
2020	1	记-0004	交通补贴	1011	1011\零余额账户用款额度		80.00
2020	1	记-0004	交通补贴	1011	1011\零余额账户用款额度		80.00
……	……	……	……	……	……	……	……

支付查询：

预算项目	申请日期	部门支出经济分类	收款人全称	实际支付日期	实际支付金额	事由
2022T001	2022-12-08	30202-印刷费	XXX印刷有限公司	2022-12-12	26,500.00	刊物印刷费
2022T002	2022-11-29	30227-委托业务费	XXX文化传播有限公司	2022-11-29	507,500.00	信息运维扩展服务尾款
……	……	……	……	……	……	……

2. 添加唯一凭证号字段

序时账添加“唯一凭证号”字段后赋值。

```
ALTER TABLE 序时账
ADD 唯一凭证号 NVARCHAR(50)
```

```
UPDATE 序时账
SET 唯一凭证号 = 年 +'-'+ 月 +'-'+ 凭证号 ;
SELECT *
FROM 序时账
```

运行结果：

年	月	凭证号	摘要	科目编码	科目名称	借方	贷方	唯一凭证号
2020	1	记-0004	交通补贴	5001021101	5001021101\业务活动费用\商品和服务费用\差旅费\差旅费	160.00		2020-1-0004
2020	1	记-0004	交通补贴	1011	1011\零余额账户用款额度		80.00	2020-1-0004
2020	1	记-0004	交通补贴	1011	1011\零余额账户用款额度		80.00	2020-1-0004
……	……	……	……	……	……	……	……	……

3. 按集采目录内关键字抽凭

参照集中采购目录，对序时账做摘要分析，选取摘要含有采购目录关键字且属于预算支出科目的记录。本案例的序时账，已经筛除了人员的物业补贴，使用关键字“物业”查询的范围就缩小了。抽凭形成的表，使用“CREATE VIEW 视图名称 AS”语句形成视图，方便调用。

```
CREATE VIEW 摘要抽凭 AS
SELECT *
FROM 序时账
WHERE 科目编码 LIKE '7%' AND (
        摘要 LIKE '%电脑%'
        OR 摘要 LIKE '%笔记本%'
        OR 摘要 LIKE '%计算机%'
        OR 摘要 LIKE '%便携式%'
        OR 摘要 LIKE '%台式%'
        OR 摘要 LIKE '%显示器%'
        OR 摘要 LIKE '%软件%'
        OR 摘要 LIKE '%传真机%'
        OR 摘要 LIKE '%设备%'
        OR 摘要 LIKE '%复印机%'
        OR 摘要 LIKE '%一体机%'
        OR 摘要 LIKE '%空调%'
        OR 摘要 LIKE '%监控%'
        OR 摘要 LIKE '%屏%'
        OR 摘要 LIKE '%刻录机%'
        OR 摘要 LIKE '%扫描%'
        OR 摘要 LIKE '%器材%'
        OR 摘要 LIKE '%相机%'
        OR 摘要 LIKE '%速印机%'
        OR 摘要 LIKE '%打印机%'
        OR 摘要 LIKE '%碎纸机%'
        OR 摘要 LIKE '%投影仪%'
        OR 摘要 LIKE '%洗衣机%'
        OR 摘要 LIKE '%复印纸%'
        OR 摘要 LIKE '%打印纸%'
        OR 摘要 LIKE '%保洁%'
        OR 摘要 LIKE '%保安%'
        OR 摘要 LIKE '%印刷%'
        OR 摘要 LIKE '%广告%'
        OR 摘要 LIKE '%物业%'
        OR 摘要 LIKE '%家具%'
        OR 摘要 LIKE '%桌%'
        OR 摘要 LIKE '%椅%'
```

```
        OR 摘要 LIKE '% 柜 %'
        OR 摘要 LIKE '% 架 %'
        OR 摘要 LIKE '% 床 %'
        OR 摘要 LIKE '% 沙发 %'
        OR 摘要 LIKE '% 不间断电源 %'
        OR 摘要 LIKE '%UPS%'
        OR 摘要 LIKE '% 云 %')
```

查询刚刚创建的视图：

```
SELECT * FROM 摘要抽凭 ORDER BY CAST(月 AS INT)
```

运行结果：

年	月	凭证号	摘要	科目编码	科目名称	借方	贷方	唯一凭证号
2020	3	记-0004	购买复印纸	72010201	72010201\事业支出\商品和服务支出\办公费	849.8		2020-3-记-0004
2020	5	记-0017	物业费	7201020901	7201020901\事业支出\商品和服务支出\物业管理费	46571.43		2020-5-记-0017
2020	6	记-0009	空调维修费	7201021301	7201021301\事业支出\商品和服务支出\维修(护)费\设备维修费	210		2020-6-记-0009
……	……	……	……	……	……	……	……	……

如果不喜欢使用like%模糊查询，也可以使用CHARINDEX( )函数，可参照下面的格式写SQL语句。

```
SELECT *
FROM 序时账
WHERE LEFT(科目编码,1)='7' AND
        (CHARINDEX('电脑',摘要)>0
        OR CHARINDEX('笔记本',摘要)>0
        OR CHARINDEX('计算机',摘要)>0
        OR CHARINDEX('便携式',摘要)>0
        OR CHARINDEX('台式',摘要)>0
        OR CHARINDEX('显示器',摘要)>0
        OR CHARINDEX('空调',摘要)>0
        OR CHARINDEX('碎纸机',摘要)>0)
```

4. 筛选固定资产购置凭证

上一步是根据摘要选取凭证，这里是根据科目选取凭证，查看科目余额表。了解到以“1601”开头的科目是固定资产科目，购置固定资产的凭证有可能与上一步形成的抽凭重复，需要选取不重复的凭证。

```
CREATE VIEW 固定资产抽凭 AS
SELECT *
FROM 序时账
WHERE 科目编码 LIKE '1601%'
   AND 唯一凭证号 NOT IN (SELECT 唯一凭证号 FROM 摘要
抽凭 )
```

运行结果：

年	月	凭证号	摘要	科目编码	科目名称	借方	贷方	唯一凭证号
2020	12	记-0056	购置空气净化器	160103	160103\固定资产\通用设备	6297		2020-12-记-0056

结果显示，购置固定资产的凭证中除了购置空气净化器外，摘要筛选时就已经筛选了，空气净化器未在集采目录内，不必抽凭。

5. 筛选公车运行费用凭证

查看科目余额表，找到与公务用车运行维护费相关的科目编码开头的编码为“72010231”。

```
CREATE VIEW 公务用车抽凭 AS
SELECT *
FROM 序时账
WHERE 科目编码 LIKE '72010231%'
```

运行结果：

年	月	凭证号	摘要	科目编码	科目名称	借方	贷方	唯一凭证号
2020	10	记-0018	车辆保险	7201023104	7201023104\事业支出\商品和服务支出\公务用车运行维护费\保险费	4685.62		2020-10-记-0018
2020	10	记-0029	车辆维修保养费预付	7201023103	7201023103\事业支出\商品和服务支出\公务用车运行维护费\维修费	3576.47		2020-10-记-0029

6. 对以上筛选去重合并

将以上几类筛选合并去重。

```
SELECT * FROM 摘要抽凭
UNION
SELECT * FROM 公务用车抽凭
```

运行结果：

年	月	凭证号	摘要	科目编码	科目名称	借方	贷方	唯一凭证号
2020	10	记-0003	物业费	7201020901	7201020901\事业支出\商品和服务支出\物业管理费	23285.72		2020-10-记-0003
2020	10	记-0018	车辆保险	7201023104	7201023104\事业支出\商品和服务支出\公务用车运行维护费\保险费	4685.62		2020-10-记-0018
2020	10	记-0026	物业费	7201020901	7201020901\事业支出\商品和服务支出\物业管理费	32315.93		2020-10-记-0026
……	……	……	……	……	……	……	……	……

会议服务等摘要筛选和科目筛选时均未筛选，可根据需要增减内容，方法都相同。抽凭重点检查采购供应商是否为政府采购服务供应商，采购的货物、服务等是否在中标供应商提供的指定产品和服务范围内。

7. 限额以上的采购抽凭

限额以上采购的检查，需要结合国库集中支付查询、单位合同台账、招投标信息等方面的资料进行检查。这里主要进行分解采购的分析。

对国库集中支付凭证查询表进行分析，按收款单位汇总拨款金额和拨款次数分类汇总。

```
SELECT
    收款人全称，
    SUM ( CAST ( 实际支付金额 AS NUMERIC ( 12, 2 )))
AS 合计金额，
    COUNT ( * ) AS 拨款次数
FROM
    支付查询
GROUP BY
    收款人全称
ORDER BY
    SUM ( CAST ( 实际支付金额 AS NUMERIC ( 12, 2 )))
DESC
```

运行结果：

收款人全称	合计金额	拨款次数
XXX文化传播有限公司	1034500	3
XXX大数据技术有限责任公司	553880	2
XXX云技术有限公司	457500	2
XXX赢律师事务所	200000	2
……	……	……

单位内控制度规定100万元（含）以上的服务类采购需要公开招标，50万元（含）至100万元的项目采购采用竞争性磋商方式采购，20万元（含）至50万元的项目采购进行比选采购。根据以上查询结果结合采购合同、采购文件、项目预算等资料进行进一步检查。

二、围标、串标审计

以工程施工服务采购为例，介绍通过 SQL 分析投标文件，发现围标、串标嫌疑的方法。本案例是对某单位报告大厅工程施工中标单位 A 单位及其他投标单位 B 单位和 C 单位投标预算表的数据分析。

（一）审计目标

政府采购中是否存在围标、串标的问题。

（二）审计事项

工程施工招投标过程的规范性。

（三）所需数据

中标单位及其他投标单位的工程预算表。

（四）分析步骤

1. 导入数据

导入中标单位 A 及其他投标单位 B 和 C 投标文件中的工程分部分项预算表。导入时均按 nvarchar 格式导入，导入的预算表结构如下。

序号	项目编码	项目名称	项目特征描述	计量单位	工程量	综合单价	合价	其中：暂估价
1	10101001001	平整场地	机械平整	m^2	1943.13	0.93	1807.11	
2	10101003001	挖基础土方	1. 二类土壤；2. 挖土深度2m以内	m^3	1242.7	6.85	8512.50	
⋮	……	……	……	……	……	……	……	……

2. 综合单价比率

投标单位 B 的综合单价除以中标单位 A 的综合单价得到综合单价比率 B，同样方法求出综合单价比率 C。

```
SELECT
    a.项目编码,
    CAST (
        CAST ( b.综合单价 AS NUMERIC ( 10, 2 ))/
CAST ( a.综合单价 AS NUMERIC ( 10, 2 ) ) AS NUMERIC
( 5, 2 )
    ) AS 综合单价比率B
INTO #临时表
FROM
    [A单位投标预算] a
    INNER JOIN [B单位投标预算] b ON a.项目编码 =
b.项目编码
```

```
WHERE
    b.综合单价 <> '0'
    AND ( b.项目编码 IS NOT NULL OR b.项目编码 <> '' );
SELECT *
FROM #临时表
```

运行结果：

项目编码	综合单价比率B
10101001001	1.10
10101003001	1.10
……	……

3. 综合单价比率分组统计个数合计

```
SELECT 综合单价比率 B,COUNT(*) AS 比率个数
FROM #临时表
GROUP BY 综合单价比率 B
```

运行结果：

综合单价比率B	比率个数
0.9	1
0.93	2
0.99	2
……	……

4. 比率所占比重

先查看比率出现个数的合计。

```
SELECT SUM( per.比率个数 ) AS 比率个数合计
FROM
    ( SELECT 综合单价比率 B, COUNT ( * ) AS 比率个数
FROM #临时表 GROUP BY 综合单价比率 B ) per
```

运行结果：

比率个数合计
69

导入的预算表有 70 行记录,其中一行没有工程量和综合单价,剔除后为 69 条记录。下面就用 69.00 除以某个比率出现的次数,求出某一个比率出现的次数占预算子项目个数合计的比重。本案例所用的 SQL 语句与前面所做本福特分析所用的 SQL 语句相同,回顾本福特分析,会发现本案例其实很简单。

```
SELECT
    综合单价比率 B,
COUNT ( * ) AS 比率个数, FORMAT(CAST(COUNT ( * )/
69.00  AS NUMERIC(7,4)),'p') AS 比率所占比重
 FROM #临时表
 GROUP BY 综合单价比率 B
 ORDER BY COUNT ( * ) DESC
```

运行结果:

综合单价比率B	比率个数	比率所占比重
1.1	44	63.77%
1.02	17	24.64%
0.93	2	2.90%
0.99	2	2.90%
1	1	1.45%
1.08	1	1.45%
1.09	1	1.45%
0.9	1	1.45%

同样的方法求出 C 单位综合单价除以 A 单位的综合单价,得到综合单价比率 C、比率个数、比率所占比重。结果如下:

综合单价比率C	比率个数	比率所占比重
1.02	45	65.21%
1.01	13	18.84%
0.99	11	15.94%

分析结果显示,中标单位及投标单位综合单价呈现异常的规律性。B 单位预算报价中有 44 个子项综合单价是 A 单位综合单价的 1.10 倍,占子项总数的 63.77%;C 单位预算报价中有 45 个子项综合单价是 A 单位综合单价的 1.02 倍,占子项总数的 65.21%。存在投标单位在投标前串通预算报价,并有统一调整预算报价的嫌疑,需要进一步调查核实。

5. **可视化**

```
SELECT
        a.项目编码,
```

```
        a. 综合单价 AS A综合单价,
        b. 综合单价 AS B综合单价,
        c. 综合单价 AS C综合单价
FROM
        [A单位投标预算]a INNER JOIN [B单位投标预算]
b ON a.项目编码 = b.项目编码
      INNER JOIN [C单位投标预算]c ON a.项目编码 =
c.项目编码
WHERE
        a.综合单价 <> '0'
        AND ( a.项目编码 IS NOT NULL OR a.项目编码 <> '' )
```

将单位A、单位B、单位C三个单位的投标预算表的综合单价单独筛选出来,保存到"招投标"表中,以便做可视化分析。"招投标"表结构如下:

项目编码	A综合单价	B综合单价	C综合单价
10101001001	0.93	1.02	0.95
10101003001	6.85	7.54	6.99
10103001001	19.42	21.36	19.81
10103001002	28.35	31.19	28.92
10201003001	1932.2	2125.42	1970.84
……	……	……	……

使用热力图呈现可视化效果。关于单位A、单位B、单位C三个单位综合单价之间的相关性,使用Python里的corr( )函数得到皮尔逊相关性矩阵,使用Seaborn库的热力图对相关性矩阵进行可视化。打开Python输入下面代码:

```
import pandas as pd
import seaborn as sns
import matplotlib.pyplot as plt
plt.rcParams['font.family'] = ['sans-serif']
plt.rcParams['font.sans-serif'] = ['SimHei']
plt.rcParams['axes.unicode_minus']=False
df=pd.read_excel('d:\招投标.xlsx',
          sheet_name='Sheet1',
          dtype={'A综合单价':float,'B综合单价':float,
'C综合单价':float,'项目编码':str}
```

```
    )
df1=df['A 综合单价']
df2=df['B 综合单价']
df3=df['C 综合单价']
abc= pd.DataFrame({'A 单位':df1, 'B 单位': df2, 'C 单位':
df3})
x=abc.corr(method='pearson')
plt.figure(figsize=(9,6),dpi=150)
sns.heatmap(x, annot=True,fmt=".4f",annot_kws=
{"size":16},vmax=1,cmap='Blues')
plt.title('投标预算价相关性分析')
plt.show()
```

运行结果见图 3-19 所示。

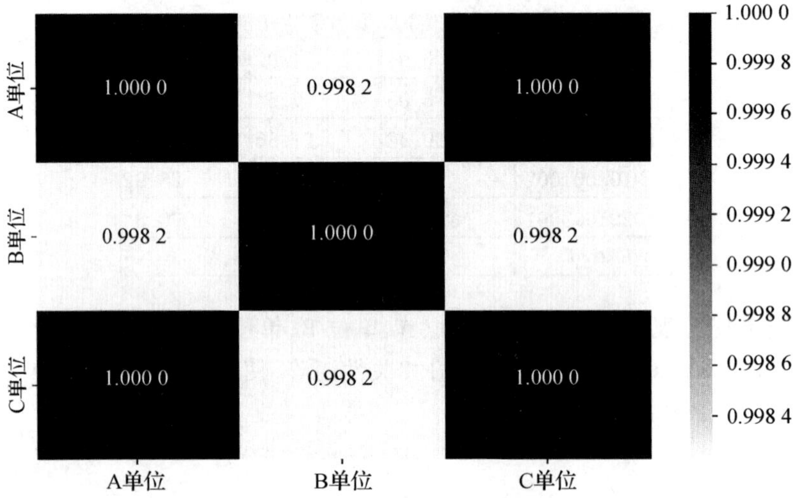

图 3-19　投标预算价相关性分析

根据以上分析结果，结合其他方面的资料，可做进一步分析。

第四章 提升篇

本章内容导图

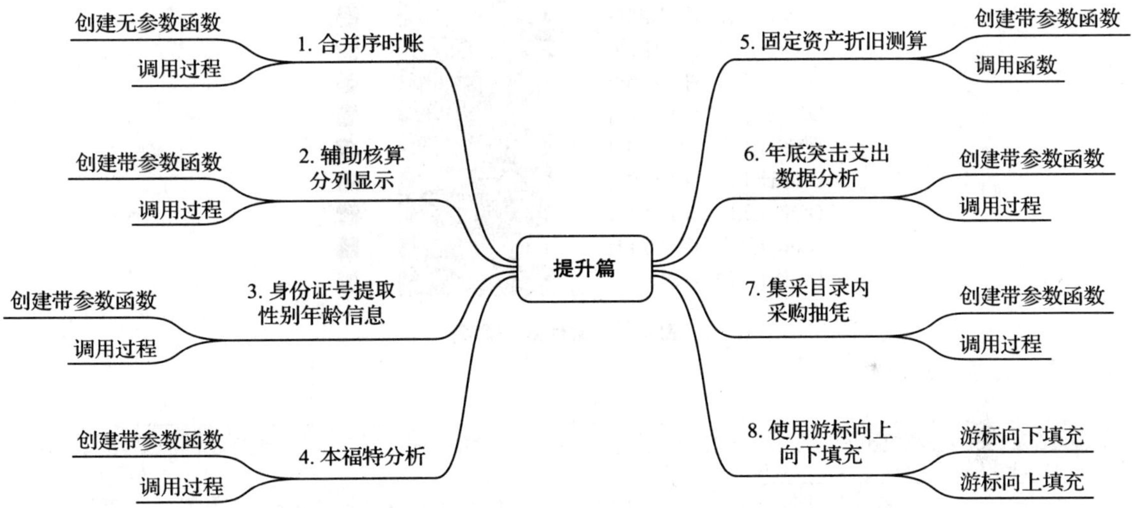

第一节 合并序时账

审计中，会遇到按月导出的序时账存在表结构一致和不一致的情况，无论是表结构一致还是不一致，都能通过 SQL 轻松地完成序时账的合并。表结构一致序时账的合并，有固定的工作流程，所以这个过程可以生成函数，以便在审计中调用，提高工作效率。本节主要介绍序时账合并过程及生成函数的方法。

一、目标

创建可调用的序时账合并函数，执行函数后能自动合并导入的序时账。

二、所需数据

导入多个序时账。

三、步骤

1. 导入序时账，重命名序时账

导入本节案例中涉及的 1—12 月的序时账，导入时所有列均按 nvarchar 格式导入。在导入向导窗口中，将文件统一命名为序时账 n，如图 4-1 所示。

导入文件	源表	目标表	新建表
D:\审计工作	序时账1月	序时账1	☑
D:\审计工作	序时账2月	序时账2	☑
D:\审计工作	序时账3月	序时账3	☑
D:\审计工作	序时账4月	序时账4	☑
D:\审计工作	序时账5月	序时账5	☑
D:\审计工作	序时账6月	序时账6	☑
D:\审计工作	序时账7月	序时账7	☑
D:\审计工作	序时账8月	序时账8	☑
D:\审计工作	序时账9月	序时账9	☑
D:\审计工作	序时账10月	序时账10	☑
D:\审计工作	序时账11月	序时账11	☑
D:\审计工作	序时账12月	序时账12	☑

图 4-1　文件统一命名

导入后序时账结构为：

年	月	凭证号	摘要	科目编码	科目名称	借方	贷方
2020	1	记-0001	工行利息收入	100201	100201\银行存款\基本户	628.81	
2020	1	记-0004	交通补贴	5001021101	5001021101\业务活动费用\商品和服务费用\差旅费\差旅费	160	
2020	1	记-0004	交通补贴	1011	1011\零余额账户用款额度		80
2020	1	记-0004	交通补贴	1011	1011\零余额账户用款额度		80
……	……	……	……	……	……	……	……

2. 合并序时账

合并序时账的语句如下：

```
SELECT * FROM 序时账 1
UNION
SELECT * FROM 序时账 2
UNION
SELECT * FROM 序时账 3
UNION
SELECT * FROM 序时账 4
```

```
UNION
SELECT * FROM 序时账5
UNION
SELECT * FROM 序时账6
UNION
SELECT * FROM 序时账7
UNION
SELECT * FROM 序时账8
UNION
SELECT * FROM 序时账9
UNION
SELECT * FROM 序时账10
UNION
SELECT * FROM 序时账11
UNION
SELECT * FROM 序时账12
```

运行结果：

年	月	凭证号	摘要	科目编码	科目名称	借方	贷方
2020	11	记-0033	计提11月固定资产折旧	160206	160206\固定资产累计折旧\家具、用具、装具及动植物		2205.69
2020	11	记-0033	计提11月固定资产折旧	500104	500104\业务活动费用\固定资产折旧费	9895.8	
2020	12	记-0002	交通补贴	1011	1011\零余额账户用款额度		160
2020	12	记-0002	交通补贴	5001021101	5001021101\业务活动费用\商品和服务费用\差旅费\差旅费	320	
……	……	……	……	……	……	……	……

结果显示，序时账已全部合并。

温馨提示

union 是去重合并，union all 是不去重合并。

3. 创建过程函数并调用

创建过程函数的语句：

```
CREATE PROC 合并文件
AS
DECLARE @sql VARCHAR(8000)
```

```
SET @sql=''
DECLARE @i INT
SET @i=1
WHILE @i<=12
BEGIN
 SET @sql=@sql+'SELECT * FROM 序时账'+CAST(@i AS VARCHAR(3))
 IF @i<12
 SET @sql=@sql+' UNION '
 SET @i=@i+1
END
EXEC(@SQL)
```

运行结果,创建了“合并文件”函数:

名	类型	数字	已加密
合并文件	Procedure	1	否

调用函数:

```
EXEC 合并文件
```

运行结果:

年	月	凭证号	摘要	科目编码	科目名称	借方	贷方
2020	11	记-0033	计提11月固定资产折旧	160206	160206\固定资产累计折旧\家具、用具、装具及动植物		2205.69
2020	11	记-0033	计提11月固定资产折旧	500104	500104\业务活动费用\固定资产折旧费	9895.8	
2020	12	记-0002	交通补贴	1011	1011\零余额账户用款额度		160
2020	12	记-0002	交通补贴	5001021101	5001021101\业务活动费用\商品和服务费用\差旅费\差旅费	320	
……	……	……	……	……	……	……	……

温馨提示

创建函数时注意“from”和“序时账”之间,“union”的两边要留有空格。

4. 合并结构不同的序时账

以上合并的是结构相同的序时账,结构稍有变化的怎么合并呢?实际工作中合并结构不同的序时账方法如下。导入本节配套的结构不相同的序时账,序时账 1 和序时账 2 的结构如下。

序时账 1 的结构：

年度	日期	凭证号	摘要	科目编码	科目名称	币种	借方	贷方
2020	2020-01-15	记账-0002	提取备用金	1001	1001\库存现金	人民币	10000	(Null)

序时账 2 的结构：

日期	凭证号	摘要	科目编码	科目名称	币种	借方	贷方
2020-03-15	记账-0002	提取备用金	1001	1001\库存现金	人民币	20000	(Null)

(1) 以序时账 1 的结构为标准进行合并

以序时账 1 的结构为标准进行合并,序时账 2 没有年度列,合并时先用空列代替

```
SELECT * FROM 序时账1
UNION ALL
SELECT '',* FROM 序时账2
```

运行结果：

年度	日期	凭证号	摘要	科目编码	科目名称	币种	借方	贷方
……	……	……	……	……	……	……	……	……
2020	2020-02-05	记账-0008	办公用品	50010201	50010201\事业支出\商品和服务支出\办公费	人民币	5000	
2020	2020-02-05	记账-0008	办公用品	1011	1011\零余额账户用款额度	人民币		5000
	2020-03-15	记账-0002	提取备用金	1001	1001\库存现金	人民币	20000	
	2020-03-15	记账-0002	提取备用金	1011	1011\零余额账户用款额度	人民币		20000
……	……	……	……	……	……	……	……	……

(2) 合并时以序时账 2 的结构为标准

```
SELECT 日期,凭证号,摘要,科目编码,科目名称,币种,借
方,贷方
FROM 序时账1
UNION ALL
SELECT * FROM 序时账2
```

运行结果：

日期	凭证号	摘要	科目编码	科目名称	币种	借方	贷方
……	……	……	……	……	……	……	……
2020-02-05	记账-0008	办公用品	50010201	50010201\事业支出\商品和服务支出\办公费	人民币	5000	
2020-02-05	记账-0008	办公用品	1011	1011\零余额账户用款额度	人民币		5000
2020-03-15	记账-0002	提取备用金	1001	1001\库存现金	人民币	20000	
2020-03-15	记账-0002	提取备用金	1011	1011\零余额账户用款额度	人民币		20000
……	……	……	……	……	……	……	……

(3) 也可以直接删除序时账 1 的年度列后参加合并

```
ALTER TABLE 序时账 1
DROP COLUMN 年度;
SELECT *
FROM 序时账 1
```

第二节　辅助核算分列显示

有些财务系统导出的序时账，辅助核算均在一列上，不利于查看和数据分析。使用 SQL 语句分列显示辅助核算的过程比较固定，可以创建函数，以便在审计中调用，提高工作效率。

一、目标

创建可调用的分列函数，执行函数后能自动分列显示序时账中的辅助核算列。

二、所需数据

导入带有辅助核算（所有辅助核算均在一列上）的序时账。

三、步骤

1. 导入数据

导入本节案例的数据表。导入时所有列均按 nvarchar 格式导入。导入的表结构如下所示：

科目编码	科目名称	借方	贷方	辅助项
Null	Null	Null	Null	【项目：基本经费--商品和服务支出--电费】【成本项目：商品和服务费用】【支付对象：XXX电力公司】
Null	Null	Null	Null	【项目：基本经费--商品和服务支出--邮电费--电话通讯费】【成本项目：商品和服务费用】【支付对象：XXX通信有限公司】
Null	Null	Null	Null	【项目：人员经费--工资福利支出--基本工资】【成本项目：工资福利费用】
……	……	……	……	……

第一行的辅助核算为【项目：基本经费 -- 商品和服务支出 -- 电费】【成本项目：商品和服务费用】【支付对象：国网北京市电力公司】，其中包括项目、成本项目、支付对象等 3 个辅助核算，每个辅助核算的名称和内容均用【 】括起来了。现在需要分列显示这些辅助核算。

2. 分列显示项目核算

分列显示可以通过 CHARINDEX( ) 函数和 SUBSTRING( ) 函数实现。用 CHARINDEX( ) 函数找到“【项目：”开始出现的位置和“】”出现的位置，用 SUBSTRING( ) 函数截取两个位置之间的字符串，就可进行项目辅助核算。

> **温馨提示**
>
> CHARINDEX(要查找的字符串,查找的范围,开始查找的位置),如果省略开始查找的位置,就默认从第一个字符开始查找。CHARINDEX('a','bac'),返回的结果是2。

(1)查找"【项目:"开始出现的位置

```
SELECT 辅助项,CHARINDEX('【项目:', 辅助项) AS 出现的位置
FROM fzhs
```

运行结果:

辅助项	出现的位置
【项目：基本经费--商品和服务支出--电费】【成本项目：商品和服务费用】【支付对象：XXX电力公司】	1
【项目：基本经费--商品和服务支出--邮电费--电话通讯费】【成本项目：商品和服务费用】【支付对象：XXX通信有限公司】	1
【项目：人员经费--工资福利支出--基本工资】【成本项目：工资福利费用】	1
......	......

(2)查找"】"开始出现的位置

需要从"【项目:"出现的位置开始查找。"】"出现的位置就是这个项目辅助核算结束的位置。

```
SELECT
    辅助项,
    CHARINDEX('【项目:', 辅助项) AS 出现的位置,
    CHARINDEX('】', 辅助项,CHARINDEX('【项目:', 辅助项))
AS 结束的位置
FROM
    fzhs
```

运行结果:

辅助项	出现的位置	结束的位置
【项目：基本经费--商品和服务支出--电费】【成本项目：商品和服务费用】【支付对象：XXX电力公司】	1	22
【项目：基本经费--商品和服务支出--邮电费--电话通讯费】【成本项目：商品和服务费用】【支付对象：XXX通信有限公司】	1	30
【项目：人员经费--工资福利支出--基本工资】【成本项目：工资福利费用】	1	23
......	......	......

结果显示，出现位置为 0 时，结束位置会出错，所以 SQL 语句须作如下修改。

```
SELECT
    辅助项，
    CHARINDEX('【项目:', 辅助项 ) AS 出现的位置，
    CASE
            WHEN CHARINDEX( '【项目:', 辅助项 ) > 0 THEN
            CHARINDEX('】', 辅助项 ,CHARINDEX('【项目:', 辅助项
) ) ELSE 0
        END AS 结束的位置
FROM
    fzhs
```

运行结果：

辅助项	出现的位置	结束的位置
【项目：基本经费--商品和服务支出--电费】【成本项目：商品和服务费用】【支付对象：XXX电力公司】	1	22
【项目：基本经费--商品和服务支出--邮电费--电话通讯费】【成本项目：商品和服务费用】【支付对象：XXX通信有限公司】	1	30
【项目：人员经费--工资福利支出--基本工资】【成本项目：工资福利费用】	1	23
……	……	……

(3) 使用 SUBSTRING 截取项目核算的内容

需要截取 5~21 的字符，公式为：开始截取的位置 = 出现的位置 +4，截取的长度 = 结束的位置 -（出现的位置 +4）= 结束的位置 - 出现的位置 -4，如图 4-2 所示。

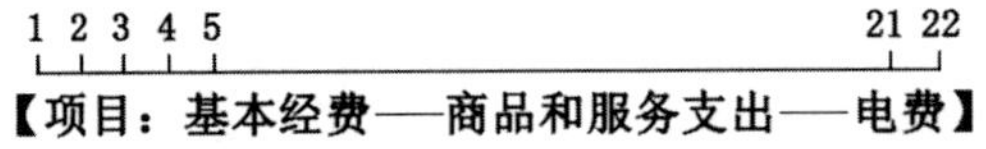

图 4-2 使用 SUBSTRING 截取的内容

```
SELECT
    *,
CASE
        WHEN CHARINDEX( '【项目:', 辅助项 )> 0 THEN
        SUBSTRING (
            辅助项，
            CHARINDEX( '【项目:', 辅助项 ) + 4,
            CHARINDEX('】', 辅助项 ,CHARINDEX( '【项目:',
辅助项 ) ) - CHARINDEX( '【项目:', 辅助项 ) - 4
        ) ELSE ''
    END AS 项目
FROM
    fzhs
```

运行结果：

日期	凭证号	摘要	科目编码	科目名称	借方	贷方	辅助项	项目
							【项目：基本经费--商品和服务支出--电费】【成本项目：商品和服务费用】【支付对象：XXX电力公司】	基本经费--商品和服务支出--电费
							【项目：基本经费--商品和服务支出--邮电费--电话通讯费】【成本项目：商品和服务费用】【支付对象：XXX通信有限公司】	基本经费--商品和服务支出--邮电费--电话通讯费
							【项目：人员经费--工资福利支出--基本工资】【成本项目：工资福利费用】	人员经费--工资福利支出--基本工资
							【项目：人员经费--工资福利支出--津贴补贴--其他津贴补贴】【成本项目：工资福利费用】	人员经费--工资福利支出--津贴补贴--其他津贴补贴
							【项目：人员经费--对个人和家庭的补助--奖励金】【成本项目：工资福利费用】	人员经费--对个人和家庭的补助--奖励金
⋮	⋮	⋮	⋮	⋮	⋮	⋮	……	……

3. 分列显示其他项目核算

(1) 成本项目核算分列显示 SQL 语句

```
SELECT
    *,
CASE
        WHEN CHARINDEX('【成本项目:', 辅助项)>0 THEN
        SUBSTRING (
            辅助项,
            CHARINDEX('【成本项目:', 辅助项)+6,
            CHARINDEX('】', 辅助项, CHARINDEX('【成本项目:', 辅助项))-CHARINDEX('【成本项目:', 辅助项)-6
        ) ELSE ''
    END AS 成本项目
FROM
    fzhs
```

运行结果：

日期	凭证号	摘要	科目编码	科目名称	借方	贷方	辅助项	成本项目
							【项目：基本经费--商品和服务支出--电费】【成本项目：商品和服务费用】【支付对象：XXX电力公司】	商品和服务费用
							【项目：基本经费--商品和服务支出--邮电费--电话通讯费】【成本项目：商品和服务费用】【支付对象：XXX通信有限公司】	商品和服务费用
							【项目：人员经费--工资福利支出--基本工资】【成本项目：工资福利费用】	工资福利费用
							【项目：人员经费--工资福利支出--津贴补贴--其他津贴补贴】【成本项目：工资福利费用】	工资福利费用
							【项目：人员经费--对个人和家庭的补助--奖励金】【成本项目：工资福利费用】	工资福利费用
⋮	⋮	⋮	⋮	⋮	⋮	⋮	……	……

(2) 支付对象核算分列显示

```
SELECT
    *,
CASE
        WHEN CHARINDEX('【支付对象:', 辅助项)>0 THEN
        SUBSTRING (
            辅助项,
```

```
            CHARINDEX('【支付对象:', 辅助项 ) + 6,
            CHARINDEX('】', 辅助项 ,CHARINDEX('【支付对
象:', 辅助项 )) - CHARINDEX('【支付对象:', 辅助项 ) - 6
        ) ELSE ''
    END AS 支付对象
FROM
    fzhs
```

运行结果：

日期	凭证号	摘要	科目编码	科目名称	借方	贷方	辅助项	支付对象
							【项目：基本经费--商品和服务支出--电费】【成本项目：商品和服务费用】【支付对象：XXX电力公司】	XXX电力公司
							【项目：基本经费--商品和服务支出--邮电费--电话通讯费】【成本项目：商品和服务费用】【支付对象：XXX通信有限公司】	XXX通信有限公司
							【项目：人员经费--工资福利支出--基本工资】【成本项目：工资福利费用】	
							【项目：人员经费--工资福利支出--津贴补贴--其他津贴补贴】【成本项目：工资福利费用】	
⋮	⋮	⋮	⋮	⋮	⋮	⋮	……	……

(3)将以上 3 个查询合并在一起

```
SELECT *,
CASE
        WHEN CHARINDEX( '【项目:', 辅助项 ) > 0 THEN
        SUBSTRING (
            辅助项 ,
            CHARINDEX( '【项目:', 辅助项 ) + 4,
            CHARINDEX('】', 辅助项 , CHARINDEX('【项目:',
辅助项 ) ) - CHARINDEX( '【项目:', 辅助项 ) - 4
        ) ELSE ''
    END AS 项目 ,
CASE
        WHEN CHARINDEX('【成本项目:', 辅助项 ) > 0 THEN
        SUBSTRING (
            辅助项 ,
            CHARINDEX( '【成本项目:', 辅助项 ) + 6,
            CHARINDEX( '】', 辅助项 , CHARINDEX( '【成本项
目:', 辅助项 ) ) - CHARINDEX( '【成本项目:', 辅助项 ) - 6
        ) ELSE ''
    END AS 成本项目 ,
CASE
        WHEN CHARINDEX( '【支付对象:', 辅助项 ) > 0 THEN
        SUBSTRING (
```

```
            辅助项 ,
            CHARINDEX( '【支付对象:', 辅助项 ) + 6,
            CHARINDEX( '】', 辅助项 , CHARINDEX( '【支付对
象:', 辅助项 ) ) - CHARINDEX( '【支付对象:', 辅助项 ) - 6
        ) ELSE ''
    END AS 支付对象
FROM
    fzhs
```

运行结果：

日期	凭证号	摘要	科目编码	科目名称	借方	贷方	辅助项	项目	成本项目	支付对象
							【项目：基本经费--商品和服务支出--电费】【成本项目：商品和服务费用】【支付对象：XXX电力公司】	基本经费--商品和服务支出--电费	商品和服务费用	XXX电力公司
							【项目：基本经费--商品和服务支出--邮电费--电话通讯费】【成本项目：商品和服务费用】【支付对象：XXX通信有限公司】	基本经费--商品和服务支出--邮电费--电话通讯费	商品和服务费用	XXX通信有限公司
							【项目：人员经费--工资福利支出--基本工资】【成本项目：工资福利费用】	人员经费--工资福利支出--基本工资	工资福利费用	
							【项目：人员经费--工资福利支出--津贴补贴--其他津贴补贴】【成本项目：工资福利费用】	人员经费--工资福利支出--津贴补贴--其他津贴补贴	工资福利费用	
							【项目：人员经费--对个人和家庭的补助--奖励金】【成本项目：工资福利费用】	人员经费--对个人和家庭的补助--奖励金	工资福利费用	
⋮	⋮	⋮	⋮	⋮	⋮	⋮	……	……	……	……

4. 创建分列核算函数

创建输入辅助核算项所在的列名，“【项目:”等项目开始的文字和“】”等项目结束的文字，即可分列显示。下面是带有注释的创建函数语句：

```
CREATE FUNCTION splits ( @splitcol NVARCHAR ( MAX ),
@sep1 NVARCHAR ( 15 ),@sep2 NVARCHAR ( 10 ) )
  /* 创建一个Splits()函数,参数有3个,第一个参数是需要分
列显示的列名@splitcol, 第二个参数表示需要查找的“【项目:”、
“【成本项目:”等,第三个参数表示需要查找的“】”,创建完成后只需
splits(参数1, 参数2, 参数3)即可调用 */
RETURNS NVARCHAR ( 1000 ) -- 定义返回结果的数据类型,返
回结果就是具体的核算项,如:基本经费 -- 商品和服务支出 -- 电费
AS BEGIN
    DECLARE @firstindex INT;
-- 代表辅助核算列中“【项目:”出现的位置,定义为变量@firstindex
    DECLARE @secondindex INT;
-- 代表辅助核算列中“】”出现的位置,定义为变量@secondindex
    DECLARE @result nvarchar ( 1000 );
```

```
--@result 表示查询的结果
    SELECT
        @firstindex = charindex(@sep1,@Splitcol);
-- 从辅助核算列中找到“【项目:”出现的位置
    SELECT
        @secondindex = charindex(@sep2,@splitcol,@
firstindex);
-- 从辅助核算列中找到“】”出现的位置
    SELECT
        @result =
    CASE
         WHEN charindex(@sep1,@splitcol) > 0 THEN
         SUBSTRING(@splitcol,@firstindex + len(@
sep1),@secondindex -@firstindex - len( @sep1 ) )
ELSE ''
        END;
-- 如果从辅助核算列中找到了“【项目:”,那么核算内容是:
substring()截取的内容,没有找到就是空”。len(@sep1) 表示
“【项目:”、“【成本项目:”等的长度
    RETURN @result  -- 返回@result 的值
END
```

下面是最终的分列核算函数：

```
CREATE  FUNCTION  splits(@splitcol NVARCHAR(MAX),@
sep1 NVARCHAR(15),@sep2 NVARCHAR(10))
 RETURNS NVARCHAR(1000)
 AS
 BEGIN
   DECLARE @firstindex INT;
   DECLARE @secondindex INT;
   DECLARE @result NVARCHAR(1000);
   SELECT @firstindex=CHARINDEX(@sep1,@splitcol);
   SELECT @secondindex=CHARINDEX(@sep2,
@splitcol,@firstindex);
```

```
    SELECT  @result=CASE  WHEN  CHARINDEX(@sep1,@
splitcol)>0
THEN
SUBSTRING(@splitcol,@firstindex+LEN(@sep1),@
secondindex-@firstindex-LEN(@sep1))
   ELSE '' END;
RETURN @result
END
```

运行结果,创建了 SPLITS( )函数:

名	类型	数字	已加密	系统对象
splits	Function	1	否	否

调用函数:

```
SELECT *,
DBO.SPLITS(辅助项,'【项目:','】')AS 项目,
DBO.SPLITS(辅助项,'【成本项目:','】')AS 成本项目,
DBO.SPLITS(辅助项,'【支付对象:','】')AS 支付对象
FROM fzhs
```

调用结果:

日期	凭证号	摘要	科目编码	科目名称	借方	贷方	辅助项	项目	成本项目	支付对象
							【项目:基本经费--商品和服务支出--电费】【成本项目:商品和服务费用】【支付对象:XXX电力公司】	基本经费--商品和服务支出--电费	商品和服务费用	XXX电力公司
							【项目:基本经费--商品和服务支出--邮电费--电话通讯费】【成本项目:商品和服务费用】【支付对象:XXX通信有限公司】	基本经费--商品和服务支出--邮电费--电话通讯费	商品和服务费用	XXX通信有限公司
							【项目:人员经费--工资福利支出--基本工资】【成本项目:工资福利费用】	人员经费--工资福利支出--基本工资	工资福利费用	
							【项目:人员经费--工资福利支出--津贴补贴--其他津贴补贴】【成本项目:工资福利费用】	人员经费--工资福利支出--津贴补贴--其他津贴补贴	工资福利费用	
							【项目:人员经费--对个人和家庭的补助--奖励金】【成本项目:工资福利费用】	人员经费--对个人和家庭的补助--奖励金	工资福利费用	
⋮	⋮	⋮	⋮	⋮	⋮	⋮	……	……	……	……

第三节　身份证号提取性别年龄信息

第三章第一节介绍了 SQL 在人员补贴专项资金审计中的应用。被审计单位提供的补贴发放表中,往往只有身份证号码,无性别、年龄等信息。为了对补贴对象的性别和年龄进行分析,

需要从身份证号列提取性别、年龄信息，审查是否符合补贴政策中补贴对象的规定。我们可根据第三章的分析过程创建函数，以后使用时调用此过程函数，直接生成性别、年龄信息，提高工作效率。

一、目标

创建可调用的性别、年龄分析函数，函数参数为表名和列名。输入需要做表名和身份证号码所在的列名，就能得到包括首位数、样本出现数、样本概率、本福特分布的数据分析表。

二、所需数据

整理后的数据表，其中有需要做分析的身份证号列。

三、数据格式

数据均按照 nvarchar 格式导入。

四、步骤

1. 导入数据

导入本书案例数据表“补贴发放”表，导入时所有列均按 nvarchar 格式导入。导入后的数据表如下：

序号	身份证号	姓名	补贴金额
1	XXXXXX199003034215	姓名1	800
2	XXXXXX194506054223	姓名2	800
3	XXXXXX198409076517	姓名3	800
4	XXXXXX194106125013	姓名4	800
5	XXXXXX196305205011	姓名5	800
⋮	……	……	……

按逐步完善的思路，分步创建函数，从简单到复杂，从无参数到有参数。

2. 创建性别提取的过程函数

首先，用 SUBSTRING( ) 函数从身份证号里提取含有性别信息的数字，这个数字就是从身份证号码第 17 个位置开始取 1 个字符。因为身份证号是字符串，提取的字符要转换成整数 int 格式，然后除以 2。如果余数是 0，性别是女；如果余数是 1，性别是男。这个需要使用 CASE WHEN 语句。

(1) SUBSTRING 提取包含性别信息的字符，存放到临时表 #all 中。

```
CREATE PROC SEX_AGE
AS
BEGIN
    SELECT IDENTITY( INT, 1, 1 ) AS 序号,
    身份证号,
    SUBSTRING ( 身份证号, 17, 1 ) AS 性别
    INTO #all
    FROM 补贴发放表;
    SELECT *
    FROM #all
END
```

运行结果,创建了 SEX_AGE 函数:

名	类型	数字	已加密	系统对象
SEX_AGE	Procedure	1	否	否

调用刚刚创建的函数:

```
EXEC SEX_AGE
```

运行结果:

序号	身份证号	性别
1	XXXXXX199003034215	1
2	XXXXXX194506054223	2
3	XXXXXX198409076517	1
⋮	……	……

(2)使用 CAST( )函数,将提取到年龄列的字符转换为 int 整数,然后除以 2 求余数。上面已经创建了函数,现在需要把 CREATEPROC 改为 ALTERPROC。

```
ALTER PROC SEX_AGE
AS
BEGIN
    SELECT IDENTITY( INT, 1, 1 ) AS 序号,
    身份证号,
```

```
    CAST(SUBSTRING ( 身份证号 , 17, 1 ) AS INT)%2 AS
性别
    INTO #all
    FROM 补贴发放表 ;
    SELECT *
    FROM #all
END
```

调用修改后的函数：

```
EXEC SEX_AGE
```

调用结果：

序号	身份证号	性别
1	XXXXXX199003034215	1
2	XXXXXX194506054223	0
3	XXXXXX198409076517	1
⋮	……	……

(3)使用 CASE WHEN 语句判断性别。1 是男，0 是女。

```
ALTER PROC SEX_AGE
AS
BEGIN
    SELECT IDENTITY( INT, 1, 1 ) AS 序号 ,
    身份证号 ,
    CASE
    WHEN CAST(SUBSTRING (  身 份 证 号 , 17, 1 ) AS
INT)%2=1 THEN '男'
    ELSE '女' END AS 性别
    INTO #all
    FROM 补贴发放表 ;
    SELECT *
    FROM #all
END
```

调用修改后的函数：

```
EXEC SEX_AGE
```

调用结果：

序号	身份证号	性别
1	XXXXXX199003034215	男
2	XXXXXX194506054223	女
3	XXXXXX198409076517	男
⋮	……	……

3. **提取出生日期**

使用 SUBSTRING( ) 函数从身份证号码里提取出生年月日，并用"-"连接，形成如：yyyy-mm-dd 格式的数据列。

```
ALTER PROC SEX_AGE
AS
BEGIN
    SELECT IDENTITY( INT, 1, 1 ) AS 序号,
    身份证号,
    CASE
    WHEN CAST(SUBSTRING ( 身份证号, 17, 1 ) AS
INT)%2=1 THEN '男'
    ELSE '女' END AS 性别,
    SUBSTRING(身份证号,7,4)+'-'+SUBSTRING(身份证
号,11,2)+'-'+SUBSTRING(身份证号,13,2) AS 出生日期
    INTO #all
    FROM 补贴发放表;
    SELECT *
    FROM #all
END
```

调用修改后的函数：

```
EXEC SEX_AGE
```

调用结果：

序号	身份证号	性别	出生日期
1	XXXXXX199003034215	男	1990-03-03
2	XXXXXX194506054223	女	1945-06-05
3	XXXXXX198409076517	男	1984-09-07
⋮	……	……	……

4. 计算从出生日期到截止日期的间隔天数

```
ALTER PROC SEX_AGE
AS
BEGIN
    SELECT IDENTITY( INT, 1, 1 ) AS 序号，
    身份证号，
    CASE
    WHEN CAST(SUBSTRING ( 身份证号， 17， 1 ) AS
INT)%2=1 THEN '男'
    ELSE '女' END AS 性别，
    SUBSTRING(身份证号，7,4)+'-'+SUBSTRING(身份证
号，11,2)+'-'+SUBSTRING(身份证号，13,2) AS 出生日期
    INTO #all
    FROM 补贴发放表；
    SELECT *,DATEDIFF(DAY，出生日期，'2023-05-31') AS
年龄
    FROM #all;
END
```

调用修改后的函数：

```
EXEC SEX_AGE
```

调用结果：

序号	身份证号	性别	出生日期	年龄
1	XXXXXX199003034215	男	1990-03-03	12142
2	XXXXXX194506054223	女	1945-06-05	28484
3	XXXXXX198409076517	男	1984-09-07	14145
⋮	……	……	……	……

5. 完成无参数函数

在第三步的基础上间隔天数除以 365 得到周岁，使用 CONVERT( ) 函数将周岁的格式转换为数字 decimal 格式，得到无参数情况下的完全过程函数。

```
ALTER PROC SEX_AGE
AS
BEGIN
    SELECT IDENTITY( INT, 1, 1 ) AS 序号,
    身份证号,
    CASE
   WHEN CAST(SUBSTRING ( 身份证号, 17, 1 ) AS
INT)%2=1 THEN '男'
    ELSE '女' END AS 性别,
   SUBSTRING(身份证号,7,4)+'-'+SUBSTRING(身份证号,
11,2)+'-'+SUBSTRING(身份证号,13,2) AS 出生日期
    INTO #all
    FROM 补贴发放表;
    SELECT*,CONVERT(DECIMAL(10,2),DATEDIFF(DAY, 出
生日期,'2023-05-31')/365.00) AS 年龄
    FROM #all;
END
```

调用无参数完全函数：

```
EXEC SEX_AGE
```

调用结果：

序号	身份证号	性别	出生日期	年龄
1	XXXXXX199003034215	男	1990-03-03	33.27
2	XXXXXX194506054223	女	1945-06-05	78.04
3	XXXXXX198409076517	男	1984-09-07	38.75
⋮	……	……	……	……

温馨提示

间隔天数除以 365，代码里要写 365.00，否则得到的结果小数点后数字位数会有所不同。

6. 得到完整函数

我们最终想要得到的函数是输入表名、列名、截止日期后，就可自动生成有身份证号、性别、年龄等信息的数据表，所以需要增加四个变量："@sql"表示 SQL 语句，"@ 表名"表示要做分析的表名，"@ 列名"表示要做分析的列名，"@ 截止日期"表示年龄计算截止时间。

(1) 用变量代替无参数函数中的表名、列名、截止时间。"补贴发放表"用"@ 表名"代替，"身份证号"用"@ 列名"代替，'2023-05-31' 用"@ 截止日期"代替。

(2) 有变量的地方改成 '　'+ 变量名 +'　'。

(3) 有引号的地方，再加一层引号。如：' 男 '、' 女 '、'-' 改成 '' 男 ''、'' 女 ''、''-''。特别需要注意的是 '2023-05-31' 需要改成 '''+@ 截止日期 +'''。

(4) 使用 cast 函数将 datediff 函数涉及的起止时间转为日期格式。

(5) 过程主体 SQL 语句用"@sql "代替。@sql 变量为 varchar 格式，所以需要用"+"把几个字符串连接起来，即 set @sql='　'+@ 列名 +'　'+@ 列名 +'　'+@ 列名 +'　'+@ 列名 +'　'+@ 表名 +'　'+@ 列名 +'　'''+ @ 截止日期 +'''　'。

代替后的过程函数如下：

```
CREATE PROC SEX_AGE(@表名 VARCHAR(30),@列名
VARCHAR(30),@截止日期 VARCHAR(10) )
AS
BEGIN
    DECLARE @sql VARCHAR(MAX)
    SET @sql='
    SELECT IDENTITY( INT, 1, 1 ) AS 序号,'+
    @列名+',
    CASE
    WHEN CAST(SUBSTRING ( '+@列 名+', 17, 1 ) AS
INT)%2=1 THEN ''男''
    ELSE ''女'' END AS 性别,
    SUBSTRING('+@列 名+',7,4)+''-''+SUBSTRING('+@列 名
+',11,2)+''-''+SUBSTRING('+@列名+',13,2) AS 出生日期
    INTO #all
    FROM '+@表名+';
    SELECT *,CONVERT(DECIMAL(10,2),DATEDIFF(DAY,
CAST(出 生 日 期 AS DATE),CAST('''+@截 止 日 期+''' AS
DATE))/365.00) AS 年龄
```

```
        FROM #all
        ORDER BY 序号'
        EXECUTE(@sql)
END
```

调用函数：

```
EXEC SEX_AGE'补贴发放表','身份证号','2024-01-31'
```

调用结果：

序号	身份证号	性别	出生日期	年龄
1	XXXXXX199003034215	男	1990-03-03	33.94
2	XXXXXX194506054223	女	1945-06-05	78.71
3	XXXXXX198409076517	男	1984-09-07	39.42
⋮	……	⋮	……	……

温馨提示　难点在于加入参数后的代替过程，反复、认真地做一定会成功的。

第四节　本福特分析

第三章介绍了本福特分析的应用。本福特分析作为分析性程序，在以后的审计工作中会经常应用。因本福特分析的步骤固定，逻辑清晰，可将分析过程创建成函数，使用时调用此过程函数，可省略分析的过程，直接得到分析结果。

一、目标

创建可调用的本福特分析函数，函数参数为表名和列名。输入需要做本福特分析的表名和列名，就能得到包括首位数、样本出现数、样本概率、本福特分布的数据分析表。

二、所需数据

整理后的数据表中要有需要做分析的数字列。

三、步骤

1. 导入数据

导入本书案例数据表“银行存款”，导入时所有列均按 nvarchar 格式导入。导入后的数据表如下。

月	凭证号	分录号	科目编码	科目名称	金额
01	记账 -0005	2	1002	银行存款	838681.09
01	记账 -0006	3	1002	银行存款	182970
01	记账 -0007	2	1002	银行存款	90052.3
01	记账 -0008	2	1002	银行存款	270000
01	记账 -0012	1	1002	银行存款	323532
⋮	……	……	……	……	……

初学者适合分步创建函数，从简单到复杂，从无参数到有参数。

2. 创建提取首位数的过程函数

```
--- 创建名称为“本福特分析”的函数
CREATE PROC 本福特分析
AS
BEGIN
--  创建临时表“# 提取首位数”，存放提取的首位数
   CREATE TABLE # 提取首位数 ( 首位数 VARCHAR ( 20 ) );
/* 向“# 提取首位数”表添加数据，数据来源于“银行存款”表，
用 LEFT 函数提取首位数。*/
    INSERT INTO # 提取首位数
    SELECT  LEFT ( 金额 , 1 )
   FROM
      银行存款
-- 查询“# 提取首位数”表
    SELECT  *
    FROM  # 提取首位数
END
```

运行结果，创建“本福特分析”函数如下：

名	类型	数字	已加密	系统对象	运行由
本福特分析	Procedure	1	否	否	

调用刚刚创建的函数：

```
EXEC 本福特分析
```

运行结果：

首位数
8
1
9
2
3
3
⋮

3. 修改过程函数，添加首位数出现的数量和出现的概率

下面是从"#提取首位数"表中获取首位数数量汇总和出现概率。在上一步语句的基础上加下面的语句：

```
SELECT
a.*,
   FORMAT ( ROUND( CAST ( a.样本出现数 AS FLOAT ) /
b.合计数 , 3 ), 'P' ) AS 样本概率
FROM
   (SELECT 首位数 , COUNT ( * ) AS 样本出现数 FROM #
提取首位数 GROUP BY 首位数 ) a,
   (SELECT COUNT ( 首位数 ) AS 合计数 FROM #提取首位
数 ) b
ORDER BY
   首位数
```

修改函数需要将"CREATE PROC"改为"ALTER PROC"。这一步完整的SQL语句如下：

```
ALTER PROC 本福特分析
AS
BEGIN
   CREATE TABLE #提取首位数 ( 首位数 VARCHAR ( 10
) );
```

```
    INSERT INTO #提取首位数
    SELECT LEFT( 金额 , 1 )
    FROM
        银行存款 ;
    SELECT
        a.*,
       FORMAT ( ROUND( CAST ( a.样本出现数 AS FLOAT ) /
b.合计数 , 3 ), 'p' ) AS 样本概率
    FROM
         (SELECT 首位数 ,COUNT ( * ) AS 样本出现数 FROM
#提取首位数 GROUP BY 首位数 ) a,
        (SELECT COUNT ( 首位数 ) AS 合计数 FROM #提取
首位数 ) b
     ORDER BY
         首位数 ;
END
```

调用修改后的本福特分析函数：

```
EXEC 本福特分析
```

运行结果：

首位数	样本出现数	样本概率
1	1038	25.50%
2	634	15.60%
3	513	12.60%
4	383	9.40%
5	430	10.60%
6	336	8.30%
7	331	8.10%
8	200	4.90%
9	207	5.10%

4. 使用 CASE WHEN 添加本福特分布

```
 CASE
          WHEN a.首位数 = '1' THEN '30.1%'
          WHEN a.首位数 = '2' THEN '17.6%'
          WHEN a.首位数 = '3' THEN '12.5%'
```

```
        WHEN a.首位数 = '4' THEN '9.7%'
        WHEN a.首位数 = '5' THEN '7.9%'
        WHEN a.首位数 = '6' THEN '6.7%'
        WHEN a.首位数 = '7' THEN '5.8%'
        WHEN a.首位数 = '8' THEN '5.1%'
        ELSE '4.6%'
    END  AS 本福特分布
```

添加CASE WHEN后的完整SQL语句如下：

```
ALTER PROC 本福特分析 AS BEGIN
    CREATE TABLE #提取首位数 ( 首位数 VARCHAR ( 10 ) );
     INSERT INTO #提取首位数 SELECT LEFT
     ( 金额 , 1 )
     FROM
         银行存款 ;
     SELECT
         a.*,
         FORMAT (ROUND(CAST(a.样本出现数 AS FLOAT ) /
b.合计数 , 3 ), 'p' ) AS 样本概率 ,
     CASE
            WHEN a.首位数 = '1' THEN '30.1%'
            WHEN a.首位数 = '2' THEN '17.6%'
            WHEN a.首位数 = '3' THEN '12.5%'
            WHEN a.首位数 = '4' THEN '9.7%'
            WHEN a.首位数 = '5' THEN '7.9%'
            WHEN a.首位数 = '6' THEN '6.7%'
            WHEN a.首位数 = '7' THEN '5.8%'
            WHEN a.首位数 = '8' THEN '5.1%'
            ELSE '4.6%'
         END AS 本福特分布
     FROM
        (SELECT 首位数 , COUNT ( * ) AS 样本出现数 FROM
#提取首位数 GROUP BY 首位数 ) a,
```

```
        (SELECT COUNT ( 首位数 ) AS 合计数 FROM #提取
首位数) b
    ORDER BY
        首位数;
END
```

调用修改后的本福特分析函数：

```
EXEC 本福特分析
```

运行结果：

首位数	样本出现数	样本概率	本福特分布
1	1038	25.50%	30.10%
2	634	15.60%	17.60%
3	513	12.60%	12.50%
4	383	9.40%	9.70%
5	430	10.60%	7.90%
6	336	8.30%	6.70%
7	331	8.10%	5.80%
8	200	4.90%	5.10%
9	207	5.10%	4.60%

5. 添加表名和列名变量，得到完整过程函数

将想要做本福特分析的表导入后，输入表名和列名，调用函数就能得到分析结果表，所以需要增加 3 个变量："@sql" 表示 SQL 语句，"@ 表名" 表示要做分析的表名，"@ 列名" 表示要做分析的列名。"银行存款支出" 用 "@ 表名" 代替，"贷方" 用 "@ 列名" 代替，过程主体 SQL 语句用 "@sql" 代替。

温馨提示

1. SQL 语句需要用引号 '' 括起来，@sql = ' '+@ 列名 + ' '+@ 表名 + ' '。
2. 原语句中有引号的地方再加一层引号，如："30.1%"。
3. 还要加上 execute(@sql)。

```
ALTER PROC 本福特分析
( @表名 VARCHAR ( 30 ),@列名 VARCHAR ( 30 ) )
AS
BEGIN
    DECLARE @sql VARCHAR ( 8000 )
    CREATE TABLE #提取首位数
    ( 首位数 VARCHAR ( 10 ) );
    SET @SQL = 'INSERT INTO #提取首位数
    SELECT LEFT( ' +@列名 + ', 1 )
    FROM
    ' +@表名 + ';
    SELECT
    a.*,
    FORMAT ( ROUND( CAST ( a.样本出现数 AS FLOAT ) /
b.合计数, 3 ), "p" ) AS 样本概率,
    CASE
    WHEN a.首位数 = "1" THEN "30.1%"
    WHEN a.首位数 = "2" THEN "17.6%"
    WHEN a.首位数 = "3" THEN "12.5%"
    WHEN a.首位数 = "4" THEN "9.7%"
    WHEN a.首位数 = "5" THEN "7.9%"
    WHEN a.首位数 = "6" THEN "6.7%"
    WHEN a.首位数 = "7" THEN "5.8%"
    WHEN a.首位数 = "8" THEN "5.1%"
    ELSE "4.6%"
    END AS 本福特分布
    FROM
    (SELECT 首位数, COUNT ( * ) AS 样本出现数 FROM #
提取首位数 GROUP BY 首位数) a,
   (SELECT COUNT ( 首位数 ) AS 合计数 FROM #提取首位
数)b
    ORDER BY 首位数;'
 EXECUTE ( @SQL )
END
```

调用修改后本福特分析函数：

```
EXEC 本福特分析 '银行存款','金额'
```

运行结果：

首位数	样本出现数	样本概率	本福特分布
1	1038	25.50%	30.10%
2	634	15.60%	17.60%
3	513	12.60%	12.50%
4	383	9.40%	9.70%
5	430	10.60%	7.90%
6	336	8.30%	6.70%
7	331	8.10%	5.80%
8	200	4.90%	5.10%
9	207	5.10%	4.60%

温馨提示

做本福特分析的列有小数，如0.1，需要乘以10后提取。如0.1*10=1，0.1 的首位数字是 1；另外，如果有负数，如 -100，需要取绝对值，-100 的绝对值是 100，首位数字是 1。

第五节　固定资产折旧测算

《政府会计准则第 3 号——固定资产》应用指南中规定“固定资产的使用年限一经确定，不得随意变更”“固定资产应当按月计提折旧”。当月增加的固定资产，当月开始计提折旧；当月减少的固定资产，当月不再计提折旧。固定资产提足折旧后，无论能否继续使用，均不再计提折旧；提前报废的固定资产，也不再补提折旧。根据有关固定资产折旧的规定，审查被审计单位固定资产折旧计提情况。关于固定资产折旧，审计数据分析包括但不限于以下几点（图 4-3）。

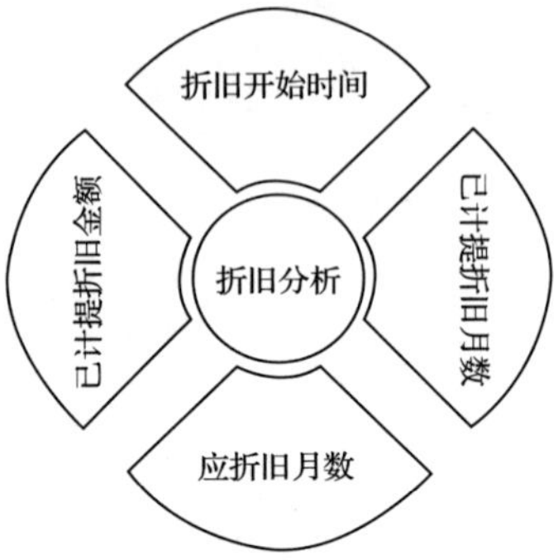

图 4-3　固定资产折旧分析元素

一、目标

创建可调用的折旧测算函数，函数参数为列名和测算截至日期。输入固定资产原值、取得日期、折旧年限、测算截至日期即可得到截至测算日应累计这就月数和应累计折旧额。

二、所需数据

固定资产折旧明细表。

三、步骤

1. 导入数据表

导入本案例配套的 2022 年 12 月 31 日的折旧明细表，导入时数据均按 nvarchar 格式导入。导入的折旧明细表如下：

资产编号	资产国标大类	国标分类名称	资产名称	价值	数量	入账日期	取得日期	取得方式	累计折旧	净值	折旧月数	已提折旧月数
JJ2019000004	家具、用具、装具及动植物	椅凳类	椅凳类	568.00	1	2019-12-26	2019-12-18	新购	116.92	451.08	180	37
JJ2019000003	家具、用具、装具及动植物	椅凳类	椅凳类	568.00	1	2019-12-26	2019-12-18	新购	116.92	451.08	180	37
JJ2019000002	家具、用具、装具及动植物	椅凳类	椅凳类	568.00	1	2019-12-26	2019-12-18	新购	116.92	451.08	180	37
JJ2019000001	家具、用具、装具及动植物	椅凳类	椅凳类	1,280.00	1	2019-12-26	2019-12-18	新购	263.07	1,016.93	180	37
……	……	……	……	……	……	……	……	……	……	……	……	……

2. 添加折旧测算所需字段

添加截至测算日应折旧月数、截至测算日应累计折旧额、累计折旧差异字段。这里截至测算日指的是 2022 年 12 月 31 日。

```
ALTER TABLE 折旧明细表
ADD 截至测算日应折旧月数 INT,
        截至测算日应累计折旧额 NUMERIC(12,2),
        累计折旧差异 NUMERIC(12,2)
```

结果如下：

资产国标大类	国标分类名称	资产名称	价值	数量	入账日期	取得日期	取得方式	累计折旧	净值	折旧月数	已提折旧月数	截至测算日应折旧月数	截至测算日应累计折旧额	累计折旧差异
家具、用具、装具及动植物	椅凳类	椅凳类	568.00	1	2019-12-26	2019-12-18	新购	116.92	451.08	180	37			
家具、用具、装具及动植物	椅凳类	椅凳类	568.00	1	2019-12-26	2019-12-18	新购	116.92	451.08	180	37			
家具、用具、装具及动植物	椅凳类	椅凳类	568.00	1	2019-12-26	2019-12-18	新购	116.92	451.08	180	37			
家具、用具、装具及动植物	椅凳类	椅凳类	1,280.00	1	2019-12-26	2019-12-18	新购	263.07	1,016.93	180	37			
……	……	……	……	……	……	……	……	……	……	……	……	……	……	……

3. 更新新添加字段

(1)更新截至测算日应折旧月数

用 DATEDIFF 日期函数求出从取得日期到折旧测算日 '2022-12-31' 的间隔月数，即截至测算日应折旧月数。分三种情况：一是测算日后取得的固定资产截至测算日应折旧月数为 0；二是已提足折旧的固定资产，截至测算日应折旧月数是它所对应的折旧年限；三是除了上述两种情况外，其余都等于 DATEDIFF(MONTH,CAST(取得日期 AS DATE),'2022-12-31')+1。为什么要加 1？因为政府会计准则规定当月购置的固定资产，当月就计提折旧。

```
UPDATE 折旧明细表
SET 截至测算日应折旧月数 =
CASE
        WHEN CAST ( 取得日期 AS DATE ) > '2022-12-31'
THEN 0
        WHEN DATEDIFF( MONTH, CAST ( 取得日期 AS DATE ),
'2022-12-31' ) + 1 > CAST ( 折旧月数 AS INT ) THEN
            CAST ( 折旧月数 AS INT )
        ELSE DATEDIFF( MONTH, CAST ( 取得日期 AS DATE ),
'2022-12-31' ) + 1
    END
```

运行结果：

资产编号	资产国标大类	国标分类名称	资产名称	价值	数量	入账日期	取得日期	取得方式	累计折旧	净值	折旧月数	已提折旧月数	截至测算日应折旧月数	截至测算日应累计折旧额	累计折旧差异
JJ2019000004	家具、用具、装具及动植物	椅凳类	椅凳类	568.00	1	2019-12-26	2019-12-18	新购	116.92	451.08	180	37	37		
JJ2019000003	家具、用具、装具及动植物	椅凳类	椅凳类	568.00	1	2019-12-26	2019-12-18	新购	116.92	451.08	180	37	37		
JJ2019000002	家具、用具、装具及动植物	椅凳类	椅凳类	568.00	1	2019-12-26	2019-12-18	新购	116.92	451.08	180	37	37		
JJ2019000001	家具、用具、装具及动植物	椅凳类	椅凳类	1,280.00	1	2019-12-26	2019-12-18	新购	263.07	1,016.93	180	37	37		
……	……	……	……	……	……	……	……	……	……	……	……	……	……	……	……

(2)更新截至测算日应累计折旧额

```
UPDATE 折旧明细表
SET 截至测算日应累计折旧额 =
    CAST ( 价值 AS NUMERIC ( 12, 2 ) ) / CAST ( 折旧
月数 AS INT ) * 截至测算日应折旧月数
```

运行结果：

资产编号	资产国标大类	国标分类名称	资产名称	价值	数量	入账日期	取得日期	取得方式	累计折旧	净值	折旧月数	已提折旧月数	截至测算日应折旧月数	截至测算日应累计折旧额	累计折旧差异
JJ2019000004	家具、用具、装具及动植物	椅凳类	椅凳类	568.00	1	2019-12-26	2019-12-18	新购	116.92	451.08	180	37	37	116.76	
JJ2019000003	家具、用具、装具及动植物	椅凳类	椅凳类	568.00	1	2019-12-26	2019-12-18	新购	116.92	451.08	180	37	37	116.76	
JJ2019000002	家具、用具、装具及动植物	椅凳类	椅凳类	568.00	1	2019-12-26	2019-12-18	新购	116.92	451.08	180	37	37	116.76	
JJ2019000001	家具、用具、装具及动植物	椅凳类	椅凳类	1,280.00	1	2019-12-26	2019-12-18	新购	263.07	1,016.93	180	37	37	263.11	
……	……	……	……	……	……	……	……	……	……	……	……	……	……	……	……

(3)更新累计折旧差异

```
UPDATE 折旧明细表
SET 累计折旧差异=CAST(累计折旧 AS NUMERIC(12,2))-截至测算日应累计折旧额
```

运行结果：

资产编号	资产国标大类	国标分类名称	资产名称	价值	数量	入账日期	取得日期	取得方式	累计折旧	净值	折旧月数	已提折旧月数	截至测算日应折旧月数	截至测算日应累计折旧额	累计折旧差异
JJ2019000004	家具、用具、装具及动植物	椅凳类	椅凳类	568.00	1	2019-12-26	2019-12-18	新购	116.92	451.08	180	37	37	116.76	0.16
JJ2019000003	家具、用具、装具及动植物	椅凳类	椅凳类	568.00	1	2019-12-26	2019-12-18	新购	116.92	451.08	180	37	37	116.76	0.16
JJ2019000002	家具、用具、装具及动植物	椅凳类	椅凳类	568.00	1	2019-12-26	2019-12-18	新购	116.92	451.08	180	37	37	116.76	0.16
JJ2019000001	家具、用具、装具及动植物	椅凳类	椅凳类	1,280.00	1	2019-12-26	2019-12-18	新购	263.07	1,016.93	180	37	37	263.11	-0.04
……	……	……	……	……	……	……	……	……	……	……	……	……	……	……	……

(4)查找差异值大的记录

```
SELECT *
FROM 折旧明细表
WHERE ABS(累计折旧差异)>100
```

运行结果：

资产编号	资产国标大类	国标分类名称	资产名称	价值	数量	入账日期	取得日期	取得方式	累计折旧	净值	折旧月数	已提折旧月数	截至测算日应折旧月数	截至测算日应累计折旧额	累计折旧差异
TY2018000019	通用设备	其他办公设备	温开水器	14500	1	2018/11/30	2018/12/17	新购	10069.5	4430.5	72	50	49	9868.06	201.44
TY2018000007	通用设备	台式机	台式机	5206	1	2018/4/25	2018/4/13	调拨	4284.14	921.86	72	57	57	4121.42	162.72
TY2018000006	通用设备	台式机	台式机	5206	1	2018/4/25	2018/4/13	调拨	4284.14	921.86	72	57	57	4121.42	162.72
TY2018000005	通用设备	台式机	台式机	5206	1	2018/4/25	2018/4/13	调拨	4284.14	921.86	72	57	57	4121.42	162.72
……	……	……	……	……	……	……	……	……	……	……	……	……	……	……	……

根据运行结果，进一步查找累计折旧差异产生的原因。

温馨提示

abs()函数是取绝对值函数，abs(-5)=5。

4. 折旧年限的分析

主要是审查同类资产是否有不同的折旧年限。

```
SELECT 国标分类名称,折旧月数,COUNT(*)AS 数量
FROM [折旧明细表]
GROUP BY 国标分类名称,折旧月数
ORDER BY 国标分类名称
```

运行结果:

国标分类名称	折旧月数	数量
办公用房	600	1
便携式	96	1
便携式计算机	60	3
便携式计算机	72	5
……	……	……

从运行结果可以看出“便携式计算机”有“60”和“72”两种折旧月数,进一步进行核实,检查是否为调拨资产或者还有其他情况。这一步骤也可以使用自连接语句完成:

```
SELECT DISTINCT a.国标分类名称,a.折旧月数,b.折旧月数
AS 不同折旧月数
FROM [折旧明细表]a LEFT JOIN [折旧明细表]b
ON a.国标分类名称=b.国标分类名称
WHERE a.折旧月数!=b.折旧月数
```

运行结果:

国标分类名称	折旧月数	不同折旧月数
便携式计算机	60	72
便携式计算机	72	60

根据运行结果,进一步查找同类资产有不同折旧月数的原因。

5. 创建测算截至日应折旧月数的函数

如果不创建函数,使用以下 SQL 语句就可以查询到截至折旧测算日累计应折旧月数。

```
SELECT
CASE
      WHEN CAST(取得日期 AS DATE) > '2022-12-31'
THEN 0
      WHEN DATEDIFF(MONTH, CAST(取得日期 AS DATE),
'2022-12-31') + 1 > CAST(折旧月数 AS INT)
```

```
THEN
         CAST ( 折旧月数 AS INT )
      ELSE DATEDIFF( MONTH, CAST ( 取得日期 AS DATE ),
'2022-12-31' ) + 1
END AS 截至测算日应折旧月数
FROM 折旧明细表
```

运行结果：

截至测算日应折旧月数
37
37
37
37
……

将上面的 SQL 语句修改成函数：取得日期、折旧年限、测算截至日为变量，调用函数时输入取得日期列名、折旧年限列名和测算日期即可生成截至测算日应折旧月数。

```
CREATE FUNCTION 应折旧月数
( @取得日期 VARCHAR ( 20 ),@折旧月数 VARCHAR ( 4 ),
@截至日期 DATE )
RETURNS NVARCHAR ( 1000 )
AS
BEGIN
   DECLARE @result VARCHAR ( 800 )
   SELECT @result =
      CASE
         WHEN CAST(@取得日期 AS DATE) > @截至日期
THEN 0
          WHEN DATEDIFF(MONTH, CAST ( @取得日期 AS
DATE), @截至日期 ) + 1 > CAST ( @折旧月数 AS INT )
THEN
          CAST ( @折旧月数 AS INT )
          ELSE DATEDIFF(MONTH, CAST ( @取得日期 AS
DATE), @截至日期 ) + 1
      END;
RETURN @result
END
```

创建的函数：

fx 应折旧月数	Function	1	否

调用函数：

```
SELECT dbo.应折旧月数（取得日期，折旧月数，'2022-12-31')
AS 截至测算日应折旧月数
FROM 折旧明细表
```

运行结果：

截至测算日应折旧月数
37
37
37
37
……

6. **创建测算应累计折旧额的函数**

如果不创建函数,使用以下 SQL 语句就能够查询到截至测算日累计应折旧额。

```
SELECT CAST((CAST(价值 AS NUMERIC(12,2))/CAST(折旧
月数 AS INT)*
CASE
        WHEN CAST(取得日期 AS DATE) > '2022-12-31'
THEN 0
        WHEN DATEDIFF(MONTH, CAST (取得日期 AS
DATE), '2022-12-31') + 1 > CAST ( 折旧月数 AS INT )
THEN
            CAST ( 折旧月数 AS INT )
        ELSE DATEDIFF(MONTH, CAST (取得日期 AS DATE
), '2022-12-31') + 1
END) AS NUMERIC(18,2)) AS 截至测算日应累计折旧额
FROM 折旧明细表
```

运行结果：

截至测算日应累计折旧额
116.76
116.76
116.76
263.11
……

将上面的 SQL 语句修改成函数：固定资产原值、取得日期、折旧月数、折旧测算日作为变量，调用时输入这些列名和测算截至日期即可生成应累计折旧额。

```
CREATE FUNCTION 应累计折旧额
(@价值 VARCHAR(30),@取得日期 VARCHAR ( 20 ),@折旧月
数 VARCHAR ( 4 ),@截至日期 DATE )
RETURNS NVARCHAR ( 1000 )
AS
BEGIN
   DECLARE @result VARCHAR ( 800 )
   SELECT @result=CAST((CAST(@价 值 AS NUMERIC
(12,2))/CAST(@折旧月数 AS INT)*
CASE
      WHEN CAST( @取得日期 AS DATE ) > @截至日期
THEN
0
      WHEN DATEDIFF( MONTH, CAST ( @取得日期 AS
DATE ), @截至日期 ) + 1 > CAST ( @折旧月数 AS INT )
THEN
         CAST (@折旧月数 AS INT)
      ELSE DATEDIFF( MONTH, CAST ( @取得日期 AS
DATE ), @截至日期 ) + 1
END) AS NUMERIC(18,2));
RETURN @result
END
```

创建的函数：

fx应累计折旧额　　Function　　1 否

调用函数：

```
SELECT dbo.应累计折旧额（价值，取得日期，折旧月数，'2022-12-31') AS 截至测算日应累计折旧额
FROM 折旧明细表
```

运行结果：

截至测算日应累计折旧额
116.76
116.76
116.76
263.11
……

将以上两个函数调用形成折旧测算表。

```
SELECT
    资产编号，资产名称，价值，取得日期，折旧月数，累计折旧，已提折旧月数，
    dbo.应折旧月数（取得日期，折旧月数，'2022-12-31') AS 截至测算日应折旧月数，
    dbo.应累计折旧额（价值，取得日期，折旧月数，'2022-12-31') AS 截至测算日应累计折旧额，
    CAST(已提折旧月数 AS INT)-dbo.应折旧月数（取得日期，折旧月数，'2022-12-31') AS 折旧月数差异，
    CAST(累计折旧 AS NUMERIC(18,2))-dbo.应累计折旧额（价值，取得日期，折旧月数，'2022-12-31') AS 累计折旧差异
FROM 折旧明细表
```

运行结果：

资产编号	资产国标大类	国标分类名称	资产名称	价值	数量	入账日期	取得日期	取得方式	累计折旧	净值	折旧月数	已提折旧月数	截至测算日应折旧月数	截至测算日应累计折旧额	累计折旧差异
JJ2019000004	家具、用具、装具及动植物	椅凳类	椅凳类	568.00	1	2019-12-26	2019-12-18	新购	116.92	451.08	180	37	37	116.76	0.16
JJ2019000003	家具、用具、装具及动植物	椅凳类	椅凳类	568.00	1	2019-12-26	2019-12-18	新购	116.92	451.08	180	37	37	116.76	0.16
JJ2019000002	家具、用具、装具及动植物	椅凳类	椅凳类	568.00	1	2019-12-26	2019-12-18	新购	116.92	451.08	180	37	37	116.76	0.16
JJ2019000001	家具、用具、装具及动植物	椅凳类	椅凳类	1,280.00	1	2019-12-26	2019-12-18	新购	263.07	1,016.93	180	37	37	263.11	-0.04
……	……	……	……	……	……	……	……	……	……	……	……	……	……	……	……

第六节　年底突击支出数据分析

年底突击支出审计的数据分析是对支出按项目按月度进行分类汇总，在此基础上计算12月支出所占比重，然后进行进一步的审计核实。因此，支出按项目按月度分类汇总，即编制透视表是关键。下面介绍如何将这一过程创建成函数，在以后工作中调用，以节省审计数据分析时间。

一、目标

创建可调用的透视表函数，函数参数为序时账名称、凭证日期所在列名称、项目核算列名称、借方所在列名称。调用时输入函数名称和这些参数就能生成透视表。

二、所需数据

序时账。

三、步骤

1. 导入数据表

导入本案例配套的序时账，导入时数据均按 nvarchar 格式导入。导入的序时账结构如下。

凭证日期	凭证号	摘要	科目代码	科目名称	借方	贷方	项目
2022-02-28	记账65	数字化转换服务费	7101010202	事业支出-财政拨款支出-项目支出	400000		行业数据电子化处理
2022-03-31	记账120	劳务费	7101010201	事业支出-财政拨款支出-项目支出	23000		媒体宣传经费
2022-03-30	记账105	业务委托费	7101010201	事业支出-财政拨款支出-项目支出	775000		标准执行检查经费
……	……	……	……	……	……	……	……

关于使用 PIVOT 语句生成透视表，在上一章的年底突击支出审计案例中介绍过。生成按月度按项目分类汇总的 SQL 语句为：

```
SELECT *
FROM (
   SELECT
         CAST ( MONTH ( CAST ( 凭证日期 AS DATE ) )
AS NVARCHAR ( 3 ) ) + '月' AS 月,
         项目,
         CAST ( 借方 AS NUMERIC ( 10, 2 ) ) AS 借方
   FROM 序时账 ) a
PIVOT (
```

```
        SUM （借方） FOR 月 IN （ [1月], [2月], [3
月], [4月], [5月], [6月], [7月], [8月], [9月],
[10月], [11月], [12月] ) ) b
```

使用上面的PIVOT语句，创建一个过程函数TJZC，使用时调用此函数即可生成12个月的支出透视表。变量为表名@tabe1name，凭证日期列@colname1，项目核算列@colname2，借方列@colname3，调用时EXECTJZC@tabe1name，@colname1，@colname2，@colname3。

2. **创建带参数的存储过程函数**

```
CREATE PROC TJZC
(
@tabe1name VARCHAR(30),@colname1 VARCHAR(30),@
colname2 VARCHAR(30),@colname3 VARCHAR(30)
)
AS
BEGIN
DECLARE @sql VARCHAR(MAX)
SET @sql= 'SELECT * FROM
(SELECT CAST(MONTH(CAST('+@colname1+' AS DATE))
AS NVARCHAR(3))+'' 月 ''AS  月 ,'+@colname2+',CAST('+@
colname3+' AS NUMERIC(10,2))AS 借方
FROM '+@tabe1name+')a
PIVOT (SUM('+@colname3+')FOR 月 In([1月],[2月],[3
月],[4月],[5月],[6月],[7月],[8月],[9月],[10
月],[11月],[12月]))b'
EXECUTE(@sql)
END
```

运行结果，创建TJZC过程函数。

名	类型	数字	已加密	系统对象
TJZC	Procedure	1	否	否

3. 调用函数

```
EXEC TJZC'序时账','凭证日期','项目','借方'
```

运行结果：

项目	1月	2月	3月	4月	5月	6月	7月	8月	9月	10月	11月	12月
办公系统升级改造						1024000.00	1610000.00					
标准执行检查经费			775000.00	75000.00			75000.00					267500.00
媒体宣传经费			23000.00	48000.00	54000.00	6820.00	45666.00	280000.00	78300.00			1238850.00
行业数据电子化处理		400000.00										1347800.00

第七节　集采目录内采购抽凭

考虑到预算一体化改革以后，大部分账套的摘要列名和科目编码是一致的，所以在进行集采目录内采购检查抽凭时，按序时账摘要筛选过程中使用的查询语句可以存储为过程，方便以后调用。导入的序时账的名称可能不一样，其他条件都一样，所以就以序时账的名称为变量创建存储过程函数。

一、目标

创建可调用的政府集采目录内采购抽凭函数，函数参数为序时账名称，调用时输入函数名称和序时账名称就能生成抽凭表。

二、所需数据

序时账。

三、步骤

1. 导入数据

导入本案例配套的序时账，导入时均按 nvarchar 格式导入。导入的序时账结构如下。

年	月	凭证号	摘要	科目编码	科目名称	借方	贷方
2020	1	记-0004	交通补贴	5001021101	5001021101\业务活动费用\商品和服务费用\差旅费\差旅费	160.00	
2020	1	记-0004	交通补贴	1011	1011\零余额账户用款额度		80.00
2020	1	记-0004	交通补贴	1011	1011\零余额账户用款额度		80.00
……	……	……	……	……	……	……	……

2. 创建带参数的过程函数

```
CREATE PROC ZFCG ( @tabelname VARCHAR ( 30 ) )
AS
BEGIN
    DECLARE
        @SQL VARCHAR ( MAX )
        SET @SQL=' SELECT * FROM '+ @tabelname + '
WHERE 科目编码 LIKE "7%" AND
        (摘要 LIKE "%电脑%"
        OR 摘要 LIKE "%笔记本%"
        OR 摘要 LIKE "%计算机%"
        OR 摘要 LIKE "%便携式%"
        OR 摘要 LIKE "%台式%"
        OR 摘要 LIKE "%显示器%"
        OR 摘要 LIKE "%软件%"
        OR 摘要 LIKE "%传真机%"
        OR 摘要 LIKE "%设备%"
        OR 摘要 LIKE "%复印机%"
        OR 摘要 LIKE "%一体机%"
        OR 摘要 LIKE "%空调%"
        OR 摘要 LIKE "%监控%"
        OR 摘要 LIKE "%屏%"
        OR 摘要 LIKE "%刻录机%"
        OR 摘要 LIKE "%扫描%"
        OR 摘要 LIKE "%器材%"
        OR 摘要 LIKE "%相机%"
        OR 摘要 LIKE "%速印机%"
        OR 摘要 LIKE "%打印机%"
        OR 摘要 LIKE "%碎纸机%"
        OR 摘要 LIKE "%投影仪%"
        OR 摘要 LIKE "%洗衣机%"
        OR 摘要 LIKE "%复印纸%"
        OR 摘要 LIKE "%打印纸%"
        OR 摘要 LIKE "%保洁%"
        OR 摘要 LIKE "%保安%"
        OR 摘要 LIKE "%印刷%"
        OR 摘要 LIKE "%广告%"
```

```
            OR 摘要 LIKE ''%物业%''
            OR 摘要 LIKE ''%家具%''
            OR 摘要 LIKE ''%桌%''
            OR 摘要 LIKE ''%椅%''
            OR 摘要 LIKE ''%柜%''
            OR 摘要 LIKE ''%架%''
            OR 摘要 LIKE ''%床%''
            OR 摘要 LIKE ''%沙发%''
            OR 摘要 LIKE ''%不间断电源%''
            OR 摘要 LIKE ''%UPS%''
        OR 摘要 LIKE ''%云%'')'
        EXECUTE ( @SQL )
    END
```

运行结果,创建 ZFCG 函数。

名	类型	数字	已加密	系统对象
ZFCG	Procedure	1	否	否

调用函数:

```
    EXEC  ZFCG '序时账'
```

调用结果:

年	月	凭证号	摘要	科目编码	科目名称	借方	贷方
2020	3	记-0004	购买复印纸	72010201	72010201\事业支出\商品和服务支出\办公费	849.8	
2020	5	记-0017	物业费	7201020901	7201020901\事业支出\商品和服务支出\物业管理费	46571.43	
2020	6	记-0009	空调维修费	7201021301	7201021301\事业支出\商品和服务支出\维修(护)费\设备维修费	210	
……	⋮	……	……	……	……	……	……

运行结果中有空调维修费,可以直接删除。

第八节　使用游标向上向下填充

通常情况下,我们会优先考虑使用过程或自定义函数,但有时候也会用到游标。对于大的数据集来说,游标的效率不高,小的数据集采用游标影响不大。游标的意义在于"遍历",每次指向一行,即对一行进行操作。下面就加油卡卡号填充为例说明使用游标进行上下填充。

一、目标

使用游标填充加油卡号。

二、所需数据

加油卡对账单。

三、操作步骤

（一）加油卡号向下填充

1. 导入数据

导入本案例配套的“卡号向下填充表”，导入时序号按 int 格式，其他均按 nvarchar 格式导入。导入的表结构如下。

序号	卡号	时间	业务类型	品种	数量	单价	金额(分值)
1	2010211105520308265	累计圈存XX累计圈提XX					
2		2021-01-11 10:56:07	圈存	*	0	0	2500
3		2021-01-26 15:26:14	加油	92号汽油	51.77	6.1	315.79
⋮	……	……	……	……	……	……	……

2. 使用游标填充

使用游标向下填充的逻辑是游标从第一行开始游走，取第一行的卡号先存放到一个变量里，游走到第二行的时候如果第二行是空的就把第一行取到的卡号填充到第二行，如此循环下去。再具体一点说，即游标游走到第一行，先将卡号“2010211105520308265”存放起来，游标游走到第二行的时候，第二行是空的，将存放的卡号“2010211105520308265”填充到第二行。同时又将第二行的卡号“2010211105520308265”存放起来，游走到第三行的时候，第三行是空的，就用第二行的卡号填充第三行。

```
——声明游标
DECLARE mycursor CURSOR FOR
——SELECT 序号，卡号 FROM dbo.卡号向下填充
——声明变量，游标读取的序号保存到@xvhao，卡号保存到@
tianchong
DECLARE @xvhao INT,@tianchong nvarchar ( 30 ),@
temp nvarchar(30)
——打开游标
OPEN mycursor
——读取游标，读取的数据赋值到刚才声明的变量中
FETCH NEXT FROM mycursor INTO @xvhao,@tianchong
```

```
WHILE    ——如果操作成功则继续循环
    @@fetch_status = 0
    BEGIN
        ——如果读取的卡号不为空,那么赋值给变量@temp
        IF @tianchong IS NOT NULL BEGIN SET @temp =
@tianchong END
            ——向下填充空行
            UPDATE dbo.卡号向下填充
            SET 卡号 =@temp
            WHERE 序号 = @xvhao + 1
            AND ( 卡号 IS NULL OR 卡号 = '' )
                ——游标读取下一条记录
            FETCH NEXT FROM mycursor INTO @xvhao,@
tianchong
    END
CLOSE mycursor    ——关闭游标
DEALLOCATE mycursor    ——释放游标
```

运行结果:

序号	卡号	时间	业务类型	品种	数量	单价	金额(分值)
1	2010211105520308265	累计圈存XX累计圈提XX					
2	2010211105520308265	2021-01-11 10:56:07	圈存	*	0	0	2500
3	2010211105520308265	2021-01-26 15:26:14	加油	92号汽油	51.77	6.1	315.79
⋮	……	……	……	……	……	……	……

(二)加油卡号向上填充

1. 导入数据

导入本案例配套的"卡号向上填充表",导入时序号按 int 格式,其他均按 nvarchar 格式导入。导入的表结构如下:

序号	卡号	时间	业务类型	品种	数量	单价	金额(分值)
1		2022-06-07 15:30:38	圈存	*	0	0	5000
2		2022-06-07 15:44:20	圈提	*	0	0	5000
3	2010211105520308265	累计圈存XX累计圈提XX					
4		2021/1/11 10:57	圈存	*	0	0	2500
⋮	……	……	……	……	……	……	……

2. 使用游标填充

向下填充是从第一行开始游走游标，向上填充是反方向的，需要声明滚动游标 SCROLL CURSOR，其他的与向下填充相同。常用的游标的位置参数有以下几种：

FRIST：结果集的第一行。

PRIOR：当前位置的上一行。

NEXT：当前位置的下一行。

LAST：最后一行。

ABSOUTE N：从游标的第一行开始数，第 n 行。

RELATIVE N：从当前位置数，第 n 行。

```
——声明滚动游标 youbiao，读取序号和卡号
DECLARE youbiao SCROLL CURSOR FOR
    SELECT 序号 , 卡号 FROM dbo. 卡号向上填充
——声明变量，游标取走的序号保存到 @xvhao，卡号先保存到
@tianchong
DECLARE @xvhao INT,@tianchong nvarchar (30),@temp
nvarchar(30)
——打开游标
OPEN youbiao
——从最后行读取游标，从游标里取出数据赋值到刚才声明的变量中
FETCH LAST FROM youbiao INTO @xvhao,@tianchong
WHILE    ——如果操作成功则继续循环
    @@fetch_status = 0
    BEGIN
        ——如果读取的卡号不为空，那么赋值给临时变量 @temp
        IF @tianchong IS NOT NULL BEGIN SET @temp = @
tianchong END
        ——向上填充
        UPDATE dbo. 卡号向上填充
        SET 卡号 =@temp
        WHERE 序号 = @xvhao - 1 AND ( 卡号 IS NULL OR
卡号 = '')
        ——向上移动游标
         FETCH PRIOR FROM youbiao INTo @xvhao,@
tianchong
    END
```

```
CLOSE youbiao
DEALLOCATE youbiao
```

运行结果：

序号	卡号	时间	业务类型	品种	数量	单价	金额(分值)
1	2010211105520308265	2022-06-07 15:30:38	圈存	*	0	0	5000
2	2010211105520308265	2022-06-07 15:44:20	圈提	*	0	0	5000
3	2010211105520308265	累计圈存XX累计圈提XX					
4	2010211105520308567	2021-01-11 10:57:13	圈存	*	0	0	2500
⋮	……	……	……	……	……	……	……